Mensch, Geschichte,
Abenteuer.

Soziale Bücher.

Wir formulieren Geschichte zu einem Abenteuer.

Thomas Bauer

Angriff der Ritter

Mit Illustrationen von Hitomi Takeuchi
und Matthias Dittmann

Band Eins

Mensch, Geschichte, Abenteuer proudly presents:
Angriff der Ritter

4. Auflage

ISBN
9-783839-169865

Text & Gestaltung:
Thomas Bauer

Titelbild / Einband:
Matthias Dittmann

Konzeptionelle Gegenlesung:
Michael Kind

Lektorat:
Susanne Triems

Geschichtliche Plausibilitätsprüfung:
Chris Bosselmann

Zeichnungen, Fotografien:
Hitomi Takeuchi und Matthias Dittmann, Tino Heinicke

Druckvorlagen / Systemlösungen:
Gunther Junghanns

Verlag & Herstellung:
BoD - Books on Demand, 22848 Norderstedt

© Thomas Bauer
2010 - 2016

Die Deutsche Nationalbibliothek verzeichnet diese Publikation in der Deutschen Nationalbibliografie; detaillierte bibliografische Daten sind im Internet über dnb.d-nb.de abrufbar.

Inhaltsverzeichnis von „Angriff der Ritter"

Von den Anfängen des Rittertums

Die Goldenen Jahre der Ritter

Die Abenteuer der Ritter

Das Ende einer großen Ära

Anhang

Die Welt der
alten Ritter

W enn es etwas gab, das aufgrund seines Wesens das Mittelalter besonders prägte und geradezu beispielhaft für diese Epoche in unserer Geschichte auftrat, dann war es die Person des abendländischen Ritters. Jene Mannen waren von Kopf bis Fuß mit Eisen gepanzert und zogen auf schnaubenden Rössern voller Kühnheit in die Schlacht. Wir stellen uns diese Ritter gern als die Retter in der Not vor – als mutige Beschützer, die niemals vor einer Gefahr davongelaufen sind sowie als Kavaliere inmitten einer düsteren Zeit, in der kaum ein Anderer es so gut verstand, wie man eine Frau von Welt behandeln sollte.

Mit den Rittern von dereinst verbinden wir zudem den Alltag eines mittelalterlichen Lebens, das uns in der Welt von heute schon lange nicht mehr eigen ist. Da können wir Bücher wälzen und Filme gucken, so lange und so viel wir möchten. Aber sind wir danach klüger? Die Ritter jedenfalls frönten einer wahren Abenteuerlust und fühlten sich – so möchten wir es heute gern glauben – ihren Idealen und Verpflichtungen oft bis an ihr Lebensende fest verbunden. Überlieferungen, die von den Rittern und ihrem bemerkenswerten Wagemut berichten, sind uns allen wohlbekannt. Es ist uns dabei völlig gleich, ob diese auf historischen Ereignissen basieren oder der Phantasie entsprungen sind. Es sind allein die Geschichten, die zählen. Geschichten, die wir gerne lesen, anderen weitergeben und die uns die Welt der Ritter verständlich darlegen, romantisch verklären oder in düsteren Worten – und das ziemlich glaubhaft und wirklichkeitsnah – schildern.

Das Atemberaubende an unserer Gegenwart ist doch, dass wir die Geschichte nicht nur nachempfinden, sondern sogar aktiv an ihr teilnehmen können. Die neuesten historischen Erkenntnisse werden in der Presse publik gemacht und Sachbücher sowie Lexika leisten ebenso ihren Beitrag zur Verbreitung dieses Wissens. Die breite Öffentlichkeit vermag sich dadurch stets ihre eigene Meinung zu bilden und kann den Prozess der Geschichtsschreibung hautnah miterleben. Volk und Wissenschaft sind sich in einem Punkt einig: Sie teilen das große Interesse an der Geschichte, an der Zeit des Wilden Westens, an der Ära des 20. Jahrhunderts beispielsweise und natürlich auch am Mittelalter und den uns so faszinierenden, adeligen Rittern.

Doch dabei geschieht es immer wieder, dass Fakten und Wunschvorstellungen auf eine unglückliche Art und Weise ineinander übergehen. Tatsachen werden verkürzt dargestellt und Jahreszahlen verdreht. Natürlich geschieht dies unbeabsichtigt, doch daraus entsteht ein Eindruck von den Rittern, der es mit der historischen Wahrheit nicht immer ganz genau nimmt. Es ist nicht immer klar, was korrekt und sachlich richtig ist. Man kann sich nicht immer sicher sein, dass man die exakten Fakten erzählt.

Und das ist auch der wunde Punkt, in dem sich die Wissenschaft und die breite öffentliche Meinung ganz und gar nicht einig sein können. Wenn es darum geht, das Leben und Wirken der Rittersleute in jener längst vergangenen Epoche einzuschätzen, stehen sich indirekt zwei Lager gegenüber: Wer hat recht? Wer weiß es besser? Sind es die nicht Kulturschaffenden wie auch der Laie, die ihr Wissen nicht allein an trockenen Fakten ausrichten möchten und so das Äußere, das Ansehen der alten Ritter, aufpolieren? Oder sind es allein die Historiker, die durch ihre Forschungen einen Eindruck vom Ritter nachzeichnen können, der mitunter weitaus hässlicher scheint als bisweilen allgemein bekannt – und aus diesem Grunde auch näher an der Wahrheit ist?

Über die korrekte Auslegung historischer Fakten und Überlieferungen kann man sich in der Tat würdevoll streiten. Allerdings wäre dies wenig vorteilhaft. Die Zeit der Ritter liegt zulange zurück, und ihre Hinterlassenschaften sind zu spärlich gesät, als das man – bezogen auf jeden einzelnen Zeitgenossen – die ganze Wahrheit herausfinden kann. Nehmen wir darum lieber nicht alles Wort für Wort, was einstmals war und gewesen sein könnte, und berücksichtigen wir dabei, das sich Manches vielleicht auch ganz anders abgespielt hat, als es uns die Quellen sagen.

An dieser Stelle wäre es doch gar nicht so verkehrt, einmal dem Anliegen und den Argumenten beider Seiten gerecht zu werden. Es soll darum die Aufgabe dieses Buches sein, ein wahrheitsgemäßes und in gleichem Maß höchst ansehnliches Bild der alten Rittersleute zu zeichnen. Die vorliegende Veröffentlichung wird darum auf erzählende Art deren Welt sowie ihr Benehmen verständlich aufbereiten und beiden Parteien ihre Freude an der Geschichte haben lassen: Sowohl die Allgemeinheit als auch die Wissenschaft mögen dabei erkennen, dass in und an der Geschichte – egal ob sie vergangen ist, just in dem Moment geschieht oder uns erst noch in die Quere kommt – die Wirklichkeit nicht so sehr faszinieren würde, wenn während der Auseinandersetzung mit ihr völlig auf persönliche Eindrücke, ja manch Wunschgedanken verzichtet wird.

Und vieles von dem, was wir nach eigenem Ermessen heute mit den Rittern verbinden, hat sich früher in ihrem wahren Alltag denn auch tatsächlich abgespielt. Trauriges, Tragisches und Unvorstellbares wechselten sich einander in jenen großen Tagen ab, die von Hochmut und Visionen, Elend und Leid sowie von persönlichen Erfolgen geprägt worden sind. Der blutig erkämpfte Sieg auf dem Feld, die rauschende Hochzeit mit der wahren Liebe, die große Stunde des Ritterschlages und die letzten Augenblicke im Angesicht des Todes – so war das Leben im Mittelalter, und so war das Leben der alten Ritter!

Die Welt der Ritter war nicht immer so bunt, so abenteuerlich und größtenteils friedfertig, wie wir das heute gerne glauben. Es gilt, nicht nur ein Missverständnis aufzuklären. Lesen Sie darum wie es wirklich war – in der Zeit der Reiter, Minnen und selbstlosen Helden, in einer Zeit vor mehr als 1 000 Jahren!

Von den ersten Augenblicken ihres Werdeganges bis hin zu ihrem bitteren Ende begleiten wir nun jene adeligen Streiter durch die Höhen und Tiefen ihrer Zeit. Es wird eine Reise sein, die nicht so schnell vergessen wird. Wir lesen von einigen ihrer größten Abenteuer; davon, wie die Ritter zu ihrem Stand zusammenfanden und welche Mode, Gebräuche und Waffen sie entwickelt haben. Dabei geht es vorwärts und zurück durch mehr als acht Jahrhunderte der Geschichte. Es beginnt mit Bauern, Knechten und Eselskarren, die tief im

Germanischen verwurzelt waren, und erzählt hinauf
bis zu jenen adeligen Streitern hoch zu Ross. So Vieles
gibt es also von den Rittern und ihrer Ära zu berichten,
und hier schreiben wir darüber; mal geordnet und ausführlich, mal recht spannend und querbeet.

Deus le volt!

Die Autoren
der Reihe *Mensch, Geschichte, Abenteuer.*

Von den Anfängen des Rittertums

Angenommen, wir erkundigen uns in einer spontanen Meinungsumfrage – etwa an einem Sonntag inmitten einer ganz normalen Stadt – nach den Merkmalen der alten Rittersleut', so erhielten wir mit ziemlicher Sicherheit folgende Antworten darauf: Rüstung, groß und ziemlich mutig. Pferd, Prinzessin und böser Drache.

Modifizieren wir nun unsere Frage und wollen wir von den Erfolgen und Abenteuern jener Ritter wissen, würde wir sicherlich zu hören bekommen: Gral, Turnier sowie die Burg. Festessen, Krieg und alles kaputt schlagen.

Und würden wir zum Abschluss nach der Herkunft jener Ritter fragen, hätten wohl viele unserer Mitbürger gemeint: Keine Ahnung. Geht euch nichts an. Na, aus Deutschland, ist doch klar!

Somit steht letztendlich fest, das Sonntagsumfragen in der Fußgängerpassage nicht immer relevant sein müssen.

Es ist erstaunlich, was die Ritter über Jahrhunderte hinweg bewirkten und wie sehr aus dieser Epoche Glanz und Düsternis noch bis in unsere Gegenwart nachhallen. Und wie mit Hilfe unserer fiktiven Umfrage festzustellen war, ist der Ruf und Ruhm der alten Ritter auch heute noch verhältnismäßig geläufig. Der Ritter ist nicht nur ein Name, der Ritter ist eine Figur – eine Figur, die ihn zum Symbol für Ordnung, Treue und Gerechtigkeit erhebt. Und mit dieser Symbolfigur identifizieren wir nicht nur uns allein, wir bringen mit ihr auch eine ganze Zeit in Zusammenhang. Unter der Person des Ritters verstehen wir zugleich das Mittelalter, und unter dem Mittelalter logischerweise dann wieder den Ritter.

Es würde nicht sehr lange dauern, dem Ritter einige prägnante Merkmale zuzuordnen, wohl aber sehr, dessen volle Geschichte zu erklären. Die Öffentlichkeit begnügt sich zumeist allerdings mit Anhaltspunkten. Der Ritter kommt, er kämpft und siegt, und wenn er wieder geht, hat alles seine Ordnung.

Und mehr gibt es über ihn dann auch nicht zu erzählen; dies wird uns zumindest in einschlägigen Filmen und Romanhandlungen, in virtuellen Welten und beim Smalltalk an der Haltestelle oder auf dem Weg ins Wochenende vorgehalten.

Dabei gehören die vielen Nebensächlichkeiten doch dazu! Der Ritter stand nicht einfach fröhlich pfeifend an einem schönen Tag vor der Burg, als hätte man ihn aus dem Wald gelockt. Er hatte einen langen Weg der Entwicklung zurückgelegt, seine Verdienste – sowohl im positiven als auch sehr wohl im negativen Sinne – hatte er sich hart erkämpft. Wie jede andere Symbolfigur in unserer Geschichte erlebten auch die Ritter einen kontinuierlichen Aufstieg und haben ihr Ende kommen sehen. Nichts an ihnen war von vornherein gegeben – nicht die Ideale, nicht die Waffen und schon gar nicht all die Abenteuer, um die sich die Erzählungen des Mittelalters ranken. All das hat erst seinen Anfang nehmen müssen, in einer durchaus faszinierenden Epoche, die mehr als sieben Jahrhunderte dauerte und vor etwa 1 300 Jahren begann ...

Europa in der Zeit der ersten Ritter

Mit derzeit 2,3 Milliarden Anhängern auf der ganzen Welt ist das Christentum die am weitesteten verbreitete Glaubensrichtung der Gegenwart. Einstmals, vor annähernd 2 000 Jahren, formte sich aus den Botschaften Jesus' von Nazaret ein neuer Glaube, der in den darauffolgenden Jahrhunderten zur Staats- und Weltreligion aufsteigen sollte. Das Christentum sah sich dabei immer wieder neuen Herausforderungen gegenüber. Zu großen Kirchentagen; den sogenannten Konzilen, versammelten sich bereits in der Antike hohe geistliche Würdenträger, die weitreichende Entscheidungen bezüglich der Auslegung der christlichen Lehre trafen.

Vor annähernd 1 300 Jahren war unsere Welt noch eine andere. Sie mochte aus heutiger Sicht wohl klein und überschaubar gewesen sein, auf jeden Fall aber war sie auf eine andere Weise kompliziert, weniger ineinander verschmolzen, über Kontinente hinweg kaum abhängig voneinander und darum auch einfacher und irgendwie verständlicher aufgebaut. Es gab weder Fernsehen noch ein Telefon und freilich auch kein elektrisches Licht. Die Welt war kalt. Vor allem finster. Nur in begrenztem Maße konnte man sich eine Zeit lang sicher fühlen. Kaum jemand lebte wirklich in Freiheit und genoss eine Freizügigkeit, wie wir es heute tun. Das Faustrecht des Stärkeren galt überall. Hoffnung und Zuversicht wurden den Menschen zwar zuteil, aber noch mehr als in ihre eigenen Fähigkeiten vertrauten sie auf eine höhere Macht, die über sie selbst und zugleich über die Geschicke der ganzen Welt bestimmte. Diese Macht war der religiöse Glauben, und er fesselte so gut wie Jeden an sich, war er doch ein fester Bestandteil des damaligen Lebens in Europa.

Religionen hat es in dieser Zeit der Menschheitsgeschichte ziemlich viele gegeben, doch in der Schule lernen wir nur die Populärsten kennen. Fünf sind es an der Zahl. Der Buddhismus in Asien und der Hinduismus in Indien sind dabei die wohl eher weniger erwähnten. Etwas bekannter sind dann schon der Islam sowie das Judentum, und erst recht sollte uns natürlich das Christentum ein Begriff sein; jener Glaube, der sich auf die historische Person von Jesus Christus und die Bibel stützt und in unserem Kulturkreis seinen Ursprung hat.

Das Christentum war in den letzten Jahrzehnten des Römischen Reiches kaum jemandem richtig bekannt. In dieser frühen historischen, kampfreichen Phase verehrten die Stämme und Völker des Kontinentes vornehmlich Götter mit heidnischen Namen. Die Lehre Jesus Christus' war noch nicht sehr weit verbreitet. Der sich dann viele Jahre hinziehende Zusammenbruch Roms, die Völkerwanderung der Germanen – all diese umwälzenden Ereignisse, die in ihren Auswirkungen noch Jahrzehnte später die Menschen beschäftigten, hatte das Christentum erst noch zu überstehen, bevor es, allmählich von Mund zu Mund weitergetragen, im abendländischen Kulturkreis an Bedeutung gewann. Ab dem vierten und fünften Jahrhundert etablierten sich die großen und einflussreichen Glaubensgemeinschaften unter anderem im gesamten Mittelmeerraum, im Nahen Osten, im heutigen Italien und natürlich im Gebiet des damaligen Fränkischen Reiches. Das Christentum wandelte sich von einer winzigen Glaubensgemeinschaft zu einer landübergreifenden Religion.

Im siebenten Jahrhundert allerdings wurde diese Weltanschauung und damit das westliche Europa erstmals wieder seit dem Ansturm asiatischer Plünderer zu Pferde ernsthaft bedroht. Diese wüsten Horden kennen wir als die Hunnen, die um 375 nach Osteuropa einfielen und den Kontinent über ein Jahrhundert lang förmlich terrorisierten. Die hunnische Bedrohung ging zwar vorüber, doch das Christentum war damit nicht für immer außer Gefahr. Einmal mehr bedrohte ein Angriff von Außen die christliche Kultur, und das geschah im besagtem siebenten Jahrhundert, als die Araber sich vereinten und ihre Pferde sattelten.

Noch Jahrzehnte zuvor hatte dieses Volk in der Wüste Saudi-Arabiens, das sich aus unterschiedlichen beduinischen Stämmen zusammensetzte, ziemlich unbehelligt und abseits von allem Geschehen im Orient vom Karawanenhandel und der Landwirtschaft gelebt. Die Stämme waren untereinander isoliert. Jede Gruppe kämpfte ausschließlich für sich und die eigenen Interessen. Dies änderte sich erst ab dem Moment, als Mohammed, ein Schafshirte aus Mekka, die Lehre Allahs verkündete. Durch religiöse Betörung, aber auch durch Anwendung von Gewalt, gelang es ihm und weiteren arabischen Führern, alle Stämme der Halbinsel zu vereinen und sie von nun an für eine gemeinsame Sache zu begeistern. Der dann im siebenten Jahrhundert folgende, jähe Kriegszug der Araber beruhte teils auf religiösen Motiven, die in entsprechenden Schriften des nun zum Propheten erkorenen Mohammed beschworen wurden. Vordergründig waren allerdings weltliche Interessen dafür ausschlaggebend, dass die Araber bewaffnet ihren Glaubenskrieg begannen.

Noch vor dem Tode Mohammeds begannen seine Anhänger in der zweiten Hälfte des siebenten Jahrhunderts mit der Verbreitung ihrer Religion über alle Landesgrenzen, und zwar, wie es immer so schön heißt, „mit Feuer und Schwert". In alle Himmelsrichtungen führte ihr Weg. Von ihren heiligsten Stätten Mekka und Medina aus stießen die bewaffneten Reiterheere über die Grenzen der arabischen Halbinsel bald in die Reiche ihrer mächtigen Nachbarn vor. Neben dem persischen Großreich, wo sie beträchtliche Eroberungen erzielten, hatten es die Araber vor allem auf die im Norden gelegenen oströmischen Provinzen in Syrien und Palästina abgesehen. Im Jahre 636 bezwangen sie in der Schlacht von Jarmuk erstmals ein zahlenmäßig überlegenes byzantinisches Heer, bevor um 638 Jerusalem eingeschlossen und von den Arabern zur Kapitulation gezwungen wurde. Nach mehreren blutigen wie auch erfolglosen Gefechten blieben zwar Teile Kleinasiens in oströmischer Hand. Das hinderte die Araber aber nicht daran, weiterhin Krieg im Morgenland zu führen, und wenn es sein musste auch über dessen Grenzen hinaus. So zogen sie schon bald nach Osten weiter und rückten in den Folgejahren über Ägypten bis nach Marokko vor. Anfang des achten Jahrhunderts herrschten die Mohammedaner schließlich über ganz Nordafrika.

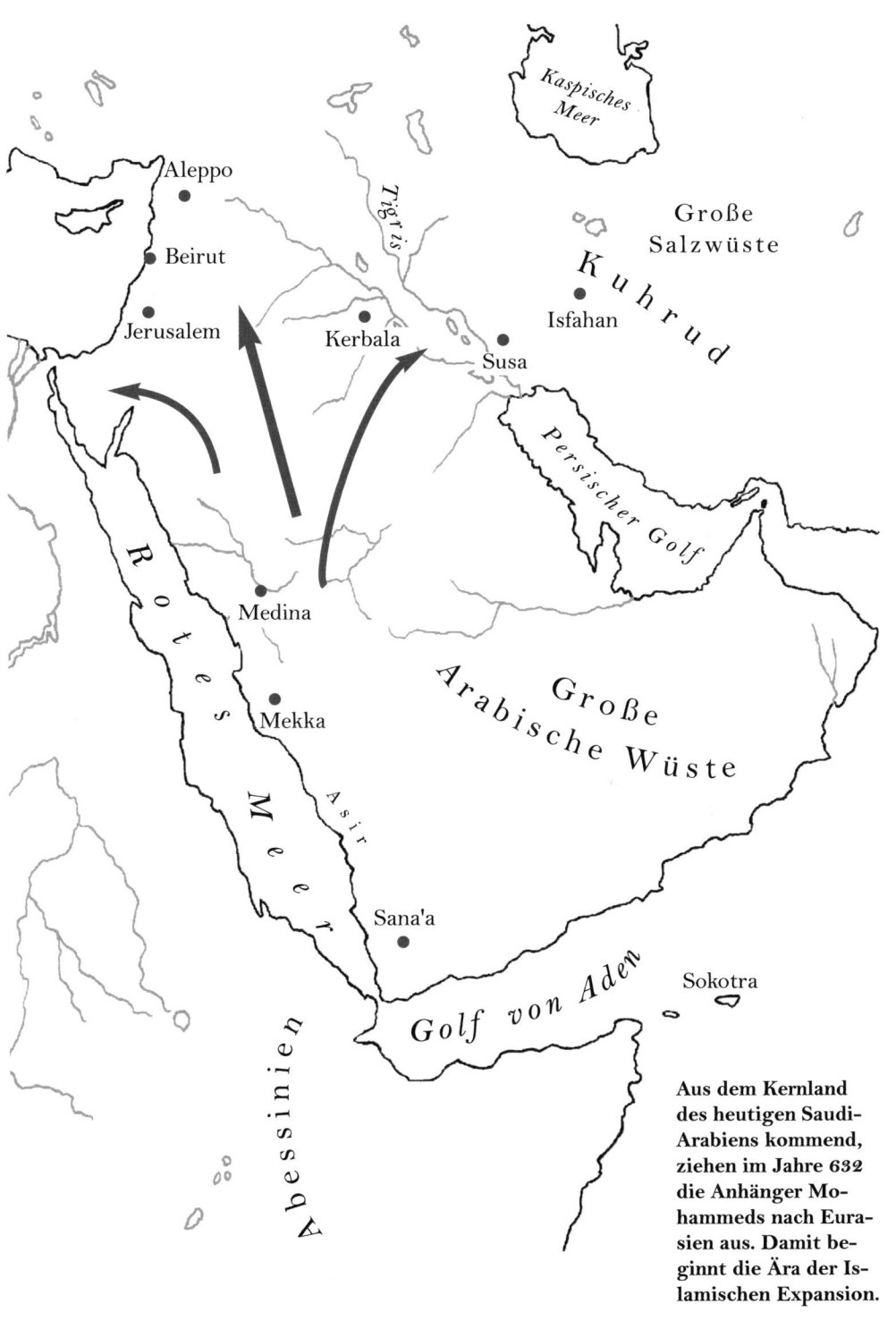

Aus dem Kernland
des heutigen Saudi-
Arabiens kommend,
ziehen im Jahre 632
die Anhänger Mo-
hammeds nach Eura-
sien aus. Damit be-
ginnt die Ära der Is-
lamischen Expansion.

Mehr denn je wurde die einst ferne Bedrohung für Europa nun zur greifbaren Gefahr. Denn die Araber kannten überhaupt kein Halten. Ihr Glaube konnte zwar keine Berge versetzen, aber ganze Heerscharen an bewaffneten und zu allem entschlossenen Kriegern bewegen. Mit einem Heer, das sich zum großen Teil aus nordafrikanischen Stammeskriegern der Berber rekrutierte, setzte der Berberführer Tariq ibn Ziyad im Jahre 711 bei Gibraltar nach Hispanien über. Die Araber betraten den Boden Europas. Schnell verbreitete sich die Kunde im ganzen Land, das unter der Herrschaft des westgotischen Königs Roderich stand. Als dieser stämmige Germanenfürst vom Ansturm der muslimischen Reiterschar hörte, war er fest entschlossen, sein Reich vor den durch ihren Glaubenskrieg radikalisierten Predigern Allahs um jeden Preis zu verteidigen. Roderich zog gegen jene Fremden in die Schlacht, die mit einem Turban auf dem Kopf und in lange, teils gepanzerte Gewänder gekleidet waren, und mit Säbeln sowie Pfeil und Bogen ihre Gegner attackierten.

Kurz nach ihrer Landung kam es im Juli am Rio Guadalete zur Entscheidungsschlacht zwischen den vorrückenden Muslimen und den einheimischen Westgoten. Und diese Schlacht für das westgotische Reich endete verheerend. König Roderich hatte die Eindringlinge maßlos unterschätzt. Sein Aufgebot an Fußsoldaten war gegen die schnellen Reiterschar völlig überfordert. Im Nu wurden seine Reihen aufgerieben. Das Heer unterlag völlig, Roderich fiel, und mit ihm bald das ganze Königreich, welches die Araber in den darauffolgenden Jahren Stadt um Stadt eroberten. Sie setzten sich allmählich auf der iberischen Halbinsel fest, und sollten dort auch für eine lange Zeit bleiben.

Natürlich gaben sich die Wüstensöhne mit den erreichten Erfolgen noch lange nicht zufrieden. Denn weiter nördlich von ihren ersten Eroberungen in Hispanien gelegen, erstreckte sich die wahre Macht des Abendlandes: das Fränkische Königreich als wahre Kathedrale des christlichen Glaubens und Hüter der alten

Die Westgoten, die samt ihrem König Roderich in der Schlacht von Rio Guadelate quasi aus der Geschichte Europas vertrieben worden sind, gehörten einst dem großen germanischen Volk der Goten an, die wiederum vor Beginn der Völkerwanderung weite Teile Osteuropas beherrschten. Der Ansturm der Hunnen hatte sie dann entzweit: Die Ostgoten flüchteten nach Italien, und die Westgoten auf die iberische Halbinsel, wo sie bis zu ihrer hier geschilderten, gesamtgesellschaftlichen Niederlage um 711 lebten.

römischen Geschichte. Es stellte eine unumgehbare Größe an der Ostküste des hiesigen Kontinentes dar, und genau dahin zog es nun die Araber auch weit mehr als 70 Jahre nach dem Tode Mohammeds. *„Allahu ackbar – Gott ist groß!"* riefen jene muslimischen Krieger ungestüm aus, und bald sollten diese Worte in die Tat umgesetzt werden. Sie schickten sich an, über die Pyrenäen zu ziehen und der noch einzigen weltlichen Herausforderung in Europa den offenen Krieg im Namen der Religion zu erklären – einen Heiligen Krieg um den rechtmäßigen Glauben, einen Dschihad um die Vorherrschaft in und über Westeuropa.

Im Frankenreich wusste man natürlich seit Längerem schon von den Arabern, von jenen muslimischen Wüstenkriegern, die einst aus dem Morgenland gekommen waren und sich inzwischen auf der gesamten iberischen Halbinsel ausgebreitet hatten und das Land islamisierten. Man wusste auch, wie militärisch erfahren die Soldaten Arabiens waren und wie schlagkräftig und erfolgreich ihre Heere kämpften. Ferner war dem Adel des Frankenreichs bewusst, dass sie diese Schlagkraft sehr bald selber spüren würden, und dass sie dieser Kampfkraft im Grunde nichts entgegenzusetzen hatten.

Zu dieser Zeit führte Karl Martell als sogenannter Hausmeier die Staatsgeschäfte des Fränkischen Reiches. Die heikle Situation an seinen Grenzen erkannte er dabei sofort. Die Lage war mehr als ernst, geradezu existentiell. Mit herkömmlichen Mitteln ließen sich die Araber nicht mehr aufhalten, und wenn nicht doch noch ein Wunder geschah – irgendeins; von denen in ständig die Rede war –, dann würde nicht nur das Frankenreich aufhören zu existieren, sondern mit ihm irgendwann auch die gesamte christliche Welt.

Das Fränkische Heer befand sich zu diesem Zeitpunkt in einem desolaten Zustand. Im Grunde genommen hatte es sich seit den vergangenen gallischen Tagen in Ausrüstung und Taktik nicht weiterentwickelt. Noch immer dienten in ihrer Mitte ausschließlich

Schon gewusst? Bis in das neunte Jahrhundert hinein hat man über viele Jahre von der so genannten Dunklen Zeit gesprochen – einer Epoche zwischen dem Ende der Antike und dem Erstarken des Fränkischen Reiches, in der so viele gesellschaftliche Fortschritte im Abendland mit einem Schlag vergessen waren. Gottverlassen und gebeutelt vom Sturm der Völkerwanderung, mussten die Menschen Europas erst einmal wieder zu sich kommen und in einer neuen Ordnung Halt und Zuversicht finden lernen.

Nicht bei Tours und Poitiers selbst, sondern eher südlich der heutigen französischen Stadt Châtellerault, kreuzten die Araber und die Franken im Oktober 732 die Klingen.

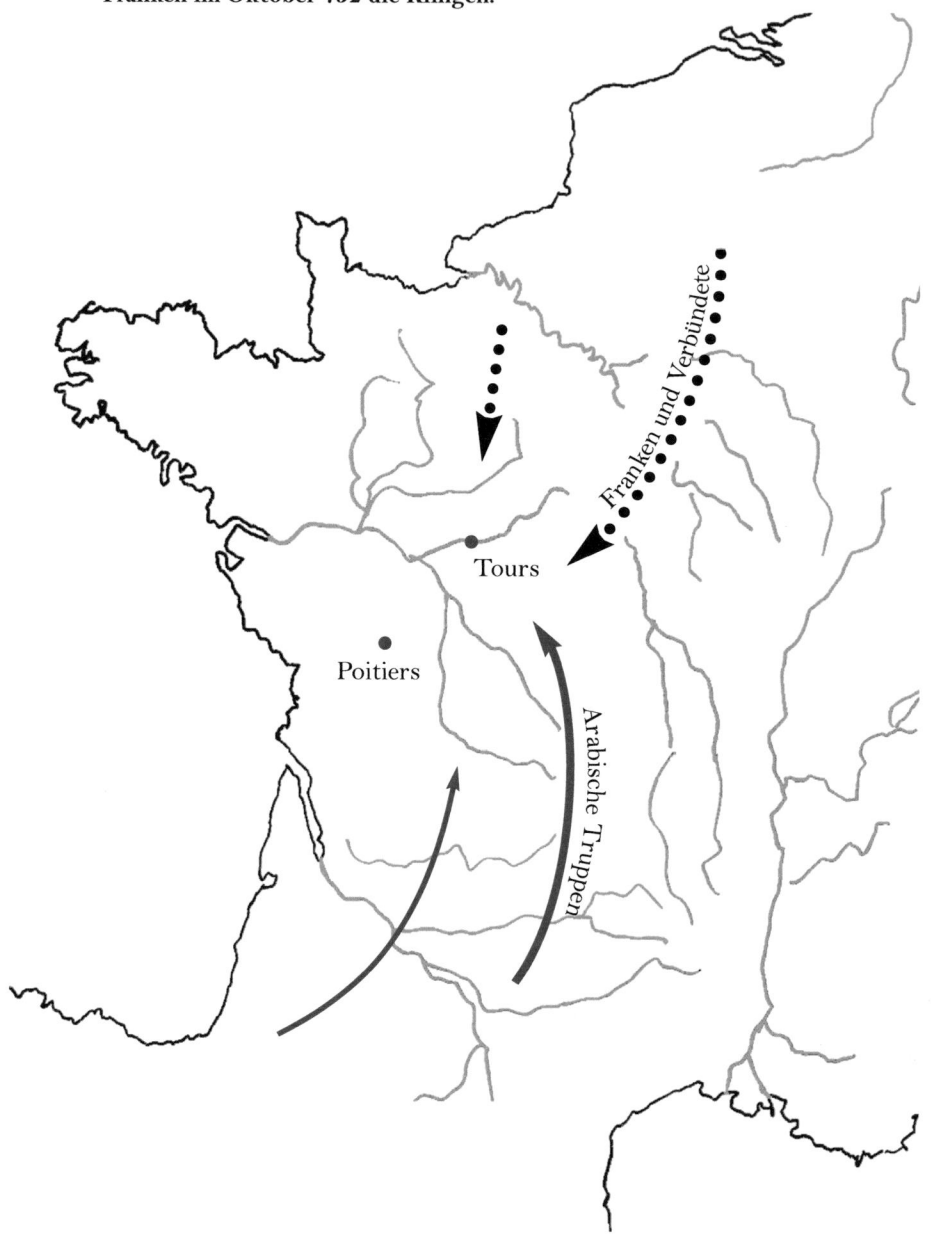

(zwangs-)rekrutierte Bauern, Handwerker, Knechte und sonstige Söhne des Reiches. Nur die wenigsten dieser Fußsoldaten waren tatsächlich kriegserfahren und hatten schon in mehreren Schlachten bittere Erfahrungen sammeln können. Ihre Anzahl mochte ausreichend sein, um die Ordnung im Inneren des Reiches zu bewahren, doch einem wahrhaftigen Ansturm von Zehntausenden Reitern wären sie auf keinen Fall gewachsen gewesen. Dies wusste der fränkische Heerführer nur zu gut und hatte dabei zugleich das Schicksal Roderichs und der Westgoten vor Augen, die von den Arabern einfach überrannt worden waren.

Karl Martell musste handeln. Den Arabern, die inzwischen am Fuß der Pyrenäen standen, musste eine gleichwertige Streitmacht entgegengestellt werden. Ein fränkisches Heer, das nur aus Infanterie bestand, hätte gegen diesen Feind, der mit Reflexbögen und durchschlagenden Pfeilen zum Angriff überging, nicht den Hauch einer Chance gehabt. Ab dem Jahr 720 erfolgten bereits erste kleinere Attacken auf fränkisches Territorium. Dies war das Zeichen, dass nicht mehr viel Zeit blieb. Darum nutzte Karl alle verfügbaren Mittel und stellte in den darauffolgenden Jahren eine bewaffnete Truppengattung zusammen. Diese war beritten, in widerstandsfähiges Rüstzeug gekleidet und vor allem sehr gut in Militärkunde, Disziplin und Ausdauer geschult – die fränkischen Panzerreiter waren bereit. Wie viele Reiter genau Karl Martell Zeit seines Lebens in Dienst stellte, ist nicht weiter überliefert. Es können mehrere Hundert, vielleicht auch ein paar Zehntausend gewesen sein, so genau ist das nicht klar. Klarheit allerdings gibt es hingegen über den ersten Kampfeinsatz dieser Truppe, der im Oktober 732 stattfand, als Karl Martell das Herr nach Süden befahl.

Unter ihrem maurischen Feldherren Abd ar-Rahman hatten derweil die Araber die Pyrenäen überschritten, und plünderten mit Bordeaux die erste Stadt auf fränkischem Boden. Ihr Heer wollte dann bis nach Tours weiterziehen, wo noch größere Reichtümer auf sie warten sollten, als Abd ar-Rahman eine Nachricht von seinen Kundschaftern erhielt: Aus dem Norden kamen die Franken daher, und sie stellen sich mit einem Heer, das zu allem entschlossen war, den Arabern zum Kampf um Leben oder Tod.

Als Karl Martell und Abd ar-Rahman im Oktober ihre Armeen gegeneinander führten, brach an den Flüssen Clain und Vienne eine Schlacht vom Zaun, wie sie das Frankenreich nur selten zum Wohle ganz Europas schlagen musste. Annähernd 40 000 Männer standen sich gegenüber. Langobarden, Sachsen und friesische Einheiten, die den Franken noch im letzten Moment zu Hilfe geeilt kamen, platzten in die geschlossen anrükkenden Reiterverbände, und lieferten sich mit den Arabern einen grässlichen Kampf. Diese Schlacht währte mehrere Tage. Keiner der Kontrahenten erlangte einen klaren Vorteil. Dann aber griffen die fränkischen Panzerreiter ein – und begannen schließlich das alles entscheidende Gefecht. In schnellem Galopp und mit den Lanzen in der Hand, stürzten sich die Reiter ins Kampfgetümmel. Die Hufe ihrer Pferde trommelten auf die Erde und brachten diese heftig zum Beben. Dann prallten die Reihen aufeinander – und man schlug wahllos aufeinander ein und prügelte sich gegenseitig tot, wie besessen vom Kampfgetümmel. Abd ar-Rahman fiel in der Schlacht. Nach dessen plötzlichen Tod brachen die Araber überraschend den Kampf ab. Auch die Franken verließen zunächst das Schlachtfeld, um sich ein wenig von den Strapazen zu erholen.

Für den nächsten Tag war die Fortsetzung vorgesehen, doch zu einem erneuten Kampf zwischen dem Okzident und Orient, sollte es an dieser Stelle nicht mehr kommen: Die Schlacht von Tours und Poitiers war nach sieben Tagen zu Ende. Ohne es noch einmal mit den Franken aufzunehmen, zogen sich die Araber auf die iberische Halbinsel zurück. Deren Ansturm jedenfalls wurde aufgehalten, das Frankenreich gerettet – und mit ihm, höchstwahrscheinlich, auch das ganze Abendland.

Bei aller berechtigten Empörung der Christen über das Eindringen der Araber in die abendländische Hegemonie, darf die historische Bewertung der Islamischen Expansion jedoch nicht zu pauschalen Vorurteilen führen. Weder der Islam noch seine heiligen Schriften hatten in der Vergangenheit explizit zur Gewalt aufgerufen. Es sind allein des Menschen Interpretationen, die den Ansichten und Meinungen oft extreme Taten folgen lassen. Das Christentum und seine Anhänger stellen da keine Ausnahme dar, und wie wir vor allem an der Geschichte der Kreuzzüge noch erkennen werden, haben auch unsere Vorfahren christliche Gebote bewusst missachtet, um ihre weltlichen Ansprüche sicherzustellen. Zu erwähnen bleibt außerdem, dass die Einwohner jener Ländereien, welche die Araber im siebenten Jahrhundert erobert hatten, keineswegs zum Islam zwangsbekehrt worden waren, sondern ferner ihr Leben so weiterführen konnten, wie es schon vor der Ankunft der Mohammedaner der Fall gewesen ist.

Über die Tragweite der Schlacht von Tours und Poitiers sowie deren historische Bedeutung für das mittlere Europa gibt es selbst heute noch unterschiedliche Auffassungen. Man kann sich gerne darüber streiten, ob nun jene Schlacht im Jahre 732 oder eher die arabische Belagerung von Konstantinopel um 717 weitaus entscheidender für die Zukunft Europas gewesen war. Worüber man sich allerdings überhaupt nicht streiten kann, ist der durchschlagende Erfolg jener Panzerreiter, die als erst kürzlich aufgestellte Truppengattung im Kampf bei Tours und Poitiers ihre Feuertaufe bestand und von da an zu den schlagkräftigsten und auch namhaftesten Einheiten des Fränkischen Heeres zählten. Über die Panzerreiter und ihre weiteren Auftritte in der Geschichte wird es in den nachfolgenden Jahrzehnten mehr zu erzählen geben. Darum gehen wir nun in das nächste Kapitel über und widmen unsere Aufmerksamkeit zunächst der Herkunft und den besonderen Tugenden dieser berittenen Soldaten. ❡

Auch nach ihrer unerhofft schmerzlichen Niederlage bei Tours und Poitiers waren die Araber noch lange nicht besiegt. Karl Martell und sein Sohn Pippin der Jüngere mussten nach 732 noch oftmals über die Pyrenäen ausrücken, um die Heere Allahs im Zaum zu halten. Gelungen ist dies den Franken aber nur indirekt, denn die Araber setzten sich auf der iberischen Halbinsel fest und blieben dort für annähernd achthundert Jahre heimisch.

Der Panzerreiter auf dem Vormarsch

Die fränkischen Panzerreiter wurden in der Dynastie der Karolinger aufgestellt worden, weshalb man sie in historischen Quellen und heutigen Veröffentlichungen zuweilen auch Karolingische Panzerreiter nennt. Bei den adeliger Karolinger wiederum handelte es sich um ein wohlhabendes Herrschergeschlecht, das für annähernd 250 Jahre zahlreiche fränkische Würdenträger stellte. Zu ihren Ahnen gehörten unter anderem Karl der Große, Ludwig der Fromme, Lothar I. sowie andere Könige und Herzöge im West-, Ost- und Mittelfrankenreich. Im 11. Jahrhundert schließlich erlosch die Erbfolge dieser altfränkischen Adelsfamilie.

Zunächst war der Panzerreiter ein gewöhnlicher Soldat. Genau wie andere Krieger in dieser Zeit auch wurde er aus der breiten Bauernschaft rekrutiert und anfangs nur grundlegend für den Kampf geschult. Das war nicht ungewöhnlich, das war normal. Auch der Panzerreiter wurde nicht überhastet auf das nächstbeste Pferd gesetzt und völlig ahnungslos in die Schlacht geworfen. Bis es wirklich zu einem Kampfeinsatz kam, musste noch viel Zeit vergehen. Denn die Fähigkeit, ein Pferd inmitten eines Getoses aus Waffenklirren, Schreien und tödlicher Gewalt zu führen, erforderte ein ebenso langes und tiefgründiges Training, wie es auch der Umgang mit der Waffe und das Aufstellen in Formationen von den Kriegern verlangte. Die Fähigkeit, im Feld zu kämpfen und zu siegen, musste also geübt, erprobt und immer wieder unter Beweis gestellt werden. Erfahrungen in Friedens- wie in Kriegszeiten zu sammeln, war für den einzelnen Panzerreiter äußerst wichtig. Nicht wenige von ihnen standen deshalb dem König zuerst eine ganze Zeit als Fußsoldat zu Diensten, bevor es ihnen die Umstände erlaubten, ein schwer bewaffneter Reiter zu werden.

Der Einsatz von schwer bewaffneter Kavallerie war keineswegs unbekannt, aber bei den alten germanischstämmigen Völkern in Europa lange Zeit in Vergessenheit geraten. Aus der Antike sind uns bereits solche Reiterheere bekannt, die durch einen geschickten und zeitlich günstigen Vorstoß in der Lage waren, ganze Schlachtordnungen aufzusprengen. Sie kamen in vielen historischen Schlachten zum Einsatz, unter dem Kommando des Karthagers Hannibal zum Beispiel, der in der bis heute berühmten *Schlacht von Cannae* am 2. August 216 v. Chr. an die 16 römische Legionen – umgerechnet etwa 80 000 Mann – niedermetzelte; bei den Hunnen unter Attila, als diese wiederum 375 n. Chr. das Heer der Ostgoten unter Ermanarich hinwegfegten und – natürlich – während des jüngsten Glaubenskrieges der Araber, als diese im siebenten Jahrhundert dazu übergingen, den Islam in Europa verbreiten zu wollen. In allen hier aufgezählten Schlachten kamen also berittene Krieger zum Einsatz; schnelle, der Infanterie vielseitig überlegenere Truppen, die in den meisten Fällen erfolgreich agierten. Karl Martell hatte im Grunde nichts anderes getan, als die Zeichen der Zeit richtig zu deuten und seinen barfüßigen Soldaten eine schlagkräftige Reitertruppe voranzustellen.

Der fränkische Panzerreiter hatte also vieles mit den Reitertruppen der anderen Völker gemeinsam. Was aber ihre Ausrüstung oder die Einzelheiten seiner Indienststellung beim König – Lohn, Privilegien und Verpflichtungen – betraf, da hat sich der Panzerreiter schließlich abgegrenzt. In diesem Punkt hatte er nur wenige Ähnlichkeiten mit den Reitern der Araber, Oströmer oder Perser, und war im ganzen frühen Mittelalter darum mehr als einzigartig in Hinblick auf Stärke, Bewaffnung und Moral.

Waffen und Rüstung

Vor allem die Bewaffnung der Panzerreiter hatte am Triumph der Franken bei Tours und Portiers entscheidenden Einfluss. Auffallend an den Panzerreitern war an erster Stelle der Panzer, der zur Namensgebung der reitenden Truppe beigetragen hat. Dieser Panzer war nämlich neu in dieser Zeit. Er wurde von begabten Waffenschmieden im ganzen Reich aus Eisenplättchen, den sogenannten Schuppen, hergestellt. Diese Schuppen wurden sehr dicht in- und miteinander verbunden und formten als Einheit so den Panzer, der wiederum den

Oberkörper bedeckte und teilweise Arme sowie Beine schützte. Er war recht widerstandsfähig, gegenüber flachen Schlägen und Hieben, und vermochte durchaus auch einzelne Pfeile aufzuhalten.

Beinschienen aus Metall schützten die Schienbeine der Reiter. Ein großes, rundes Holzschild schirmte sie zusätzlich vor Angriffen ab, während ein Spangenhelm den Kopf bedeckte. Mit der linken Schildhand hielt der Krieger die Zügel gerade, und mit der anderen führte er beim ersten Angriff eine schwere Stoßlanze mit sich. Diese bestand aus massivem Eichenholz, hatte eine Länge von etwa drei bis vier Metern und war mit einer scharfen Spitze aus Metall versehen. Je nach Befarf schmückte noch eine Flagge oder Fahne die Lanze. Der Reiter hob sie dann entweder hoch über dem Kopf, um sie mit aller Kraft in die Horden des Gegners zu schleudern, oder er hielt sie aufrecht mit durchgestrecktem Arm neben sich. Jene Taktik, die Lanze unter die Achseln einzulegen und so frontal in die feindlichen Linien hineinzubrechen, wurde erst von den späteren Rittern im elften Jahrhundert perfektioniert.

Nachdem die Lanze im Gefecht eingesetzt worden war, stand dem Panzerreiter seine hauptsächliche Hieb- und Stichwaffe zur Verfügung. Es handelte sich hierbei um das fränkische Langschwert, die man *Spatha* nannte. Dieser Waffentyp war in Europa weit verbreitet und gehörte bis zum zwölften Jahrhundert zum Arsenal der Armeen vieler Feudalstaaten. Die Spatha hatte für gewöhnlich eine gerade Klinge. Sie wurde mit einer Hand geführt – wobei es auch Spezialanfertigungen für beide Hände gegeben hat – und ist entweder im Halfter an der Hüfte der Krieger oder an der Seite des Pferdes in Form eines Reserveexemplars getragen worden. Diese Waffe hatte einen hohen Wert, weil ihre Herstellung ziemlich zeit- und arbeitsaufwendig war und einem Mann immer wieder das Leben retten konnte. Darum auch musste sie sorgfältig gereinigt werden.

Derart gerüstet, saß der Panzerkrieger nun in einem hohen Sattel auf seinem Pferd und stützte sich – auch das war neu – beim schnellen Angriff in Steigbügeln ab, die ihrerseits erst im sechsten Jahrhundert aus Asien nach Europa gelangen. Wenn der Panzerreiter dann in geschlossener Formation anrückte, dabei die Erde in Wallung brachte und Laub und Staub gar mächtig aufwirbelte – wem ist da nicht angst und bange geworden? Die Männer waren damals hart im Nehmen. Sie ertrugen Schmerzen fern unserer Vorstellungskraft. Sie mussten mit Elend, Dreck und Gewalt fertig werden, und dann noch einen klaren Kopf behalten, ohne dabei den Verstand zu verlieren. Und dennoch: Der Angriff eines fränkischer Panzerreiters löste auch zu dieser Zeit blankes, unverfälschtes Entsetzen aus. Jener Sturm aus Hörnerhall und Eisen, der über den zitternden Boden fegte, das Dröhnen der Hufe im nahenden Chaos sowie die bittere Gewissheit, diesem Hammerschlag nicht länger zu entkommen – das spannte die Nerven bis zum Zerreißen an und ließ gestandene Männer die Zähne klappern. Da hat sich herausgestellt, wer es wirklich drauf hat. Furcht und Entsetzen, wohin man nur sah!

Einen zeitgemäßen und historisch glaubwürdigen Eindruck vom damaligen fränkischen Panzerreiter ermöglich uns die unten stehende Abbildung. Es handelt sich dabei um eine im Jahre 900 hergestellte Buchmalerei aus dem „Psalterium Aureum", einem liturgischen Buch, das heute in der Stiftsbibliothek von St. Gallen aufbewahrt wird. Zu sehen sind neben den mit Schild und Lanze bewaffneten Panzerreitern auch mehrere leichtbewaffnete Krieger, die nicht mit einen Schuppenpanzer ausgerüstet waren. Angeführt wird die Truppe von einem Standartenträger, der sich mit einer Flagge an der Lanze zu erkennen gab.

Und wer gehörte zu den Gegnern der Franken, die dem grauenhaften Einschlag ihrer Panzerreiterzuerst entgegensahen? Es waren die hier bereits vorgestellen arabischen Heere. Deren Überlebende hatten die Niederlage niemals verwunden, und vom glücklosen Verlauf der Schlacht um Tour und Poitiers klagen sie lang in ihren alten Quellen. Unter anderem ist die Rede vom „Abend der Erschütterung" sowie dem „Weg des Märtyrers", was Beides die gewaltigen Verluste mit blumigen Worten beschwichtigend umschreibt.

Karl Martell sah sich bestätigt. Seine Panzerreiter erfüllten ihren Zweck und übertrafen damit sämliche Erwartungen. Der König der Franken hatte die richtige Entscheidung getroffen. Von nun an sollte seine mächtigste Waffe auch in anderen fränkischen Kriegen an vorderster Front stehen und für das Fränkische Reich glanzvolle Siege erringen.

Die Panzerreiter im Dienste der Könige

Karl Martell starb 741. Die Panzerreiter, die bislang unmittelbar in seinen Diensten standen, schworen seinen Nachfolgern auf dem Thron den Treueid und zogen anschließend unter deren Führung in weitere Schlachten. Die nachkommenden Könige der Franken hatten sich viel vorgenommen. Es sollte weit hinausgehen für das Wohl ihres Reiches und ihr eigenes Heil. In den nachfolgenden Jahrzehnten, so ist es überliefert, gab es hierfür reichlich Gelegenheit.

Vom Ende des achten bis zur Mitte des zehnten Jahrhunderts befand sich das Abendland in einem Zustand des historischen Umbruchs. Allerorten, ob im Osten oder im Norden, zerfielen auf einmal langjährig eingesessene Stammesreiche. Besonders offensichtlich geschah dies in weiten Teilen des heutigen Deutschlands. Die germanischen wie slawischen Stämme hierzulande wurden allmählich in ihrer Vorherrschaft zurückgedrängt. Nicht nur ihr politischer, sondern vor allem ihr religiöser Einfluss schwand zusehends aus der früh-

Der Steigbügel, eine Erfindung aus dem frühen Asien, wird in Hinblick auf seine Verbreitung oft mit den Panzerkriegern Karls des Großen in Verbindung gebracht. Richtig ist ferner, das die berittenen Kämpfer zu den ersten Völkern im Abendlandes gehört haben, die von dieser neuartigen Vorrichtung im Kampf Gebrauch gemacht haben. Der Steigbügel selbst war schon wesentlich früher im Oströmischen Reich bekannt, als die Truppen Konstantinopels gegen die Awaren zu Felde zogen. Auf jeden Fall stellte diese Fußstütze eine erhebliche militärtechnische Erweiterung dieser Zeit dar, die dem Panzerreiter schnelle Angriffe im Galopp ermöglicht haben.

mittelalterlichen, deutschen Geschichte. Das Christentum breitete sich nach Osten hin aus. Es waren die Franken selbst, die diese Neuordnung anzettelten und diese nach allen Kräften und gegen alle Widerstände durchzusetzen beabsichtigten. Was sie da getan haben, mag sich in unseren Büchern nüchtern lesen. Hätten wir es jedoch selber erlebt; es am eigenen Leib gespürt, erobert zu werden – wir hätten den Panzerreiter mit Sicherheit ebenso sehr für all das verwünscht, wie es die Völker Europas in dieser Zeit taten. Immerhin wurde Deutschland mit Feuer und Schwert christianisiert, zwangsbekehrt und damit zu einer anderen Religion gezwungen, wie es so erschreckend intensiv nicht einmal die Araber während ihrer Expansion vollzogen haben.

Für die Festigung der fränkischen Expansion in Europa hatten natürlich die Panzerreiter einen entscheidenden Beitrag geleistet. Denn der Griff der Franken nach der Vormachtstellung ist von deren Nachbarn keineswegs so einfach hingenommen worden. Überall regte sich Widerstand. Überall kam es zu erbitterten Kämpfen. Der Wille des Aufbegehrens musste durch die Franken erst mit rücksichtsloser Gewalt gebrochen werden, und so waren es die berüchtigten Panzerreiter, die – mittendrin unter unzähligen Fußsoldaten – eine blutige Schneise durch das Land geschlagen haben.

In den Sachsenkriegen Karls des Großen, der in der Geschichte als der Vater Europas gerühmt wird, sorgten jene Reiter für den Niedergang einiger namhafter westgermanischer Stämme. Diese hatten gegen die im hohen Sattel sitzenden Franken keine Chancen auf Erfolg. Sachsen wurde unterworfen. Das einst germanisch geprägte Stammesreich wurde aufgelöst und letzten Endes dem Frankenreich angegliedert. Die Feldzüge dauerten hintereinander zwanzig Jahre, nur gelegentlich von einer trügerischen Waffenruhe unterbrochen.

Ähnliches widerfuhr den alten Bajuwaren. Auch in deren Stammesgebiet fielen die fränkischen Könige ein und bezwangen sie mithilfe der Panzerreiter mühelos. Das Christentum erwies sich als die stärkere Religion.

Die bei den Germanen üblichen Glaubensrichtungen verschwanden mit der Zeit. Von nun gab es einen neuen Gott, und zwar einen christlichen, hier in diesem Lande.

Im westlichen Europa waren die Panzerreiter sehr bald als durchschlagende und fürchterliche Waffe verschrien. Weitaus fürchterlicher als ihre militärische Schlagkraft aber muss ihr Benehmen *nach* einem solchen Kampf gewesen sein. Denn die Männer waren durstig und wie von Sinnen. Sie hatten in einem Kampf, womöglich mehrere Stunden lang, nichts anderes als nackte, rohe Gewalt erlebt. Derart in Rage überlebten sie die Schlacht. Derart aufgewühlt blieben sie am Leben und waren derart malträtiert an Leib und Seele.

Oft verweilten die Krieger noch Tage am Ort der Schlacht. Sie versorgten ihre Wunden, sie organisierten sich als Truppe wieder neu und sie gaben letzten Endes ihrem inneren Drängen nach, ihrer maßlosen Begierde nach Beute und Schätzen, ihrem Hungergefühl oder dem Drang zur Befriedigung ihrer gequälten Seelen, indem sie sengend, vergewaltigend und mordend durch die Gegend zogen. Egal, ob Frauen, Kinder und Männer – sie machten da keinen Unterschied. Die Panzerkrieger und ebenso alle restlichen Soldaten mit ihnen verheerten mitunter das Land des Feindes ebenso sehr, wie sie auch ihre eigene Heimat zuweilen ins Verderben stürzten. Selbst fränkische Siedlungen und Orte wurden im Ernstfall hemmungslos ausgeraubt und deren Bewohner schwer misshandelt.

Diese schändlichen Taten wurden in jener Zeit nicht unbedingt geahndet. Zu rauben und zu plündern gehörte zum damaligen Kriegsrecht, und war ferner Teil einer stillen Vereinbarung zwischen den Soldaten und der Obrigkeit, die die Erlaubnis zur selbstgerechten Bedienung nach der Schlacht als Teilbezahlung für die geleisteten Kriegsdienste ansahen. Anders konnte der König auch kaum seine Leute bei der Stange halten, denn einen Mann, der die schlimmsten Ängste austehen musste, den hält am Ende so gut wie nichts mehr auf, selbst das Wort des Königs nicht.

Ohne Frage, die Panzerreiter konnten grausam sein. Glaubt man aber den Worten fränkischer Chronisten, dann suchten im neunten und zehnten Jahrhundert zwei noch furchtbarere Mächte das christliche Europa heim. Diese Mächte, so sagen es uns die christlichen Quellen, sollen mindestens genauso grausam gegenüber ihren Feinden und in ihrer Vorgehensweise mitunter noch sehr viel brutaler gewesen sein – mehr noch, als es die Panzerreiter jemals waren. Die christlichen Chronisten beschrieben diese wilden Eindringlinge, die auf einmal allerorts in Europa erbarmungslos zuschlugen, als die Nordmänner sowie die Magyaren.

Wir kennen diese beiden Völker heute als die Wikinger und die Ungarn. Die Erstgenannten galten als zur See fahrende Entdecker und Plünderer, während letztere – als blitzschnelle Reiterscharen berüchtigt – einem Sturm gleich, aus dem heutigen Ungarn kommend, durch das anfangs wehrlose Land rauschten.

Die Panzerreiter im Kampf um das Abendland

Als allen voran die Wikinger Mitte des neunten Jahrhunderts erstmals gehäuft und immer wiederkehrend auf dem kontinentalen Westeuropa in Erscheinung traten, befand sich das Fränkische Reich gerade selbst in einem Kampf ums politische Überleben. Es hatte sich nämlich aufgeteilt. Der von den Franken lang gehegte Traum eines geeinten Reiches unter der Herrschaft eines Kaisers, hatte sich letzten Endes nicht erfüllt. Er zerplatzte und scheiterte an der Habgier und der Missgunst der adeligen fränkischen Führungspersonen.

Darum zerfiel im Jahre 843 das Frankenreich unter den Enkeln Karls des Großen: In das Westfrankenreich unter Pippin, in das Mittelreich unter Lothar I., und in das Ostfrankenreich unter Ludwig dem Deutschen. Aus dem Westfrankenreich entstand später das heutige Frankreich. Das Mittelreich wiederum hatte keinen Bestand, es wurde 40 Jahre später endgültig geteilt, und aus dem Ostfrankenreich entwickelte sich bald schon

Der sogenannte Vertrag von Verdun, der um 843 ausschließlich die Herrschaft über das Fränkische Königreich (und nicht etwa dessen territoriale Integrität) unter den Enkeln Karls des Großen aufgeteilt hat, gilt nach landläufiger Meinung als die historische Geburtsstunde der heutigen Bundesrepublik Deutschland. Tatsächlich aber war auch dieses Ereignis nur ein Teil eines sich über mehrere Jahrzehnte erstreckenden Prozesses, in des- sen Verlauf sich das West- und Ostfrankenreich zunächst nur langsam voneinander losgesagt haben. Die vollendete rechtliche Eigenständigkeit erlangten die beiden fränkischen Teilreiche erst im Hohen Mittelalter.

Über die halbe Nord- und Ostsee segelten die Wikinger auf ihren Drachenschiffen, immer auf der Suche nach Abenteuern. Ihr Drang nach Ruhm, Beute und Anerkennung führte sie mehr als 200 Jahre lang durch die Weltgeschichte; von Nord nach Süd, vom Osten in den Westen – und von Europa bis nach Amerika!

Nach Grönland/Amerika, 10. Jhr.

W i k i n g e r

Auf das Baltikum, 9. Jhr.

England, 8. Jhr.

Europa, 9. Jhr.

Angelsachsen

S l a w e n

West-, Ost- und Mittelfrankenreich

Emirat von Córdoba

Byzantiner

Nach Sizilien, 11. Jhr.

die Herrschaft der Ottonen und damit die Grundzüge des Heiligen Römischen Reiches Deutscher Nation, kurz HHR. Damit wurde schon bald die Geburtsstunde des heutigen Deutschlands eingeläutet. Aber bevor es soweit war, dass die drei Teilreiche der Franken ihren eigenen Weg beschritten, mussten sie noch so manche Herausforderung gemeinsam meistern. Eine davon waren die plötzlichen Überfälle der germanischen, in den Augen der Christen heidnischen Wikinger.

Eingepfercht auf sogenannten Drachenbooten, die ihre Namen der drachenkopfähnlichen Galionsfigur am Schiffsbug zu verdanken hatten, stießen die Wikinger – Krieger alter nordgermanischer Stämme – entlang der Flüsse bis in das Herz des Ostfrankenreiches vor. Sie erstürmten den Entstehungsort des heutigen Hamburgs, die Hammaburg, und ließen die werdende Stadt im Jahre 845 als brennende Ruine im Schatten ihres einstigen Glanzes zurück. Um 856 war Paris Ziel ihrer Attacken. Jahre später legten die Wikinger vor Cologne an, dem heutigen Köln, und brandschatzten die Stadt über mehrere Tage. So schnell wie sie kamen, verschwanden sie auch wieder, und man hörte und sah solange nichts von ihnen, bis erneut ein Hilferuf das Land erschütterte und die Menschen vor einem weiteren Überfall flüchteten. Natürlich wurden nur die Schicksale wichtiger Ortschaften bekannt und ernst genommen. Wenn irgendwo in der Heide eine Köhlerhütte ausgeraubt und dessen Bewohner von den Wikingern totgeschlagen wurden, dann hat das im Fränkischen Reich niemanden sonderlich entsetzt.

Überall dort, wo die Wikinger den ihnen fremden Grund und Boden betraten, hatten sie natürlich auch mit Widerstand zu rechnen. Ihre Drachenboote waren zwar vollends besetzt, dennoch wären sie niemals dazu in der Lage gewesen, es mit der gesamten Streitmacht aller fränkischen Königreiche aufzunehmen. Zu ihrem Glück aber brauchten sie das auch nicht. Denn in dieser Zeit gab es noch kein stehendes Heer. Selbst die Panzerreiter, die vorerst auch nur im Westfrankenreich bekannt waren und überwiegend dort eingesetzt wurden, mussten – wie eigentlich alle Truppen im Frühen Mittelalter – erst mühselig aus allen Landesteilen zusammengezogen und in dann Marsch gesetzt werden. Das dauerte oft sehr lang – zu lange, um die Wikinger auf frischer Tat zu ertappen, die sich Dank ihres überraschenden Erscheinens und aufgrund ihrer wendigen Schiffe gegenüber den christlichen Kriegern eindeutig im Vorteil befanden. Auch waren zahlreiche Orte des Reiches nur in geringer Anzahl mit Soldaten besetzt. Mit einer schwachen Besatzung aber hatten die Wikinger leichtes Spiel. Mit ihnen wurden die Nordmänner zweifelsohne fertig, wobei natürlich auch ihre Krieger in jeder Schlacht reihenweise den Tod gefunden haben. Sie waren zwar tapfer, aber nicht unsterblich.

Der Abwehrkampf der fränkischen Könige gegen die seefahrenden Nordmannen gestaltete sich langandauernd und finanziell wie menschlich sehr belastend. Er fand nicht im großen, sondern im kleinen Rahmen statt und war konzentriert auf viele kleine, aber heftige Gefechte, die von der Geschichtsschreibung so nicht überliefert worden sind. Die Wikinger gaben einfach nicht auf und kamen immer wieder. Das ganze Reich hatte mit ihnen zu kämpfen. Eine dauerhafte Ruhe vor den wüsten Nordmännern gab es in diesen Breitengraden erst ab dem Jahre 1066, als der sogenannte „Große Wikingersturm" aus vielerlei Gründen sein Ende fand.

Galten die Wikinger noch als nervtötendes Übel, das aller zehn Jahre einem an die Kandare fuhr, so ging von den Reiterheeren der Ungarn eine weitaus größere Gefahr für das Ostfrankenreich aus. Als die Magyaren nämlich mit Beginn des zehnten Jahrhunderts in das heutige Süddeutschland einfielen und in pausenlosen Angriffen die Ländereien verwüsteten, dämmerte dem Volk schon der Weltuntergang herauf. Die Grafen, Stammesherzöge und nicht zuletzt der König selbst sahen sich durch die schnellen Reiterattacken der Ungarn einem ähnlichen Dilemma ausgesetzt, wie es einst Karl Martell mit den Arabern geschah, der diesen Reitern anfangs nichts entgegenzusetzen hatte. Sowohl die bayrischen als auch die sächsischen Heere waren den Magyaren auf Dauer nicht gewachsen. Sie waren zu schwerfällig, zu unorganisiert und vor allem größtenteils zu Fuß unterwegs – damit vermochte man nicht zu gewinnen. Merseburg, Basel, St. Gallen und Freising – die Liste der Orte, welche die Ungarn im Laufe ihres ersten über zwanzig Jahre andauernden Heerzugs ausraubten, wurde beständig länger. Da musste etwas geschehen. Geschwächt durch die zahlreichen Überfälle war die Gefahr groß, dass das Ostfrankenreich irgendwann an Bedeutung verlieren würde. Es musste entschlossen gehandelt werden, und der Mann, dem es als Ersten gelang, den Ungarn eine schwere Niederlage zuzufügen, war Heinrich I. aus Sachsen.

Der König des Ostfrankenreiches wusste genau, worauf es bei einem Sieg über die Ungarn vorrangig ankam. Er kannte die Schwachstellen des Gegners eben so gut wie die eigenen militärischen Zustände im Reich. Dementsprechend verschaffte sich Heinrich I. zunächst ein wenig Ruhe vor den Ungarn, indem er mit ihnen im Jahre 926 einen vorläufigen Friedensvertrag aushandelte und den Horden als Gegenleistung eine jährliche Tributzahlung zukommen ließ. Zunächst einmal befreit vom monatlichen Überlebenskampf, hatte der König endlich den Kopf wieder frei und konnte sich in aller Ruhe gründlich mit der Bedrohung auseinandersetzen.

Heinrich I. trommelte umgehend die weltlichen wie geistlichen Größen des Ostfrankenreichs zusammen und machte ihnen auf dem Reichstag von Worms die Lage ausnahmslos klar: Wenn sie als seine Untergebenen nicht umgehend miteinander zusammenarbeiten, sie ihre eigenen Machtansprüche nicht augenblicklich zurückstellen würden und sie sofort dem Wohl des ganzen Reiches unterordnen, dann könnten sie sich und ihre winzige Wichtigkeit auf einen Schlag vergessen! Es wird kein Ostfrankenreich mehr geben, wenn die

Die Magyaren, zuweilen auch Madjaren geschrieben, stellen heute eine Volksgruppe dar, deren Vorfahren vor mehr als 1000 Jahren zu einen langandauernden Raub- und Beutezug durch halb Europa aufbrachen. Ihre Herkunft liegt in jenen Steppen, die sich im heutigen Ungarn befinden. Die Vereinigung der Magyaren mit örtlichen Slawenstämmen ermöglichte sehr bald die Herausbildung eines eigenständigen Königreiches, das nach dem Angriff der Mongolen im 13. Jahrhundert aber stark an Macht und Einfluss einbüßten. Heute gibt es über 14 Millionen Menschen, die die alte Sprache der Magyaren beherrschen und überwiegend in Ungarn sowie in anderen Staaten in Osteuropa zu Hause sind.

Ungarn wiederkommen, und er, der König, sei es endgültig leid, sein Reich gleich vor zwei Widersachern schützen zu müssen: Vor den wüst anstürmenden Feinden von Außen, und vor den stets streitsüchtigen und eigensinnigen Vasallen im Inneren.

Aufgeschreckt durch die offenen Worte des Königs, aber erst recht gewarnt durch die drohende Gefahr, kamen die Erzbischöfe, Grafen und Herzöge endlich überein. Zusätzlich befeuert vom Wohl um ihre eigenen Pfründe, stemmte schließlich die gesamte Obrigkeit die geballte finanzielle und materielle Kraft des Reiches auf, um innerhalb der nächsten Jahre das Königreich teilweise von Grund auf zu erneuern. Es entfaltete sich nun ein wahres Konjunkturprogramm. Landauf und landab wurde rangeklotzt und so die ersten Burgen gebaut, in denen die Bevölkerung zukünftig Schutz finden sollte, nachdem sie den Angriffen der Ungarn in ihren Dörfern und Städten bisher hilflos ausgeliefert waren. Diese Fluchtburgen mit dem amüsanten Namen Motte entstanden überall im Reich. Diese wurden anschließend mit Soldaten besetzt. Wo keine Burgen entstanden, baute man Mauern um Klöster und einzelne, frühe Städte. Diese waren zumeist so hoch aufgestellt, dass sie die Ungarn zumindest für den ersten Moment aufhielten, bis vielleicht Hilfe eintraf.

Der Großteil aller Anstrengungen im Reich konzentrierte sich anschließend auf die Organisation eines schlagkräftigen Heeres. Die Soldaten mussten neu gerüstet und eingeübt, vor allem aber einer unbedingten Disziplin unterworfen werden. Ihre althergebrachte Tugend, wie in früheren Germanentagen dem Feind einfach entgegen zu hetzen, wurde den militärischen Anforderungen im zehnten Jahrhundert einfach nicht mehr gerecht. Jetzt hieß es, überlegt zu handeln, Ruhe zu bewahren und geschickt zu taktieren. Die Fußsoldaten traten nun geschlossen auf. Sie waren ein wichtiger Bestandteil der neuen Armee, zu deren bewährtesten Einheiten die bekannteste Waffe des Abendlandes herangezogen wurde. Gemeint sind die Panzerreiter aus

Diese sogenannten Motten, die früheren Fluchtburgen im ostfränkischen Reich, waren zwar sehr weit aufgezogen und äußerst geräumig organisiert, um der Schutz suchenden Bevölkerung Odacht zu gewähren. Allerdings darf man sie nicht mit den herkömmlichen Burgen aus Stein gleichsetzen: Einer längeren Belagerung waren diese Konstrukte aus Holz nällmlich auf keinen Fall gewachsen.

dem benachbarten Westfrankenreich. Die Herrscher und militärischen Befehlshaber des Ostfrankenreiches hatten sich gründlich mit dieser Truppe auseinandergesetzt, deren Bewaffnung und taktischer Erfolg sich von West nach Ost und bis nach Bayern und Sachsen herumgesprochen hatte. Nun stellte Heinrich I. diese Reiter auf, bewaffnete und erprobte sie recht tüchtig, bis wirklich alles perfekt zu sein schien und endlich der Moment gekommen war, den ohenhin labilen Frieden mit den Ungarn zu beenden.

Ob nun die Geschichte wahr ist, dass Heinrich I. den ungarischen Gegnern einen toten Hund anstatt des erwarteten Tributes in Gold und Silber vorsetzte, ist nicht genau überliefert. Bekannt hingegen ist, wie die Ungarn reagierten und welchen Weg sie einschlugen, um für diese, in ihren Augen schändliche Beleidigung gnadenlose Vergeltung zu üben. Im Winter und Frühjahr 933 rauschte ihr Heer durch slawisches Territorium im heutigen Bundesland Sachsen, bevor es von den Truppen des Königs am 19. März am Ufer der Riade abgefangen wurde.

An der Grenze von Thüringen und Sachsen-Anhalt schließlich entlud sich dann der ganze Hass des Reiches gegenüber jenen wüsten Steppenkriegern, die der durchschlagenden Gewalt der sächsischen Panzerreiter quasi hilflos und vollkommen überrascht ausgesetzt waren. Aufgrund des sumpfigen Geländes war es den Ungarn unmöglich, Haken zu schlagen. Sie konnten dem Ansturm der heranrasenden Panzerkrieger nicht länger entkommen. Ihre Armee wurde zerschmettert, das Ostfrankenreich gerettet, und zu Lebzeiten von Heinrich I. kamen die Ungarn nicht mehr zurück.

Einmal aber kehrten sie wieder! Zwanzig Jahre später, nach dem ersten gescheiterten Feldzug der Magyaren, tobte durch Europa der zweite Ungarnkrieg. Wieder gierten ihre Horden danach, ganze Ländereien zu Fall und Könige an den Rand des Unter- ganges zu bringen. Wohin sie auch kamen, wohin sie auch gelang-

Einer der Augenzeugen der Schlacht bei Riade war der sächsische Geschichtsschreiber Widukind von Corvey. Er wurde im Jahre 925 geboren und arbeitete die meiste Zeit seines Lebens als Schreiber im Kloster von Corvey. Aus seiner Feder stammt unter anderen die Erzählung der Geschichte der Sachsen – eine durchaus reichhaltige Quelle, die von Historikern in ihrer objektiven Hinsicht vereinzelt aber auch kritisiert und bezweifelt wird.

*Unmittelbar im An-
schluss an seinen Tri-
umph auf dem Lechfeld
bei Augsburg zog Otto I.
ins nächste Gefecht. Die-
ses Mal stellte er sich den
Obodriten; slawischen
Stämmen östlich der Elbe,
und verleibte nach ihrer
Niederlage deren vorma-
liges Territorium der
Sächsischen Ostmark ein.
Otto, der schon zu Leb-
zeiten zu den größten
Königen des Ostfranken-
reiches zählte, bekam nach
seinem Tode um 973 den
uns geläufigen Beinamen
„der Große" verliehen.
Heute erinnert die Figur
des Magdeburger Reiters
an ihn und seine 37jäh-
rige Regentschaft.*

ten, überall stand das Land in Flammen. Dieses Mal war ihr Heer richtig groß, fast unangreifbar, um genau zu sein. Noch viel größer – und vielleicht auch ein wenig wahnsinnig – war allerdings ihr Übermut, als die Ungarn im Jahre 955 das Ostfrankenreich zu einer offenen Schlacht aufforderten.

Der zu dieser Zeit amtierende ostfränkische König trug den Namen Otto I., und kam dieser Aufforderung auch umgehend nach. Zu lange hatten die Ungarn gewütet und gebrandschatzt, doch jetzt sollte es ihnen endgültig vergehen. Ob der König selbst an Übermut litt oder ob ihm die militärische Lage keine andere Wahl gelassen hat, ist so nicht überliefert. Überliefert und damit bekannt wurde allerdings seine wilde Entschlossenheit. Unter Ottos Führung versammelten sich im August des Jahres 955 acht große Heerhaufen aus allen Teilen des Königreiches – Sachsen, Böhmen, Franken und Lothringer. Auf dem Lechfeld bei Augsburg schlugen sie ihr Lager auf und kämpften dort am 10. August in einer der bedeutendsten Schlachten des Abendlandes, an der mehr als 70 000 Männer beteiligt waren.

Die Schlacht auf dem Lechfeld schrieb Geschichte. Sie wird in unzähligen Büchern und Quellen akkurat geschildert: Die deutschen Panzerreiter und ihre Kameraden kamen und kämpften und schlugen sich allesamt mit äußerster Bravour! Tausende verschwitzter, gewalttätiger Männer, befeuerten sich gegenseitig zu einer wilden Raserei. Die Ostfranken vernichteten schließlich jene Magyaren und deren Armee bis auf das allerletzte Glied und befreiten damit ganz Mitteleuropa für immer von der Raub- und Mordbedrohung.

An dieser Stelle ist erst einmal Schluss. Es war sehr viel und sehr lang vom Krieg die Rede, und nun gibt es andere Zusammenhänge in Bezug auf die Panzerreiter zu erklären. Da wären zum Beispiel der Aufwand und der Preis für die Mobilmachung einer solch schlagkräftigen, berittenen Armee. Wenn man sich dabei nun vor Augen führt, was der Panzerreiter alles erlebte, wo er kämpfte und fiel, dann fragt man sich heute ganz unwillkürlich: Wie war das möglich? Wie war es damals, im finsteren Mittelalter(!) machbar, tausende Männer zu rüsten und zu verpflegen, sie auszubilden und zu organisieren und mit ihnen um die halbe Welt zu reiten, um sie dann – wenn nichts anderes mehr weiter half – zum Wohle des Reiches ohne Weiteres in den Tod zu schicken?

Diese Leistung unserer Vorfahren, ein Heer aufzustellen und Ländereien zu roden, Städte zu bauen und sogar einen ganzen Staat zu errichten, war natürlich nicht mit den Händen in der Hosentasche möglich. Es erforderte dafür eine komplizierte Form der Logistik; ja gar ein sozial-ökonomisches Modell, ein komplexes System an ineinander übergehenden Leistungen; um diese Aufgaben fertigzubringen. Dieses System war vorhanden. Es stellte im Mittelalter das Fundament aller Dinge dar, brachte den Panzerreiter und später den Ritter hervor, und wurde von den Menschen jener Zeit als das Lehns- bzw. Benefizialwesen bezeichnet. ⚘

Über Herren, Vasallen und das Lehnswesen

Der fränkische Panzerreiter war zunächst dafür aufgestellt worden, um die von den Arabern ausgehende Bedrohung zu erwidern. Darüber hinaus diente er später im Allgemeinen dem militärischen Schutz von Volk, Vaterland und König. Doch wer hat die Mittel dafür aufgebracht? Wer hat für die Dienstleistungen des Panzerkriegers bezahlt? Der König vielleicht? Die Erzbischöfe und Äbte? Oder wieder einmal die Bauern, Entrechteten und Mittellosen des Volkes, die ohnehin schon kaum über die Runde kamen?

Halten wir es kurz und bündig: Niemand hat es. Es war der Panzerreiter ganz allein, der für seine Ausrüstung und Versorgung aufkommen musste. Wie er das fertig brachte und woher auch immer das Geld dafür kommen sollte, das war allein seine Sache. Heute trägt der Staat die Investitionen für seine bewaffneten Soldaten, doch im Mittelalter wurde das ein klein wenig anders gehandhabt. Damals musste jeder Krieger selbst zusehen, wie er an die notwendigen Waffen gelangte und wie er für seinen Unterhalt sowohl in Friedens- als auch in Kriegszeiten sorgte. Das ging, wie wir heute sagen würden, ungemein ins Geld. Mit dem Unterschied, dass es früher eben, im Frühen Mittelalter, noch kein Geld, keine Scheine und Münzen gegeben hat, mit dem man Waren und Dienstleistungen erkaufen konnte.

Im gemeinen Volk wurden deshalb Naturalien als Tausch- und Zahlungsmittel verwendet: Brot und Eier, Gemüse und Metalle, Vieh und Stoffe oder Tücher. Vor allem das Vieh war außerordentlich wertvoll und vielseitig verwendbar. Es diente sogar als inoffizielles Zahlungsmittel, zum Beispiel für den der Schmied der den Schuppenpanzer fertigte. Dieses Vieh verlangte ebenso der Zimmermann, der für den Panzerreiter in mühevoller Kleinarbeit Lanze und Holzschild zimmerte, und dieses Vieh nahmen ferner alle übrigen Handwerker und Arbeiter an, die im Frühen Mittelalter Dienstleistungen jeglicher Coleur erbrachten.

Historiker haben herausgefunden und berechnet, wie viel Vieh für die übliche Ausrüstung eines einzigen Panzerreiters – Schwert, Kettenhemd und Helm – gelöhnt werden musste: Ganze 45 fränkische, sächsische oder auch italienische Kühe waren dafür heranzuholen. Zusätzlich brauchte der Panzerreiter den Gegenwert dieser Tiere für die Beschaffung von Verschleißteilen, für die Bezahlung der Knechte und zur Unterstützung der eigenen Familie in den Zeiten seiner Abwesenheit. Welcher Krieger sollte so eine Unsumme aufbringen können, ohne sich heillos zu verschulden oder das Ganze vielleicht doch noch stehlen zu müssen?!

An dieser Stelle kreuzten sich auf einmal die Interessen von König und Panzerreiter. Der König brauchte schnellstmöglich Männer, die ihm treu ergeben sein würden und für ihn in die nächste Schlacht auszogen, um ihn und das Reich zu beschützen oder zu erweitern. Der werdende Panzerkrieger wiederum sehnte sich danach, das Kriegshandwerk auszuüben und die dafür notwendigen Kosten aufzubringen. Dies waren berechtigte Interessen von zwei Parteien, die sich unter einen Hut bringen ließen, in dem beide, der König als Lehnsherr und der Panzerreiter als Lehnsnehmer, einen Vertrag über beidseitige Unterstützung abschlossen. Ein solcher Vertrag war als das Lehnsverhältnis bekannt.

Bei den eben genannten Begriffen – Lehnsverhältnis, Lehnsherr und Lehnsnehmer – ist stets von einem Lehen die Rede. Das Wort Lehen wiederum hat Ähnlichkeit mit „leihen", und genau das ist der Kern der ganzen Prozedur: Man verlieh etwas Bestimmtes – für immer oder für eine bestimmte Zeit – an eine genehme

Die mittelalterliche Ordnung, jenes Gefüge aus Dienstleuten, Dienstherren und Gehorsam, das sich hierarchisch über mehrere Würdenträger erstrecken konnte und welches wir nachfolgend erklären, ist keine Neuerfindung der fränkischen Könige. Das Lehnswesen stellt vielmehr eine Weiterentwicklung des germanischen und römischen Gefolgschaftswesens dar und hat sich bei seiner Entstehung praktisch an den Gegebenheiten einer neuen Zeit, der Epoche des Frühen Mittelalters, ausgerichtet.

Person. Dabei konnte es sich um ein Stück Land oder ein Dorf, um politische Macht und Privilegien oder sogar um ein hohes Amt am Hofe handeln. Als Lehen bezeichnete man im Mittelalter also alle materiellen und immateriellen Gegenstände und Güter von Wert, die sich auf dem Boden des Reichsterritoriums befanden und die vom Eigentümer an einen Berechtigten verliehen werden konnten. Diejenige Person, die so etwas verlieh, war der Lehnsgeber, und die Person, die diese Leihgabe – das Lehen also – annahm, hieß Lehnsnehmer oder umgangssprachlicher auch Vasall.

Nach mittelalterlicher Auffassung hatte ein König eine unumschränkte und nahezu unglaubliche Herrschaftsgewalt. Er und das Land waren eins und unzertrennlich. Der König durfte demnach frei über das Land verfügen. Er selbst bestimmte, was gebaut wurde und was nicht. Er konnte Dämme errichten und Wälder roden lassen, Wege verlegen und nicht zuletzt über die Menschen bestimmen, die dieses Land – sein Land, um genau zu sein – bewohnten und auf diesem Grund und Boden für ihn arbeiteten. Im Zuge seiner Machtausübung war es dem König dabei auch möglich, seine Untertanen an der Herrschaft über sein Königreich zu beteiligen. Er konnte schließlich nicht alles selber regeln und musste sich darauf verlassen, dass seinen Anweisungen auch während seiner Abwesenheit immerzu Folge geleistet wurde. Der König erwählte also Gefolgsleute, denen er ein Lehen zukommen ließ und sie dann durch ein beeidetes Dienst- und Treueverhältnis als ergebene Vasallen an sich band. Der König trat als Lehnsgeber auf, der bewusst Teile seiner Macht weitergab. „Teile und Herrsche" nennt sich dieses alte Prinzip, das schon seit Jahrhunderten die Geschichte der Menschheit prägt. Es gilt sogar noch heute in nicht minder krasser Weise.

Das Lehnsverhältnis an sich beinhaltete Rechte und Pflichten für beide Vertragsparteien. Diese Bürden waren allgemein verbindlich und machten den Dienst-

Absolutes Vertrauen, Verschwiegenheit und Verlässlichkeit zu jeder Stunde, sind nicht nur Tugenden der mittelalterlichen Bande zwischen König und Vasall! Auch heute noch wird im Dienst beim Militär großer Wert auf Loyalität und Disziplin gelegt. Schließlich gibt es zuletzt auch im zivilen Arbeitsleben hohe persönliche Anforderungen, die sowohl die Arbeitnehmer als auch die Arbeitgeber mit beidseitiger Sympathie füreinander und mit der Zuversicht auf eine fruchtbare Zusammenarbeit annehmen.

und Treueeid nahezu unkündbar. Dadurch bekam das Lehnsverhältnis den Charakter als ein staatstragendes und damit essentielles Gebilde, und soll praktisch am Beispiel des bis hierhin schon bekannten Panzerreiters nun weiter erläutert werden.

Der Panzerreiter als Untertan

Der König, der zugleich der oberste Lehnsherr war, konnte unmöglich allein die Soldaten seines Reiches für künftige Kriege ausrüsten. Also sorgte er dafür, dass die kriegsbereiten Bauern diese Aufgabe selbst übernahmen und schuf die ökonomischen und sozialen Voraussetzungen dafür. Der König verlieh ihnen also jenen Grund und Boden, dessen Erträge – Früchte und Eier, Brot und Getreide, Käse und Vieh – bei ordentlicher Bewirtschaftung ausreichen würden, damit sich der einzelne Panzerreiter selbst ausrüsten und seine Familie über Wasser halten konnte.

Der mit diesen Anreizen für den Kriegsdienst gewonnene Untertan wurde somit Besitzer eines ertragreichen Fleckchens Erde und stellte sich in Gegenleistung als Vasall in den Dienst des Königs, dessen Worte er befolgen, dessen Wünsche er erfüllen und dessen Person er von nun an achten und beschützen würde. Es herrschte ein beiderseitiges Geben und Nehmen, aus dem beide Seiten ihre Vorteile, aber eben auch ihre Verpflichtungen gezogen und das sowohl Lehnsherr als auch Vasall auf Lebenszeit vereinbart haben.

Zwischen dem König und seinem künftigen Panzerreiter kam also eine Art von lebenslanger, beruflicher wie persönlicher Partnerschaft zustande. Dieses wurde feierlich unter dem Schwur hoher Eide und unter Verwendung zeremonieller Gesten, der sogenannten Kommendation, vereinbart und besiegelt. Lehnsverhältnisse wurden selten schriftlich aufgesetzt – was zählte, waren die Gesten und der gute Wille dazu, der meist in aller Öffentlichkeit gegenüber dem Volk und allen anderen Bediensteten einprägsam bewiesen wurde.

Der fränkische Panzerreiter war nun in der Lage, sich durch die selbstständige Verwaltung seines eigenen Lehens mit allem, was er brauchte, fortwährend zu versorgen. Nun konnte er auch genügend Vorräte für die Kriegszüge fern der Heimat anlegen. Bei den Bauern im weiten Land durften die bewaffneten Reiter auf ausdrücklichen Befehl des Königs oftmals keine Verpflegung fordern. Auch wenn das in der Wirklichkeit oftmals nicht eingehalten wurde, war der Panzerreiter im Prinzip dennoch auf sich allein gestellt. Er konnte also nur von jenen Mitteln leben, die er sich selbst für die Reise zusammen gepackt hatte. Das war ein wichtiger Fakt, den es zu bedenken galt, vor allem in Hinblick auf jene Zeit, in der es nirgends eine Frittenbude gab.

Der Panzerreiter war also ein Vasall des Königs. Ein Vasall wiederum konnte aber auch selbst als Lehnsherr auftreten, was sich unter anderem eben jener Panzerreiter zunutze machte. Er rief für gewöhnlich befreundete Untergebene zusammen und ernannte sie zu sogenannten Aftervasallen. Das vom König erhaltene Land teilte er unter ihnen auf und erkaufte sich ihre Dienste per Lehnsvertrag. Doch auch diese Aftervasallen konnten, falls es das Land noch immer hergab, wiederum selbst treue Gefolgsleute einstellen. So entstanden neben dem einen Lehnsverhältnis Hunderte und gar Tausende weitere solcher Dienst- und Treuevereinbarungen, die sich nach und nach über mehrere ausdehnten und dabei nahezu alle sozialen Schichten des frühen Mittelalters einschlossen. Von der Spitze des Landes, dem König also, verzweigte sich ein Lehnsverhältnis nach dem anderen nach unten bis zu den letzten Vasallen, zumeist einfachen Bauern, weiter. Diese Kette an Dienst- und Treueabmachungen bildeten als Ganzes genommen schließlich das Lehns- wesen – eine Konstruktion beziehungsweise vielmehr Organisation zwischenmenschlicher, rechtlicher und herrschaftlicher Bindungen, die ineinander aufbauend die Säule der mittelalterlichen Gesellschaft darstellten.

Dieses System, bestehend aus hoheitlichen Abhängigkeiten und sozialen Bindungen, nahm in der Praxis die Form einer Pyramide an. An der Spitze thronte der König als oberster Lehnsherr. Seine Macht war zwar theoretisch uneingeschränkt, aber in der Praxis teilte er sie eingeschränkt mit seinen ihm nachgeordneten Vasallen, die in der Folge immer zahlreicher wurden.

Das Lehnswesen war die Grundlage des gesellschaftlichen Zusammenlebens. Nichts funktionierte ohne die persönliche Bindung von Lehnsherr und Vasall. Immer wieder und überall gab es im Mittelalter ein Lehen zu vergeben – und so auch stets Lehnsnehmer und Lehnsgeber, die auf eine recht unkomplizierte Art und Weise ein Dienstverhältnis miteinander abschlossen; ungefähr so einfach und praktisch wie unser heutiges Vorgehen beim Wechseln von Wohn- und Arbeitsplatz oder dem einvernehmlichen Treueschwur vor dem Standesamt.

Sinngemäß wird hier die Kommendation ins Bild gesetzt: der Vasall kniet nieder und legt seine gefalteten Hände in die offenen, empfangsbereiten Hände seines Lehnsherrn. Im Anschluss an diese Geste versprechen sich beide Vertragspartner lebenslange Treue, die Verpflichtung zu Gehorsam und die Hilfe in Zeiten persönlicher Not. Damit gilt das Lehnsverhältnis als besiegelt.

Das auch als Feudal- bzw. Benefizialwesen bezeichnete Lehnswesen wurde übrigens im achten Jahrhundert von den Königen des fränkischen Reiches ersonnen. Es sollte den Menschen ein Einkommen, eine Beschäftigung, eine Position und eine persönliche Perspektive in der noch immer dunklen Zeit bescheren. Natürlich profitierten von den Annehmlichkeiten des Lehnswesens nur diejenigen Personenkreise in besonderem Maße, die aufgrund ihres militärischen Könnens (wie die Panzerreiter), ihrer gottgegebenen Aufgabe (wie die Bischöfe und Äbte) oder aufgrund ihrer politischen Verantwortung (Grafen und Herzöge) dem obersten Lehnsherrn, dem König, von großem Nutze sein konnten. Alle anderen Menschen hingegen, die sich nicht durch besondere Fähigkeiten auszeichneten oder denen wenigstens durch Geburt in höheren Kreisen bessere Startbedingungen zugute gekommen wären, lebten in der untersten, zumeist rechtlosen Schicht einer schlichten und gegenüber allen anderen zu Gehorsam verpflichteten Bevölkerung auf dem endlosen Lande.

Dabei war es die absolute Mehrheit der Menschen im Mittelalter, die zur unteren Klasse im Schichtsystem des im Grunde menschenverachtenden Feudalwesens gehörten – in Deutschland wie auch in den anderen abendländischen Staaten. War man dort erst einmal gelandet oder schon hineingeboren worden, dann führte man oft ein sehr einfaches, um nicht zu sagen trostloses Leben, das ausgeschlossen von jeglicher Selbstbestimmung und der Einflussnahme auf das weltliche Geschehen war. Einmal ein Tropf, immer ein Tropf – so heftig und dennoch zutreffend, kann man es an dieser Stelle formulieren. Es gilt, hier für die Mehrheit zu sprechen: Wer ein Bauer war, der blieb oftmals auch ein Bauer, und wurde zum bloßen Gegenstand der politischer Interessen der Mächtigen an der Spitze des Feudalstaats.

Ein Lehnsverhältnis war nicht zwingend von unendlicher Dauer. Es konnte jederzeit verfallen, aber nur bedingt einseitig aufgelöst werden. Starb der König in

Als treue Vasallen kamen für den König nicht nur bewaffnete Panzerkrieger in Frage. Der Herrscher über Land und Leute war ferner sehr stark auf nichtmilitärische, sachkundige Berater angewiesen: Talentierte Beamte und gute Schreiber, fleißige Handwerker sowie ausgezeichnete Diener. All diese Personenkreise durften sich ebenfalls freuen, dem einen und anderen König den Lehnseid zu bekunden und ihm Zeit seines Lebens treu ergeben zu sein.

Person als oberster Lehnsherr, und erklomm anschließend ein neuer Herrscher den Thron, dann hatten all die vorangegangenen, alten Lehnsabmachungen faktisch keine Bedeutung mehr. Es war ausschließlich Ermessenssache des Thronnachfolgers, wie mit den Dienst- und Treueabmachungen seines Vorgängers zu verfahren sei. Der neue König konnte darauf bestehen, dass die Vasallen seines Vorgängers vor ihm antraten und nun ihm als neuem Gebieter ebenfalls die ewige Treue gelobten. Der neue König hatte aber auch das Recht, die alten Bindungen aufzulösen, um sich zuverlässigere und ihm näherstehende Vasallen auszusuchen. Wie immer handelt es sich dabei um tausende Einzelfallentscheidungen, die in der Geschichte nur überliefert worden sind, wenn es sich bei den künftigen Vasallen um hochgestellte Würdenträger handelte, von denen die Chronisten so gerne schrieben.

Wenn ein Lehnsverhältnis über die Vergabe von politischen Ämtern oder hoheitlichen Rechten handelte, dann wurden oftmals neue Vereinbarungen geschlossen. Der neue König brauchte schließlich stets treue Untergebene. Woher sollte er denn wirklich wissen, ob sich die Berater und Vertrauten des verstorbenen Herrschers denn auch ihm gegenüber so loyal benehmen würden? Die Lehnsverhältnisse mit den Soldaten und Panzerreitern, deren politischer Handlungsspielraum ohnehin sehr begrenzt war, wurden aber in der Regel beibehalten. Kriegserfahrene Männer waren selten und wurden darum stets gebraucht. Der König wollte nicht grundlos riskieren, es sich mit ihnen zu verscherzen.

Ein sprachlicher Hinweis für unsere Leser: Das Lehns- bzw. Feudalwesen hat ihre Wortfindung im Lateinischen. Dort stand das Verb „feudum" Pate, was man mit „Lehen" übersetzen kann. Darum wird das Lehnswesen auch als „Feudalwesen" bezeichnet und ist ferner eben noch als „Benefizialwesen" bekannt. Allen drei Bezeichnungen haben ihre Herkunft im Lateinischen und meinen damit stets die mittelalterliche Ordnung.

Die Zukunft des Panzerreiters

Der deutsche beziehungsweise fränkische Panzerreiter hatte sich im Frühen Mittelalter als eine Kriegerkaste etabliert, die aus dem Machtgefüge der ersten frühen Feudalstaaten in Europa überhaupt nicht mehr wegzudenken war. Möglich machten dies die enormen militärischen Erfolge jener Krieger. Wie wir bisher erfahren

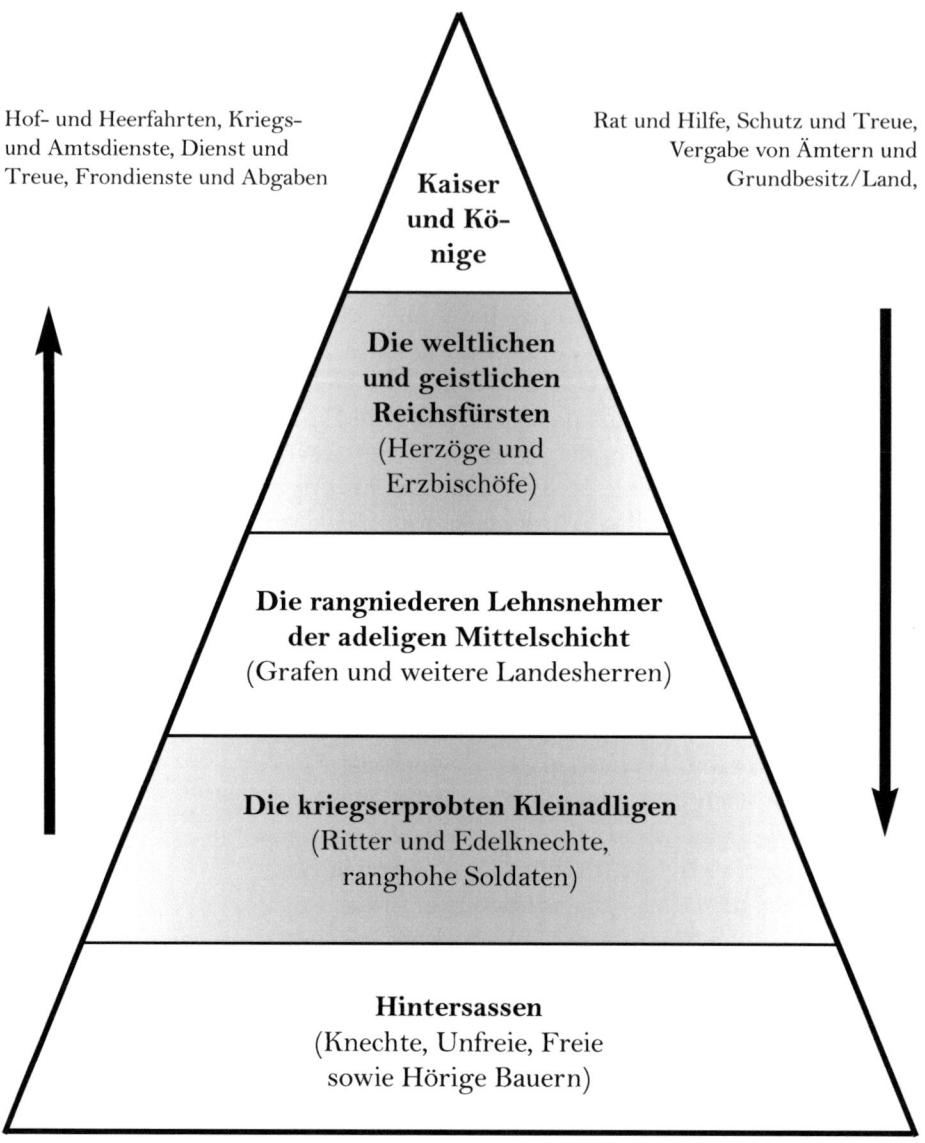

Hof- und Heerfahrten, Kriegs- und Amtsdienste, Dienst und Treue, Frondienste und Abgaben

Rat und Hilfe, Schutz und Treue, Vergabe von Ämtern und Grundbesitz/Land,

Kaiser und Kö- nige

Die weltlichen und geistlichen Reichsfürsten (Herzöge und Erzbischöfe)

Die rangniederen Lehnsnehmer der adeligen Mittelschicht (Grafen und weitere Landesherren)

Die kriegserprobten Kleinadligen (Ritter und Edelknechte, ranghohe Soldaten)

Hintersassen (Knechte, Unfreie, Freie sowie Hörige Bauern)

Die sogenannte Lehnspyramide versinnbildlicht hier den Aufbau und die Hierarchie der mittelalterlichen Ordnung. An der Spitze des Staates und der Gesellschaft hielt sich stets der König auf. Alle anderen Würdenträger des Reiches waren ihm in punkto Befugnisse und Verpflichtungen untergeordnet, wobei die Anzahl der Vasallen von Ebene zu Ebene zugenommen hat. Lehnseid und Lehnsverhältnis hatten eine bindende Wirkung zwischen den einzelnen feudalen Würdenträgern; jeder Lehnsherr, mit Ausnahme des Königs, war an anderer Stelle auch Vasall.

haben, war auf sie stets und überall Verlass: Einmal bei Tours und Potiers, um den islamischen Übergriff abzuwenden und an anderer Stelle auf dem Lechfeld nahe Augsburg im Jahre 955, als es zum letzten großen Showdown gegen die Ungarn kam. Die Schlagkraft dieser Panzerreiter war nicht zu übertreffen. Unter ihren Schuppenpanzern schlug ein raues Herz, und sie führten sich nicht weniger roh und gewalttätig auf, als alle anderen Soldaten dieser Zeit auch. Ihre Befähigung, aus dem Sattel herab sehr durchschlagend zu kämpfen, hatte allerdings blanke Furcht und großen Eindruck bei Freund und Feind gleichermaßen hinterlassen und die Panzerreiter durch die Jahrhunderte hinweg unvergessen werden lassen. Unabhängig von den schändlichen Vergehen des Einzelnen in ihren Reihen, wurden sie zum Wohle des ganzen Reiches dringend gebraucht.

Irgendwann aber sollte aus eben diesen Panzerreitern, die von den Königen vorerst aus rein militärischer Notwendigkeit heraus aufgestellt worden waren, mehr werden als bloße Streiter in den Gnaden des Lehnsherrn. Das Potenzial, das in den berittenen Männern steckte, konzentrierte sich zukünftig nicht mehr nur auf das Schlagen von Schlachten. Verschiedene Institutionen des Mittelalters beteiligten sich bald an diesem Wandlungsprozess. Sie und der Lauf der Zeit formten ein neues, durchaus ansehnlicheres Bild: Aus grobschlächtigen Haudegen wurden Edelmänner, aus ungebildeten Sprücheklopfern durchaus kultivierte Romantiker. Es war nicht mehr aufzuhalten. Der Panzerreiter wurde aufgewertet, und wandelte sich bald – vom abhängigen Gefolgsmann zum Angehörigen eines eigenen, adeligen Standes, und in sprachlicher Hinsicht vom „Reîdere" über den „Rîter" bis hin zum „Ritter"! ❡

Das Wort „Ritter" ist erst verhältnismäßig spät in den mittelalterlichen Sprachgebrauch gekommen, und zwar zu einer Zeit, wo die Absichten und die Aufgaben der berittenen Adeligen schon mehrere Jahrzehnte bekannt gewesen waren. Es findet ihre Ableitung im germanischsprachigen Verb „ridare" und weist darüber hinaus eine Herkunft zum niederdeutschen, dialektbedingten „Ridder" aus. Im mittelhochdeutschen Sprachraum ist der Ritter mit „Reiter" gleichzusetzen. In anderen Sprachen wiederum hat der Ritter zu einer neuen Wortschöpfung beigetragen und wird unter anderem in lateinisch „eques", in französisch „chevalier", englisch „knight", italienisch „cavaliere", spanisch „caballero" und auf slawisch „vitez/vityaz" genannt.

Die Goldenen Jahre der Ritter

Bisher kann nicht beziffert werden, wann genau an den deutschen, englischen oder französischen Königspfalzen der erste Ritter seinen Dienst versah. Es gibt ihn ja nicht einmal, den Ersten der Ersten, denn der abendländische Ritter ist keine fulminante Neuerscheinung oder wurde wie der Blitz aus der Taufe gehoben. Er ist vorerst noch immer der alte fränkische Panzerkrieger geblieben. Auch wenn sich die Bezeichnung „Ritter" erst ab dem 12. Jahrhundert fest eingebürgert und sich mit ihr schon ein gewisses Bild jener adeligen Krieger verbreitet hat, so steckt in der Seele dieser reitenden Männer noch immer so manche düstere Charaktereigenschaft der früheren fränkischen Kavallerieeinheiten, die von hehren Idealen und der Verantwortung für die Waisen und die Armen noch nichts haben wissen können.

Es ist ein fließender Übergang gewesen, alles brauchte seine Zeit. Die Kleidung, die Waffen und nicht zuletzt das Gebaren – all diese ausschlaggebenden Eigenschaften der Ritter haben erst noch entstehen, sich bewähren und schließlich von der Vergangenheit gewollt und ungewollt abkoppeln müssen. Das brauchte eben Zeit, gar keine Frage. Sich zu trennen und zu finden, ist ein schmerzlicher und vor allem ständiger Prozesse in unserer Geschichte. Alles musste dabei so geschehen, dass die Wurzeln nicht verleugnet wurden, denn wer dies täte, verleugnete sich am Ende nur noch selbst.

Mit der ersten Jahrtausendwende war es dann soweit: Der Ritter betrat die Bühne der Feudalzeit. Nun ist er allgemein anerkannt und zu einer in den Quellen der Chronisten festgehaltenen Idealgestalt geworden. Von nun an beschritt er seinen eigenen Weg, der ihn eines Tages unsterblich werden ließ.

All das, was wir von den Rittern heute wissen, mit ihnen verbinden und uns über sie zu erzählen haben, hat sich besonders in der Epoche des Hohen Mittelalters entwickelt. Wie ein Stein auf dem anderen setzt sich der Werdegang der Ritterschaft zusammen. Erfolg und Niederlagen, Unheil und Abenteuer, blanke Furcht und wie von Gott gegebener Mut – all das haben jene Reiter erlernt, erfahren und für die Nachwelt aufgeschrieben. Sie haben gedichtet und gesungen, Freund und Feind niedergerungen. Es zog sie hin in fremde Länder, oft ohne zu wissen, warum. Nicht selten war der Ritter zerrissen: Zwischen sich selbst und jenen Idealen, die ihm die Welt wie auf den Leib geschrieben hat. Muss ihr Alltag zumeist sehr trist gewesen sein – so war es dennoch eine unvergleichbare Zeit, an goldenen Momenten reich.

Und diese Zeit gilt gerade deshalb als so atemberaubend, weil ihre Gegensätze zwischen Wirklichkeit und Wunsch so abstrakt weit auseinander lagen. Während um ihn herum die Welt in Leid und Aberglaube blutete, nahm der Ritter selber sie als Abenteuer wahr. Es ist vor allem die ritterliche Sicht auf die Dinge, welche dem Mittelalter – einer an sich barbarischen Epoche – allen Vorurteilen zum Trotz etwas Glanzvolles verlieh. Wie es allen anderen Figuren unserer Geschichte widerfuhr, gab es so auch in den Tagen der Ritter Gutes, Tragisches und Erbauliches zu erleben, was ihre Zeit schließlich zu einer wahren Ära werden ließ – zu einer Ära, gleich der Blüte ihrer Jahre.

Vom Wüterich zum edlen Recken

Der Übergang ins Hohe Mittelalter lässt sich zusammengefasst auch als eine Zeitenwende; als eine Art altertümlicher „Sanierungsabschluss" betrachten: mit dem Chaos der germanischen Völkerwanderung in Europa wurde aufgeräumt. Geistlich-christliche und hoheitlich-weltliche Strukturen bildeten sich im Fränkischen Reich weiter fort und haben sich gegenüber dem Anstum der Slawen, und Muslime behauptet. Könige und Kaiser greifen nun nach der Vormachtstellung im Abendland und bauen im Inneren wie nach Außen hin die Macht ihrer Feudalstaaten aus.

𝕭 is in das elfte Jahrhundert hinein blieb für den Fränkischen Panzerreiter so ziemlich alles beim Alten. Sowohl die Rekrutierung der Männer als auch deren Ausstattung mithilfe von Lehnsverträgen orientierten sich auch weiterhin an den altfränkischen Vorgaben, wie sie einst Karl Martell und seine Nachfolger auf dem Thron ersonnen hatten. Abgesehen von einem stärkeren Helm, einem farbenprächtigeren Umhang und von einem schärferen Schwert hatte sich an den Aufgaben und dem Verhalten der berittenen Krieger lange Zeit nichts geändert, zumindest noch nichts von fundamentaler Bedeutung. Der Schritt zum Ritter war da noch nicht gemacht. So schnell konnte sich damals auch gar nichts ändern, und das nicht nur in Bezug auf die fränkischen Panzerreiter, sondern auch im Hinblick auf den Gesamtzustand des hiesigen Ostfrankenreich.

Aber wie bereits mehrfach zaghaft angedeutet, regieten m elften Jahrhundert nun einige althergebrachte Dinge in Bewegung. Das Hochmittelalter kündigte sich an. Die Bevölkerung wuchs, man lernte viel Neues. Manches wurde nun anders gesehen. Vor allem über die Rolle und die Aufgabe des Staates dachten die Menschen intensiver nach. Schließlich handelte es sich bei ihrer Heimat längst nicht mehr um ein einfaches, vorchristliches Stammesreich. Es gab beachtliche Erfolge und enorme Fortschritte in allen Bereichen und Institutionen im frühen deutschen Königreich. Ein frischer Wind wehte hinein in die Hallen, wo bisher jene Adeligen hausten, die noch in Felle gehüllt und mit Pelzschuhen bekleidet waren.

Erste Städte fügten sich zusammen, Straßen wurden geplastert. Burgen entstanden hoch oben auf Felsen. Der Klerus verbot die Priesterehe, und Konrad II. erwirkte die Erblichkeit des Lehens. Die Sprache, die Mode und nicht zuletzt die Schrift – alles entwickelte sich zügig weiter. Das Papier kam in Umlauf und ein neuer territorialer Name entstand: „Regnum Teutonicum", auf gut Deutsch „Teutonenreich". So nannte sich das ehemalige Reich der Ostfranken, bis es später, nach einem neuerlichen Aufschwung, als Heiliges Römisches Reich Deutscher Nation – kurz HRR – fortgeführt wurde. Man sieht: Auch die Titel gewannen im elften Jahrhundert immer mehr an Bedeutung.

Eines aber wollte in diese neue Zeit noch nicht so richtig passen, und war ist der fränkische Panzerreiter. Klar, er wurde gebraucht, um die Könige und ihr Land zu beschützen, um die Feinde im Inneren wie von Außen abzuwehren. Es gab keinen zuverlässigeren und besser ausgerüsteten Untertan als ihn, den man mit diesen Aufgaben hatte betrauen können. Der Panzerreiter war fest eingebunden in die Feudalstruktur, hielt eine annehmbare Stellung am Hofe. Er hatte sich bewährt, vor allem durch seinen furchtlosen Ruf. Nichtsdestotrotz mehrten sich die Stimmen in Adels-, Bauern- und Kirchenkreisen, die da forderten: Das kann doch noch nicht alles sein. Im Zuge der andauernden Umwälzungen im Lande könne doch auch die ihm, dem altmodischen fränkischen Panzerreiter vertrauten Gewohnheiten und Tugend künftig ändern.

Da wären beispielsweise die steifen und harschen Umgangsformen, welche die Krieger noch immer unbekümmert an den Tag legten und die, gelinde gesagt, zu wünschen übrig ließen. Die Erkenntnis lautete: es musste sich etwas ändern, am Verhalten und auch an allen anderen Eigenschaften des frühmittelalterlichen Reiters – an seinem noch immer ungeheuerlichen Drang, Gewalt auszuüben und seinen Mitmenschen als grober und ungebildeter Haudegen zu begegnen. Die

Zeiten Karl Martells waren lange schon vorbei; es musste endlich etwas geschehen, und dieser Moment; die weithin erlangte Einsicht, dass sich am Gebaren der Panzerreiter etwas ändern sollte, das war die Geburtsstunde des künftigen Ritters.

Im Laufe der Jahre sammelten sich die Vorschläge und Ideen eines neuen Typus an Reitern zu einem wahren Katalog. Nicht alle Vorstellungen wurden unmittelbar und eins zu eins in die Praxis umgesetzt. Manche Eigenschaften, die den Ritter von morgen zeichnen sollten, verblieben allein auf dem Papier oder wurden vom Zeitgeist einfach überholt. Und dennoch: Ein Grundtenor hatte sich schließlich durchgesetzt, und dies war der von mehreren Parteien geäußerte Wille, mit einer neuartigen, ritterlichen Erziehung beizeiten zu beginnen. Es war nämlich ganz einfach nicht mehr möglich, den gewohnheitsverliebten Panzerreitern über Nacht neue Sitten beizubringen. Zu sehr steckte in ihnen der alte Krieger, als dass sie jetzt auf ihre alten Tage noch eine neue Rolle annehmen und neue Dinge lernen würden. Man muss in seine Aufgaben tatsächlich erst hineinwachsen, weshalb es unumgänglich war, die künftigen Ritter mit ihrem künftigem Kodex zu betrauen, wenn sie ein gewisses Alter noch nicht überschritten hatten, in dem sie noch lernfähig und erziehbar waren. Dieses Alter war die Kindheit.

Natürlich: Die Kindheit ist ein kostbares Gut, unwiederbringlich und einzigartig. Sie zu rauben oder ernsthaft zu stören, empfindet das Kind als einen harten Einschnitt. Es kommt ihm vor wie ein plötzlicher Stoß, wie ein heftiger Schlag, mitten ins Gesicht. Im Mittelalter war dieser Schlag aber unvermeidlich. Hierbei kannte niemand Pardon, weder für die Söhne und Töchter der Bauern noch für den Nachwuchs der Kaufleute oder wenigen Adeligen. Diesen Kindern blieb nicht sehr viel Zeit, unbeschwert und jung zu leben, denn ihre Arbeitskraft wurde dringend gebraucht. Auf den Feldern des Landes, in den kümmerlichen Burgen und innerhalb von Ungeziefer befallenen Städten sollten sie alsbald nach Leibeskräften anpacken. Entsprechend früh begann für die Kinder das Erwachsenenleben, und entsprechend beizeiten schon legten die Jungen ihre ersten Schritte auf dem Weg zum Ritterdasein zurück.

Vom Ritterwerden

Ab dem Hochmittelalter war es im Teutonenreich gang und gäbe, dass für die jungen Burschen die Kindheit im Alter von sieben Jahren ihr Ende fand. Dann hatten sie zum ersten Mal ohne ihre Eltern auskommen müssen, die sie für viele Jahre nicht mehr wiedersehen sollten – und mitunter, in Einzelfällen, niemals mehr. Ohne viel Federlesens nahmen die Eltern Abschied von ihrem Filius, viele Tränen wurden dabei kaum vergossen.

War der Knabe dann erst in Diensten, verbrachte er als junger Diener die nächsten sieben Jahre am Hof eines Adeligen, für gewöhnlich bei einem Grafen oder einem gleichrangigen Würdenträger, fern ab der eigenen Heimat. Dort bereitete der Junge die Tafel auf und half nach Kräften in der Küche aus. Er hatte die Kleider der echten Ritter zurechtzulegen und auf das Sorgfältigste deren Waffen zu putzen, immer wieder, Tag für Tag. Die Damen am Hofe lehrten ihn Benimm, Sorgfalt und Ordnung. Nicht nur Tischmanieren und den Verzicht auf schiere Völlerei brachten sie ihm bei, sondern auch das Lesen und das Schreiben, obschon gerade dies später nur recht wenige Ritter tatsächlich beherrschten. Und wenn der junge Bursche, der je nach Mundart auch Page genannt wurde, dann nach einem gewiss sehr lehrreichen und harten Tage erschöpft in sein Gemach zurückkehrte, hat er sicher davon geträumt, die Lehrzeit alsbald geschafft zu haben und sich endlich einen Ritter nennen zu können.

Höhenflüge bekam er aber so schnell nicht, denn die handlangerähnlichen Tätigkeiten, die der Junge noch eine ganze Weile für den Herrn – und mitunter auch für den ganzen Hofstaat – zu verrichten hatte, holten den werdenden Ritter rasch auf den Boden der mittelalter-

Nicht nur die Jungen, die den Weg des Ritters eingeschlagen haben, wurden schon im Kindesalter an die Welt der Erwachsenen gewöhnt. Auch die Söhne von Bauern und Priestern, die einst Handwerker werden sollten oder einen anderen Beruf bei Hofe ergriffen haben, hat man schlagartig in die raue Welt katapultiert – und zwar in jenen mittelalterlichen Alltag, der oft mit Entbehrungen, Not, wenig Freuden und mit andauernder Arbeit verbunden war.

Vom Alltag der Mädchen und Frauen in der Ritterzeit

Während die Jungen und Knaben zu Rittern ausgebildet wurden, sie als ewige Erntehelfer der eigenen Familie unter die Arme griffen oder dank ihres handwerklichen Geschicks einen Beruf erlernten, waren die jungen Frauen eher darauf bedacht, überwiegend Tätigkeiten auszuüben, die keiner längeren Schulung bedurften. Klassische Berufe in speziell für die Mädchen geeigneten Beschäftigungsfeldern hatte es im Mittelalter nicht gegeben.

Vielmehr umriss ein klares Rollenverständnis die Aufgaben und Tätigkeiten von Mann und Frau. Weil es den Frauen nicht gestattet war, ein Ritter zu werden oder einen sonstigen Posten im Heer des Lehnsherrn zu ergreifen, blieben ihnen vorrangig nur das Schuften auf dem Lande oder ein lebenslanges Arbeiten am Hofe des Adels.

Als Zofe wurden im Mittelalter Mädchen beschäftigt, die nach einer mehrjährigen Anleitung unter der Aufsicht hochgestellter Damen zur Kammerdienerin geschult worden sind. Als Magd richteten sie wiederum die Festtafeln her, hielten Haus und Hof in Schuss oder fertigten Kleidungsstücke, Teppiche und sonstige Stoffe. Nur in Ausnahmefällen gingen die Frauen auch selbst auf die Jagd. Die meiste Zeit ihres Lebens aber verbrachten sie im häuslichen Umfeld. Von der Welt der Ritter und ihren großartigen Abenteuern haben sie nur durch Hörensagen erfahren.

Letzten Endes ist noch immer zu unterscheiden – zwischen den unzähligen Töchtern und Ehefrauen normalsterblicher Bauern, und den weiblichen Angehörigen hoher adeliger und geistlicher Kreise, in deren Reihen dann auch jenen Frauen gewisse Privilegien und Annehmlichkeiten zuteil geworden sind. Und zum Trotz der weit verbreiteten Vorurteile, wonach die Frauen ohnehin nur zum Kochen und Putzen neigen würden, haben sie sich früher damit niemals abgefunden. Ihr Sinn für Farben und Musik und ihr Talent im Umgang mit Sprachen hat so mancher Frau auch zu Anerkennung in der ausschließlich auf die Bedürfnisse der Männer ausgerichteten Gesellschaft verholfen.

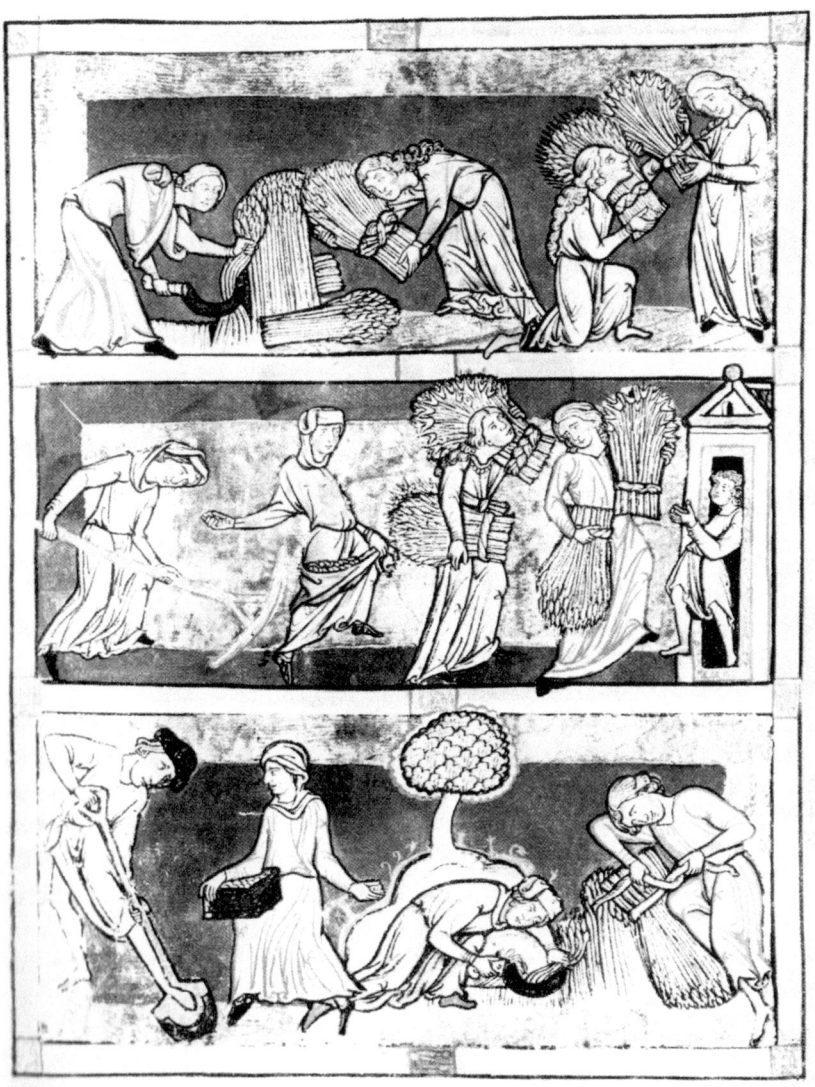

Frauen holen die Ernte ein. Ein Abbild des wahren mittelalterlichen Lebens, erstmalig zu sehen im „Jungfrauenspiegel" aus dem 13. Jahrhundert. Abgedruckt mit freundlicher Genehmigung des Propyläen Verlag, Berlin.

lichen Wirklichkeit zurück. An solchen Tagen, die gewiss sehr anstrengend gewesen waren, war es wichtiger denn je, die Zähne zusammenzubeißen. Eines durfte er nämlich nicht – das Ziel aus den Augen verlieren und damit alles, was seine Gönner und ebenso seine Eltern geopfert und aufgebracht hatten, mit einer Handbewegung fortzuwischen. Trost fand er dann in mancher schweren Stunde unter Gleichgesinnten. Denn oftmals nahmen die Grafen mehrere Jungen in ihre Dienste auf und taten ihr Bestes, um sie zu künftigen Rittern zu formen. So bildete sich aus einzelnen Knappen sehr rasch eine Gemeinschaft. Sich gemeinsam einer Aufgabe zu stellen und das Beste herauszuholen, schweißte die Jungen fest zusammen und gewährte ihnen jenen Rückhalt, den wohl jeder einmal in seinem Leben nötig hat.

Zur Vollständigkeit sei noch gesagt, dass das Leben am Hofe nicht nur aus jenen Hol- und Bringediensten bestand, wie sie einst der Zivildienstleistende erfüllte. Der Page lernte natürlich auch das Schwimmen, das Reiten und wie Stall und Ross zu pflegen sind. Immerhin war das Leben der Ritter fast immerzu vom Steigbügel geprägt. Krieg, die Jagd, das Reisen – das alles erfolgte vom Sattel aus.

Noch etwas wurde dem Knappen mit auf den Weg gegeben, das mitunter wichtiger war als jeder Dienst nach Vorschrift. Gemeint sind damit Allgemeinwissen und Erfahrungen, die ihm das Leben erklären sollten und ihm später von gutem Nutzen sein könnten. Technische Zusammenhänge und naturwissenschaftliche Phänomene, Geschichten aus fernen Ländern und von manchen Abenteuern sowie Freude und Leid und die erste Liebe – dies alles, und noch so manches mehr, erlernte der werdende Ritter auf der Burg.

Aus dem jungen Pagen wurde, spätestens mit 14 Jahren, nun der fast erwachsene Schildknappe. Er war von nun an einem Ritter als persönlicher Diener zugeteilt und ritt dorthin, wohin der Ritter auszog. Er folgte ihm unablässig und war persönlich verantwortlich dafür, dass

Das Wort „Knappe" ist eine sprachliche Weiterentwicklung des einst aus dem althochdeutschen kommenden „Knappo", was wiederum nichts anderes als Knabe bedeutet hat. Wie so oft sind derartige Bezeichnungen nicht ganz zufällig entstanden: Der inzwischen schon waffentragende Knappe war zwar dabei, in naher Zukunft ein Ritter zu werden. Bis dahin aber hatte er noch eine ganze Menge zu lernen, denn vorerst blieb der junge Mann immer noch ein ungestümer, junger Knabe.

dem Ritter während seiner Unternehmungen nichts widerfuhr. Aus diesem Grund bekam der Schildknappe auch erstmals Waffen ausgehändigt, die ihm vorerst zur eigenen Verfügung standen. Das Schwert trug er nun nicht mehr nur zur Zierde oder seinem Ritter hinterher. Er lernte auch selbst damit umzugehen und übte nun jeden Tag für den anstehenden Kampf, wieder und immer wieder, um aus seinen Fehlern zu lernen und diese bloß nicht noch mal zu begehen. Eiserner Wille, Ausdauer und Geschicklichkeit sowie die überlebenswichtige Befähigung, den Schmerz einfach auszuhalten – das waren die Lektionen, die der noch immer junge Schildknappe vermittelt bekam, denn nichts anderes erwartete ihn als junger Ritter. Ehe es soweit kam, dass er aus reiner Unerfahrenheit später im Kampf die Nerven verlor, musste nicht nur sein Körper, sondern vor allen Dingen sein Geist auf jedes Unheil vorbereitet werden.

Erwies sich einer der Knappen nun als wahrlich begabt, dann wurde es auch mal ernst für ihn. Schnell brach im Mittelalter eine Schlacht oder ein kleiner Krieg aus. Der Graf rief alle Männer zu den Waffen, und seinen Rittern schlossen sich dann auch alle Knappen an, die ihren Lehrmeistern wohl mit Zögern und nur schweren Herzens, nicht selten aber auch voller Vorfreude in den Kampf folgten. Vom Burghof ging es direkt auf das Schlachtfeld – und dort mitunter sofort in den Tod. Dieser abrupte Wechsel von der halbwegs sicheren Übung in die offene Schlacht hatte den einzelnen Knappen entweder völlig überfordert, ihn hilflos gemacht und ins eigene Verderben gestürzt – oder in ihm den wahren Recken herausgekehrt! Auch das war möglich. Auch das hat es gegeben. Schlugen sich die jungen Burschen demnach besonders tapfer, dann wurde ihnen echte Anerkennung zuteil. Sie erhielten ihre Ernennung zum Ritter sofort nach der überstandenen Schlacht, bevor sie ihre eigentliche Ausbildung überhaupt abgeschlossen hatten. Tatsache ist ferner, das Krieg und Gewalt aus dem Alltag des werdenden Ritters nicht wegzudenken, sondern ein ständiger Begleiter waren.

Insofern sich der Knappe in all den Jahren als würdig, vorbildlich und geeignet erwies, hatte er es geschafft. Die Zeit der Erprobung, des Bewährens und des Lernens neigte sich seinem Ende entgegen. Jetzt rückte der große Augenblick näher. Mit durchschnittlich 21 Jahren stand der Knappe vor der Feuertaufe seines Lebens. Der Traum vom Ritter war nicht länger mehr ein Traum! Niemand, und vor allem nicht der junge Ritter selbst, vermochte genau vorherzusehen, was von nun an da draußen auf ihn wartete. Ob er jemals zu seinen Eltern zurückkehren würde, die er schon vor Jahren das letzte Mal gesehen hatte? Würde er auf der Burg bleiben können, um von nun an einer der hiesigen Ritter zu sein? Oder würde er aufbrechen, einfach so, und allein oder mit Anderen auf große Fahrt gehen?

Diese Fülle an Möglichkeiten, Aufgaben und Erwartungen mochte dem Knappen in seinen letzten Tagen noch genauso wenig klar gewesen sein, wie das ihm vorbestimmte oder ereilende Schicksal. Ein Ritter zu werden und ein neues Leben zu beginnen, verhieß auch, sehr bald Abschied zu nehmen – von den Gefährten aus der stürmischen Zeit des Erwachsenwerdens, von den kleinen und großen Freuden des Alltags auf der liebgewonnenen Burg. Es war eine weite Reise, die der junge Recke einst begann. Wann und wo sie eines Tages enden würde, war damals und ist bis heute wohl eines der vielen Geheimnisse, die das Mittelalter mit geprägt haben und uns trotz der Überlieferungen aus jener Epoche einfach unergründlich bleiben. Wir können uns nur noch in Gedanken ausmalen, wie sich denn der Ritter gefühlt haben muss, als er zu neuen Ufern aufbrach.

Der Tag des Ritters

Stellen wir uns doch einmal vor, wie es gewesen sein könnte, irgendwo auf einer kleiner Burg im deutschen Königreich am Rhein. Schon seit den frühen Morgenstunden ist dort etwas los. Die Gesinde wirbelten durch die Hallen, voll beladene Karren werden durch den Hof gezogen. Der Kaplan huscht um die Ecke und prüft ein letztes Mal, ob die jungen Zöglinge ihren Aufgaben gerecht geworden sind. Die Nacht über hatten die Geweihten bei Gott zu verbringen, in Ruhe und Abgeschiedenheit an einem für sie hergerichteten Altar innerhalb der Mauern der Burgkapelle. Wie es scheint, ist alles gutgegangen, nun muss er nur noch dem Grafen Bericht erstatten. Die Wachen am Burgtor wurden inzwischen informiert. Sie werden zusätzliche Mannen abstellen, um dem zu erwartenden Ansturm der Schaulustigen Herr zu werden und Taschendiebe auf frischer Tat ergreifen zu können.

In der Küche im äußersten Flügel des Gebäudes herrscht unterdessen weiterhin Hochbetrieb. Nicht oft begeht die Burg einen solchen Anlass, der Grund genug ist, gefeiert zu werden. Darum werden alle Vorräte herangeschafft und von fleißigen Händen zubereitet, während die kühnsten unter den Männern die Burgzinnen erklimmen und die Flaggen in luftiger Höhe befestigen. Andere Helfer schmücken den Innenhof mit Tüchern und fegen den großen Platz ein letztes Mal. Es muss schließlich alles seine Ordnung haben, wenn sich der Hof allmählich füllt. Und bald strömen die ersten Besucher herbei. Sie werden von Gauklern bei Laune gehalten, bis der große Moment gekommen ist – der Aufmarsch der Knappen, die bald Ritter sein würden, beginnt. Die jungen Herren treten aus dem Palais. Sie schreiten selbstbewusst, gespannt und mit allem zufrieden den Weg entlang bis auf die Bühne rauf, wo der Graf als ihr oberster Lehnsherr und die Ritter als ihre langjährigen Lehrer geduldig auf sie warten.

Es schlägt gerade zur Mittagsstunde, als die Menge schließlich den Atem anhält – und nur eine Gruppe Frauen noch leise kichert. Sie amüsieren sich und sind erstaunt, wie aus einst zehnjährigen Buben junge Männer geworden sind und welch Schneid und Glanz sie nun ausstrahlen. Die Damen haben ihre einstigen Knappen lange schon nicht mehr gesehen, vereinzelt sogar ein wenig vergessen. Vielleicht aber, so ist zu hoffen,

Was es bedeutet hat, als späterer Ritter im Rahmen einer Erkundungsreise ständig unterwegs zu sein, hat der Knappe schon beizeiten während seiner Ausbildung erfahren. Oftmals nämlich reiste ein Ritter nicht allein – und nahm seine ihm zugeteilten Knappen mit in jenes Abenteuer, von denen aber nicht alle gesund und munter zurückgekommen waren. Während dieser Reise jedenfalls stand der Knappe dem Ritter gegenüber gleichermaßen in der Dienstpflicht, wie er es auch auf der Burg gewöhnt war: Die Waffen bereitzulegen, sich um die Pferde zu kümmern und im Falle einer Auseinandersetzung den Ritter zu verteidigen – das waren des jungen Knappens Pflichten.

können sie den einen oder anderen von ihnen wieder ein wenig näher kennenlernen – heute, wenn die jungen Knappen in den lang ersehnten Stand des Ritters aufsteigen und die ganze Burg mit ihnen feiert.

Diese kurz gehaltene Geschichte hier ist fiktiv und als solche Wort für Wort nicht überliefert. Allerdings kommt diese bunte Schilderung der Wirklichkeit im Mittelalter schon recht nahe: Ähnlich, in seiner Atmosphäre und Stimmung nur noch viel intensiver, hat sich der große Augenblick des Ritterwerdens mit Sicherheit ereignet. Unsere knappe Beschreibung ist durchaus mit dem tatsächlichen materiellen und fiskalischen Aufwand vergleichbar, den die Burgbewohner betrieben haben, um den Tag des Ritterwerdens für alle Anwesenden einfach unvergesslich werden zu lassen.

Nicht von ungefähr haben wir zuvor die wichtige Rolle des Kaplans und seine Aufsicht über die ausharrenden Knappen im Gebetsraum erwähnt. Die Tugenden und Erwartungen, die das Land den Rittern auferlegte und auf die wir hier noch zu sprechen kommen, sind nämlich auch von christlichen Erwartungen, von Empfehlungen und Ratschlägen der heiligen Mutter Kirche geprägt. Es wird den Knappen nahegelegt, zu diesen Werten und Gedanken von selbst zu finden, weshalb sie so auch die Nacht vor ihrem Aufstieg in den Ritterstand in der Burgkapelle verbringen und dort ohne jedes Zeitgefühl ausharren, bis es Zeit für ihre Beförderung zum Ritter wird.

Über den genauen Hergang des Ritterwerdens geben uns glücklicherweise Überlieferungen Auskunft. Oftmals wurden sie sogar sehr detailliert geschildert. So ist zum Beispiel herauszulesen, dass es wohl zahlreiche symbolträchtige Handlungen und Gesten gegeben hat, die dem ganzen Ansinnen den gewünschten festlichen Anklang verliehen. Zwei Zeremonien, die einen Knappen zum Ritter erhoben, haben sich aus dem ganzen festlichen und sehr wohl ernst gemeinten Trubel besonders hervorgetan und sind auch heute noch in un-

Die Ernennung zum Ritter samt dem ganzen Brimborium drum herum, war und wird auch weiterhin Stoff in zahlreichen, kinotauglichen Verfilmungen sein. Wir denken dabei nur an „Excalibur", „Der erste Ritter" und „Die Ritter der Tafelrunde"; Filme über das Rittertum, die der fernsehbegeisterten Öffentlichkeit von Heute besondere Epochen unserer Geschichte schmackhaft gemacht haben. So empfehlen wir nun unseren Lesern den Anhang dieses kleinen Buches. Dort sind einige der ritterlich geprägten Filme gelistet, die man sich durchaus mehrmals gemeinsam ansehen kann.

serem Sprachgebrauch sowie in unserer Vorstellung vom Ritterleben allgemein bekannt: Es sind die Schwertleite und der Ritterschlag.

Die Schwertleite war in den ersten Jahren des Rittertums, also im elften und zwölften Jahrhundert, angewandt worden. Der werdende Ritter wurde dabei zunächst einem rituellen Bad unterworfen, das einem Abwaschen der Sünden gleichkam, bevor er nach einem festlichen Zug zur Kirche die Nacht über betend vor dem Altar verbrachte. Am nächsten Morgen begann die eigentliche Zeremonie. Man kleidete den Knappen in ein rotes Hemd mit weißem Gürtel und dazu in schwarze Strümpfe ein. Zahlreiche Burgbewohner sahen dabei zu. In einem entsprechend geschmückten Festsaal oder zuweilen auch unter offenem Himmel erfolgte dann die eigentliche Schwertleite: Von einem der tugendhaftesten Ritter der Umgebung erhielt der Knappe nun Sporen und Schwert. Damit war es vollbracht. Die Waffe und der nun sozusagen amtliche Ritter erhielt abschließend noch vom Priester den Segen, bevor ein himmelhochjauchzender Jubel ausbrach und sich das anwesende Volk der Burg bei Musik und Tanz an die reich gedeckte Festtafel setzte.

Die andere Zeremonie, einen Knappen zum Ritter zu ernennen, nannte sich der Ritterschlag. Dabei ging es weniger spirituell, deutlich schneller zur Sache. Der Knappe ging huldvoll vor dem Lehnsherrn in die Knie, er kreuzte die Arme vor der Brust, senkte den Kopf, und bekam in den nun offenen Nacken einen Schlag mit der Hand versetzt. Diese Variante wurde später abgeändert. Statt der förmlichen Ohrfeige kam nun das sanfte Antippen mit dem Schwert zum Einsatz, das entweder der Graf, ein hoch gestellter Ritter oder ein anderer Adeliger dem Knappen entlang der Klinge auf die linke Schulter legte. Es war ein festlicher Schlag, der mit dem Schwert vorgenommen wurde – der Schlag des Knappen zum vollendeten Ritter. In Verfilmungen und literarischen Anekdoten nehmen die Autoren und Produzenten zumeist auf diese Zeremonie Bezug.

Festzuhalten bleibt, dass sowohl der Ritterschlag als auch die Schwertleite keinen bis ins Detail gehenden Regeln unterlagen. Es war nirgends klar vorgeschrieben, welchen Umfang an Festlichkeit und Intensität ein Ritterschlag oder eine Schwertleite haben sollte. Nicht jede Ritterweihe konnte in einem derart festlichen Gelage aufgehen, so dass es über mehrere Tage Tausende Zuschauer und Feierwütige anzog. So manche Ernennung zum Ritter wird sich eher in bescheidenem Rahmen abgespielt haben. Feierlich ja, aber in Prunk und Glanz eher nüchtern. Denn die ganze Prozedur musste ja auch unterhalten werden und sich nach den vorhandenen Geldmitteln richten. Das war selbst in den höheren, oft gutgestellten Kreisen üblich.

Zu berücksichtigen ist hier, dass viele Ritter nicht nur aus armen Verhältnissen gekommen waren, sondern auch in eher bescheidenen Verhältnissen ihr Handwerk erlernten – also an Burgen, die nicht sehr wohlhabend und einkommensstark waren, wie das vom Amtssitz eines Fürsten eigentlich zu erwarten wäre. An diesem Nachteil, weniger vermögend als andere zu sein, hatten manche Ritter mitunter noch Zeit ihres Lebens schwer zu tragen, was sich später unter anderem auch in der Qualität der Rüstung und in ihrem Ansehen am Hofe äußerte. Nicht jeder Ritter war ein Ritter unter seinesgleichen. Name, Herkunft und nicht zuletzt das familiäre Umfeld, prägten den Lebenslauf des noch jungen Ritters und bestimmen indirekt stets seine persönliche Zukunft im Guten wie leider auch im Schlechten.

Einmal ein Ritter – immer ein Ritter

Bisher sind wir davon ausgegangen, das der Knappe die Ernennung zum Ritter stets zu Recht erhalten hat; was heißen soll, dass er sich in den Augen seiner Lehrmeister in allen Aufgaben und Lebenslagen bewährte und darum die Auszeichnung zum adeligen Reiter verdient hat. In den überwiegenden Fällen war dies auch korrekt: Die Knappen hielten, was sie versprachen, und wurden

Knieend vor seinem Herrn und erfüllt von großer Demut, erwartet der vollendete Knappe seinen persönlichen Ritterschlag. Die hier vorliegende Veranschaulichung zeigt eine solche zeremonielle Szene, wie sie im Hochmittelalter hundertmal und mehr im Jahr stattgefunden hat. Natürlich varrierte der Ritterschlag in Ort, Zeitpunkt und höfischer Ausstattung. Bei der Ausrichtung der Feier kam es auch auf das Geld an. Schließlich wollten alle Anwesenden, die leicht einen ganzen Burghof füllen konnten, bei dem ganzen Trubel auch verköstigt werden. Nicht jeder Edelmann hatte sich dieses Vergnügen leisten können. Gefeiert wurde aber dennoch, so gut es eben möglich war. So etwas kam immerhin nicht wieder. Und der Tag der Ritterweihe war gemeinhin auch ein Tag des Abschieds. Schon Minuten danach war der Ritter kein Knabe mehr, den man vor der rauen Welt noch ein bisschen hatte schützen können. Schluss damit! Jetzt ging es los! Glücklich konnte sich schätzen, wer zusammenblieb. Nicht jeder Ritter ging allein in sein Abenteuer. Oftmals standen sie Seite an Seite alle Herausforderungen durch, oftmals aber wurden nur wenige alt – und fielen in der Schlacht noch in jungen Jahren.

nach der langen Lehrzeit verdientermaßen zum Ritter geschlagen. Allerdings gab es auch schon damals junge Männer, die an ihrer eigenen Zielsetzung im Laufe der Zeit zerbrachen, die nicht die hochgesteckten Anforderungen zu erfüllen vermochten und die somit auch keine Ritter geworden sind. Mitunter war es aber nicht nur ihre Schuld allein. Zum Beispiel konnte auch der Burgherr die Ausbildung zum Ritter beenden, wenn dieses durchaus kostspielige Unterfangen nicht länger mehr zu bezahlen war. Auch eine höhere Gewalt konnte alles kurz und klein hauen – ein Krieg, ein Unglück oder eine Laune der Natur; es waren also Katastrophen eben aus heiterem Himmel, die den Lebenstraum des Knappen auf einen Schlag zerplatzen ließen.

In so einem Fall befand sich der Knappe in einer heiklen Situation. Er hatte ohne die Ernennung zum Ritter auf einmal überhaupt nichts vorzuweisen. Er hatte lediglich einige Jahre abgeleistet, in denen er unzählige Erfahrungen sammelte und sich verschiedene Fertigkeiten zu eigen machte, die aber nirgendwo vermerkt und nicht durch eine Art Zeugnis festgehalten worden waren. Wie also sollte er jetzt seinen Lebensunterhalt bestreiten, wenn nicht als rechtloser Tagelöhner? War denn auf einmal alles umsonst, was er bis dahin mühevoll gelernt und geleistet hatte?

Natürlich nicht, den dem Knappen konnte geholfen werden. Er wurde, wenn er sich nicht allzu faul, unfähig oder grob fahrlässig benommen hatte, wenigstens als einfacher Soldat oder im besten Fall als sogenannter Edelknecht ausgezeichnet und dann gegebenenfalls in die Dienste anderer Ritter am Hofe der Burg gestellt. Bei Edelknechten handelte es sich also um frühere Knappen, die nicht in den Stand der Ritter aufgestiegen waren, sich aber dennoch als Kämpfer und Diener ein Einkommen erarbeiteten. Sie waren im Grunde ebenso begehrt, gefragt und notwendig wie die echten Ritter auch und wurden deshalb das ganze Mittelalter hindurch für eine Vielzahl diverser, oft kriegerischer und lehnsrechtlicher Tätigkeiten engagiert.

Man sollte mit Fug und Recht annehmen dürfen, dass in einer hehren Gemeinschaft wie unter den Rittern der Einzelne Gleicher unter Gleichen gewesen ist, und dass es keine Sonderrechte für einige Hochwohlgeborene gegeben hat. Unsere Annahme indes wird der rauen Wirklichkeit des Mittelalters auch hierbei leider nicht gerecht. Sehr wohl wurde früher ein Unterschied gemacht – und die Söhne von Bauern waren den Sprösslingen der Adeligen selbst im Range eines Ritters eben nicht ebenbürtig; ein Nachteil, der sich vor allem bei der Gefangennahme eines Ritters und dessen Freilassung nach einer Lösegeldzahlung bemerkbar gemacht hat.

Die Edelknechte brauchten sich aufgrund ihres Ranges also nicht zu schämen oder zu verstecken, auch wenn sie nicht über die Möglichkeiten eines gehobeneren Lebensstandards verfügten, so wie er einigen wenigen, aber auf keinen Fall allen Rittern theoretisch und praktisch gegeben war.

Zum Abschluss soll noch die Frage geklärt werden, wer genau denn alles ein Ritter werden durfte. Im elften und zwölften Jahrhundert jedenfalls war es noch allen Söhnen aus dem mittelalterlichen Volke möglich, den Weg des Ritters einzuschlagen. Egal, ob es sich um den Sohn eines Bauern, Priesters, Bettlers oder Grafen gehandelt hat: Solange sich irgendwo im HRR auch nur ein einziger Adeliger fand, der den Jungen in seine Obhut nehmen und ihn die nötigen Tugenden lehren wollte, war ein Aufstieg in ein anderes Leben, in ein wirtschaftlich gesundes und sozial angesehenes Umfeld auch für die Armen und Schwachen gegeben.

Dieser Aussicht und damit der Hoffnung auf gesellschaftliche Anerkennung, die einem humanen Zugeständnis nicht ganz unähnlich war, wurde allerdings schon bald die jahrzehntelang praktizierte, rechtliche Grundlage entzogen. Im 13. Jahrhundert war Schluss damit. Niemand mehr wollte noch mit Rittern zu tun haben, die in einfachen, oft aber einfach unvermeidlich armen Verhältnissen aufgewachsen waren. Friedrich II., genannt Barbarossa, hatte dem im Grunde fairen und somit ritterlichen Verfahren – jedem Untertan das Rittersein zu ermöglichen – einen unumgänglichen Riegel vorgeschoben. Der Kaiser schottete per Erlass die Kriegerkaste endgültig von der Außenwelt ab. Von nun an durfte nur noch Ritter werden, dessen direkte Vorfahren – also Eltern oder Vormund – selbst schon Ritter gewesen waren. Für die ebenso tapferen, aufrichtigen und hilfsbereiten Söhne der Bauern, Kaufleute und Handwerker aber gab es in den Reihen der Ritterschaft von diesem Tag an leider keinen Platz mehr. ❡

Der Ritter und seine Ideale

nachdem wir über den Aufstieg des Ritters gelesen und die einzelnen Etappen seines Werdeganges kennengelernt haben, ist es endlich an der Zeit zu erfahren, welche Ansinnen, Attribute und Haltungen ihn nun genau auszeichneten. Bislang ähnelt die Ausbildung zum Ritter noch immer dem jahrelangen Waffentraining der früheren fränkischen Soldaten, die ihren Titel als Panzerreiter ebenfalls erst nach einer erfolgreichen Erprobung führen durften. In dieser Hinsicht hat sich nichts geändert. Sieht man einmal davon ab, dass die Karriere des Ritters schon im zarten Kindesalter begann, kennen wir also noch immer kaum nennenswerte Unterschiede zwischen dem Panzerreiter und dem ihm nachfolgenden Ritter.

Im Laufe der Jahrhunderte aber nahmen die Unterschiede zwischen den beiden militärischen Ständen immer weiter zu. Die Erwartungen an den Ritter erhöhten sich immens. Immer lauter wurde der Ruf nach einem vorbildhaften Helden. Die breite Masse des Volkes sehnte sich danach: Nach Männern, die die Stimme des Volkes wahrnahmen und der Übeltäterei das Handwerk legten; die konsequent einschritten und zwar in allen Kreisen, Ständen und Organisationen, gegen Missgunst, Verrat und Ungerechtigkeit. So lautete der Tenor aller Forderungen im Allgemeinen, und wenn sie in der Öffentlichkeit kaum zu vernehmen waren, zumindest nicht in flächendeckendem Ausmaß, so war den Herrschenden wie auch den Beherrschten die Sehnsucht nach einem wohlgeschliffenen Recken gleich, der zum Wohle aller für Gerechtigkeit sorgte.

Diese Forderungen waren natürlich nicht zu überhören. So kam es denn auch, dass der Ritter endlich seinen lang ersehnten Segen erhielt und bis zu seinem endgültigen Abgang aus den Aufzeichnungen der Geschichte für die nächsten 400 Jahre die Welt des Mittelalters gestalten konnte. Hier im Abendland ermöglichte ihm die verhältnismäßig einflussreiche Position in der Hierarchie des Lehnswesens zumindest theoretisch eine nicht zu unterschätzende Einflussnahme auf die Geschehnisse in der Gesellschaft. So war es seinen Vorgängern und Waffengefährten, den einfachen Fußsoldaten und den fränkischen Panzerreitern, in diesem Maße noch nicht gewährt worden. Auch das war neu: Der Ritter stand nicht mehr alleine. Er repräsentierte inzwischen eine Vereinigung oder, besser gesagt, einen Zusammenschluss und nahm nunmehr als ganze gesellschaftliche Klasse in den Reihen der Adeligen einen besonderen Stand ein. Nach der im Mittelalter geltenden Auffassung hatte die Kaste des Ritters künftig nicht mehr nur zu dienen und zu kämpfen, sondern sollte – so könnte man es heute interpretieren – auf verschiedenen Wegen auch schlichten, vermitteln und überall im Reich für Ruhe und Ordnung sorgen.

Den vollkommen idealen Ritter, der sämtlichen Erwartungen gerecht geworden ist, hat es tatsächlich nicht gegeben. Das war auch gar nicht möglich bei all den Institutionen. Mochte er trotz allem auch noch so strebsam seinen Idealen nachgeeifert haben, seine Schwächen und persönlichen Macken aber lebte der Ritter immer aus. Auch er war halt nur ein Mensch wie alle Anderen, der sich jedoch – und das ist doch das Lobens-, Beachtens- und Bemerkenswerte – trotz der bitteren und sich anders äußernden Wirklichkeit unbeirrt nach höheren Zielen und Moralvorstellungen sehnte und entsprechend dieser Auffassung Zeit seines Lebens daran festgehalten hat. Ein solches Ansinnen, unermüdlich durch den Sturm zu ziehen und wacker an dem festzuhalten, was gut und richtig ist – das ist neu, das ist cool, und das es ist, was einen wahren Ritter ausmacht!

In unseren Schilderungen über die Person des Ritters nehmen wir bisher immer nur Bezug auf die reitenden Adeligen, die im HRR zu Hause waren. Bedacht werden sollte dabei allerdings, dass es Ritter nicht nur auf deutschem Boden gegeben hat, sondern auch auf Britannien, Spanien, Italien, Polen und in Frankreich – dem eigentlichen Stammland ritterlicher Tugenden und der Blüte von mittelalterlicher Literatur und Minnesang.

Von Idealen ...

Die wesentliche moralische wie auch rechtliche Grundlage für das zuvorkommende Verhalten der alten Ritter stellte das inzwischen bekannte Lehnsverhältnis dar, jene herrschaftliche Bindung zwischen Lehnsherr und Vasall. Wir haben ja schon an anderer Stelle davon gehört. Die zwei Parteien des Lehngebers und Lehnnehmers gehen eine Vereinbarung ein. Sie schließen einen Vertrag über eine bestimmte Sache, verhandeln über die entsprechende Gegenleistung und binden sich in ihren Verpflichtungen dabei aneinander. Dieses Lehnsverhältnis sind früher schon die alten Panzerreiter mit ihren Anführern eingegangen, weshalb auch der Ritter im elften Jahrhundert mit dieser Tradition vertraut war. Das Lehnswesen hat sich, wie wir wissen, vom Westfrankreich bis in unsere Breiten herumgesprochen und so im Teutonenreich als auch im HRR sich als Gesellschaftsmodell etabliert.

Das Wort Ideal *ist ein Fachausdruck aus der Philosophie und steht im Verständnis der Gegenwart als Bezeichnung für die reine Vollkommenheit, völlig gleich in welcher Sache. Natürlich war dies dem Ritter nur entfernt geläufig. Für ihn waren Ideale vor allem eine feine Sache. Er verstand darunter Werte und Verhaltensweisen; Anreize eben, wie und auf welchem Wege er mit bestem Beispiel vorangehen möge. Dass die Neigung zu Idealen, sprich der Idealismus aber auch äußerst negative Auswirkungen haben kann, haben nicht nur die Ritter am eigenen Leib erfahren müssen.*

Die Abmachungen im Rahmen eines Lehnverhältnisses waren sowohl für den Lehnsherrn als auch für den Vasallen ohne jede Ausnahme bindend. Sie mochten, je nach Umfang, mal zahlreich und ausführlich, ein anderes Mal eher dürftig ausgefallen sein. Unabhängig von allen individuellen Vereinbarungen aber setzten sich jene Pflichten stets aus den folgenden Tugenden zusammen: Achtung, Schutz und Unterhalt hatte der Lehnsherr gegenüber seinem Vasallen zu erbringen, während der Vasall wiederum Achtung, Rat und Hilfe seinem Lehnsherrn schuldete. Diese Pflichten waren unabkömmlicher Bestandteil eines jeden Lehnverhältnisses und wurden durch die Kommendation – die Beteuerung des Lehnseids – vereinbart.

Auf diese drei Pflichten dem Lehnsherrn gegenüber bezogen sich dann einige der Ideale des Ritters, die später, im zwölften Jahrhundert, zwar allesamt erfasst und in der Literatur notiert, nicht aber vollends kodifiziert worden sind. Von den Wertevorstellungen des Ritters waren so ausschließlich die Treue sowie die Pflicht zu dienen verbürgt. Alle anderen Tugenden, die an dieser Stelle kurz erwähnt werden sollen, sind vielmehr als Wunschvorstellungen, als eine Art mittelalterlicher Trend zu verstehen, der sich im Laufe der Zeit entwickelt hatte und den Rittern in höfischen Dichtungen und Liedern nachgesagt worden ist. Einige dieser Tugenden möchten wir an dieser Stelle nennen. Es sind die *mâze* (maßvolles Leben), *zuht* (Erziehung nach festen Regeln), *êre* (ritterliche Würde, Ehre), *triuwe* (Treue), *höveschkeit* (Höfischkeit, Höflichkeit) *diemüete* (Demut), *milte* (Freigiebigkeit, Großzügigkeit), *werdekeit* (Würde), *staete* (Beständigkeit, Festigkeit), *güete* (Freundlichkeit) und die *manheit* (Tapferkeit).

Das also war er – der Ritter von Welt. Freundlich, tapfer, großzügig und treu! Zusammen mit den christlichen Geboten, die die Kirche den adeligen Streitern ab dem 12. Jahrhundert mit auf den Weg gegeben hatte, formten die eben genannten Ideale das Bild, Ansinnen und die Person des abendländischen, von christlicher Nächstenliebe geprägten Ritters. So haben sich der Adel und das Volk ihn insgeheim gewünscht, und derart haben sie ihn sicher auch bekommen.

Nun sollte dieser Ritter hinaus zu den Menschen in die Dörfer reiten, zu den Burgen und in ferne Länder, und dort – entweder auf sich allein gestellt oder mit Tausend anderen Mannen – Ordnung und Gerechtigkeit im Mittelalter verbreiten. Der Ritter war gut darauf vorbereitet. Er hatte in den Jahren als Knappe gelernt, wie man jagt, Fallen baut und sich selbst ernährt. Er beherrschte die Kampfkunst wie kein Zweiter vor ihm. Sofern konnte er, der meist auch das Lesen und Schreiben erlernt hatte, sich schon recht gut verständigen. Rückhalt fand er im Glauben an sich selbst, in den christlichen Werten und im Eid an den König. Er war gesund, listenreich und bereit zu lernen – und die *manheit, maze* und nicht zuletzt die *zuht* begleiteten ihn fortan auf seinem langen, harten Weg, Gutes für die Menschheit zu tun. Ja, genau, so war der Ritter!

Und was hatte der junge Recke dann alles bewirken können? Wo hatte er tatsächlich Hilfe geleistet? Wann war sein Können unter den Menschen so gefragt wie nie zuvor – und wie sehr wurde er seinen hehren Idealen wohl gerecht? Fragen über Fragen, die so leicht zu beantworten wären, hätten wir doch von den wenigen externen Quellen einige Dutzend mehr zur Verfügung, die zudem einen vollständigen Lebenslauf eines einzelnen Ritters beinhalten würden. Dem ist aber leider nicht so, was wir sehr bedauern. Doch wenn wir schon nicht über den konkreten Lebenslauf eines Ritters verfügen, in dem jede gute Tat präzise aufgelistet wäre, dann benutzen wir eben unsere Phantasie – und verschaffen uns selbst einen Eindruck von jenen Mannen!

Der Ritter würde zunächst als Stellvertreter seines Lehnsherrn auftreten. Dort säße er lokalen Gerichten vor und fällte Urteile im Einzugsgebiet des Grafen. Hier wäre es ihm beispielsweise möglich, dass er unfreien Bauern lediglich Tadel erteilte und sie nicht schweren Strafen aussetzte. Denn oftmals reicht eine Verwarnung aus. Anderentags käme der Ritter zum ortsansässigen Kloster und würde den Abt freundlich darum bitten, beim nächsten Zehnt doch mal ein Auge zuzudrücken. Als Gegenleistung könnte er ihm auf den Feldern aushelfen. Ebenso sähe sich der Ritter bestimmt in der Lage, den Menschen Schutz vor Überfällen zu gewähren. Dafür würde er seine Gefährten zusammentrommeln. Weiterhin könnte der Ritter in der Not aushelfen, indem er den Hilfesuchenden Obdach gewährte und seine Einkünfte mit den Landbewohnern teilte. Zu anderen Gelegenheiten würde er zum Beispiel schlichten wollen, das Volk mit Geschichten und Spielereien unterhalten und erbarmungslos in blutigen Schlachten für sein Land, seine Mitmenschen und den hohen Geist der Ritterschaft kämpfen. So weit, so gut – mit unseren Träumen.

Unsere Vorstellungen vom Tatendrang und der Hilfsbereitschaft der Ritter ist nicht vollkommen aus der Luft gegriffen. Sie sind im Wesentlichen wahrhaftig hergeleitet. Ihnen liegen die ritterlichen Tugenden zugrunde; jene persönlichen wie sozialen Normen, die dem Ritter als Leitbild von großem Nutzem gewesen sein sollten. Sie mochten ihm Anlass zum Handeln gegeben haben, sich seiner Verantwortung bewusst werden lassen und aus dem einst wüsten Reiterkrieger trotz aller Umstände einen zuverlässigen Streiter für die rechte Sache gemacht haben.

... und der Wirklichkeit

Die Ideale und Absichten der Ritter mochten noch so überzeugend klingen, noch so ernst und auch gut gemeint gewesen sein. Sie hatten ihre Berechtigung, sie waren wohlweislich begründet. Die ritterlichen Ideale überdauerten Jahrzehnte des Erprobens und der praktischen, alltäglichen Verwendung. Allerdings gerieten jene Werte zuweilen auch in starke Kritik und wurden immer wieder in Zweifel gezogen, wenn es nicht gelang, die Ritter fest an dieses Wertesystem zu binden. Der Ritter wiederum war auch nur ein Mensch, und wenn diesem Menschen Ärger drohte oder er sich schwierigen Zeiten ausgesetzt sah, dann stand für ihn zuerst sein eigenes Überleben im Vordergrund. Das Wohl der Allgemeinheit, welches ihm seine Ideale predigten, geriet dann schnell zur Nebensache, wenn eigene Interessen und persönliche Vorteile aus ihm einen glanzlosen Egoisten machten.

Und an diesem Punkt geraten die Befürworter und Gegner der gemeinhin edlen Ritter aneinander. Dabei streiten sich, in einem der Sache natürlich angemessenen Tonfall, immer wieder die Wissenschaft und die Allgemeinheit; also die Historiker mit den Laien über die Geschichte. Sie sind sich nicht einig: Über die wahre Haltung der Ritter zu ihren Idealvorstellungen sowie über deren wohl zweifelhaftes Bemühen, entsprechend dieser Gebote zu handeln. Gab es diese edlen Mannen wirklich? Waren alle Ritter so? Was geschah, wenn ein Krieg ausbrach? Hat der Ritter überhaupt etwas be-

Unser Wissen über die Ritter und ihren Alltag entnehmen wir heute zumeist Aufzeichnungen, die von Dritten angefertigt worden sind. Das waren in überwiegender Anzahl Mönche und andere Geistliche, die neben den hohen Beratern des Königs oft als einziger Personenkreis in der mittelalterlichen Gesellschaft im Lesen und Schreiben geschult worden sind. So hat sich der Ritter selbst kaum mit derNiederschrift seiner Erlebnisse beschäftigt. Darum ist bei aller Sachlage stets zu berücksichtigen, das die uns überlieferten Ereignisse mit anderen Augen gesehen und in anderen Worten verarbeitet worden sind; womöglich anders, als es die alten Ritter selbst erlebten.

wirkt, im Großen wie im Kleinen? Und waren sie nicht alle dieselben Tölpel geblieben, kaum gebildet und im Herzen roh, mit schlechtem Atem, und überhaupt ganz einfach unverbesserlich wie einst die fränkischen Panzerreiter? Fragen über Fragen, die niemals verstummen, und immer wieder Anlass geben für jenen Schlagabtausch zwischen den Laien und den Experten. Offenbar geht es nicht anders, als sich (beinahe) jeden Tag über den Kern der Wahrheit auseinander zu setzen.

Wir, die Autoren, sind hingegen der Meinung, dass es überhaupt keinen Grund zum Streiten gibt. Denn beide Seiten haben recht, was ihren eigenen Standpunkt angeht, den sie mit treffenden und berechtigten Argumenten für sich erklären. Mitunter wird es immer Ansichtssache bleiben, wie die Ritter des Abendlandes einst gelebt und gewirkt haben dürften, da die vorhandenen Überlieferungen sehr wohl einen positiven wie auch einen negativen Eindruck über die adelige Kriegerkaste ermöglichen. Allerdings wären auch hierbei wieder Zweifel berechtigt, da die Aufzeichnungen der Chronisten eher subjektiv und daher nicht immer objektiv genug gewesen sein können.

Es handelt sich wohl um ein klassisches Patt, das die Diskussion zwischen der enthusiastischen Öffentlichkeit und der sachlichen Wissenschaft im Grunde immer wieder ins Stocken bringt. Man kann sich zwar noch weiter streiten, was vermutlich auch getan wird, aber es führt zu keinem Ergebnis, das über alle Zweifel erhaben wäre. Es gibt schlicht weder Sieger noch Verlierer. Je nach dem, welche Quellen man gerade zitiert und welche Haltung – ob populär-mitreißend oder wissenschaftlich-nüchtern – man damit vertritt, auf jeder Seite fühlt man sich im Recht.

Klar – die Ritter waren nicht perfekt! Sie kritiklos zu Helden und Vorreitern für das Gute zu stilisieren, wäre ebenso verkehrt und übertrieben wie ihnen ausschließlich Versagen, Selbstsucht und Mordlust anzukreiden. Egoistische Motive wie Rachsucht und Maßlosigkeit waren auch in ihren Reihen nichts Unbekanntes, was

Einen Menschen, der sich selbst gerne im Mittelpunkt sieht, sein eigenes Wohl über das seiner Mitmenschen stellt und sich bei der Aussicht auf finanzielle, materielle oder persönliche Vorteile sofort in die erste Reihe drängelt, betitelt man als Egoisten. Einen Menschen hingegen, der hilfsbereit und spendabel ist, der sich aufopfern könnte für das Wohl der Allgemeinheit und auch mal damit leben kann, nicht als Erster bedient zu werden, den nennt man einen Altruist. Altruisten pflegen also Verhaltensweisen wie die wahren Ritter von früher – und die guten, wahren Ritter jene wie die der heutigen Altruisten.

allerdings ihrer nachgesagten Frömmigkeit im Grunde völlig zuwiderlief. Wie in jeder anderen Bewegung auch gab es in der Ritterschaft zwar stets einen gütigen Grundkonsens, der nur das Beste zu erreichen wünschte und auf den sich alle einigen konnten. Gefährlich wird es nur dann, wenn äußere Umstände und innere Bedürfnisse in einem ungünstigen Augenblick aufeinandertreffen. Dann ist man auf einmal sich selbst der Nächste, wie es auch mal bei den alten Rittern der Fall war. Wie soll man sich da als Außenstehender da noch ein klares Urteil bilden, wenn doch egoistische Motive, ökonomische Verheißungen und auch hoheitliche Interessen die adeligen Reiter hin- und hergehetzt haben und ihre Haltung, doch treu zu dienen und ehrwürdig zu handeln, immer wieder verzerrten?

Hier lautet das Stichwort „relativieren" – und die Ritter und ihre Ideale mit dem wahren, ungeschönten Alltag des Mittelalters einmal in Zusammenhang bringen. Die Ritter haben sich sehr wohl gewalttätig verhalten, doch war das nicht auch der Rest der Welt? Im Mittelalter gab es keine Sicherheit. Es konnte jeden an jedem Tag erwischen, Faustrecht und Gewalt waren nur begrenzt und erst spät im Mittelalter flächendeckend einzudämmen. Ist es dann nicht nobel und bemerkenswert, dass sich trotz des absehbaren Scheiterns, bewaffnete Mannen ein Ideal gegeben haben – und unter dem Einsatz ihres eigenen Lebens die Waisen und Schwachen beschützten? Ihren Taten und Vorhaben waren ja ohnehin Grenzen gesetzt. Viele Ritter standen in festen Lehnsverhältnissen, waren zu Gehorsam und Treue gegenüber den Lehnsherren verpflichtet. Andererseits forderten ihre hehren Ideale sie zum stetigen Schutz der Schwachen auf. Doch wie soll man den Bauern beistehen und sie vor der harten Hand der Obrigkeit bewahren, wenn doch der oberste Lehnsherr ein König ohne Herz und Mitleid war, gegen den wiederum der Ritter nichts auszurichten vermochte? Es wird vermutlich nicht viele Ritter gegeben haben, die es sich erlauben konnten, gegen die in der Lehnspyramide über ihnen stehenden Souveräne aufzustehen oder eben auf andere Art und Weise auf die grassierenden Missstände in der Gesellschaft hinzuweisen. Immerhin hatten die Ritter einen Eid geschworen, der sie zu Gehorsam und Treue unerbittlich verpflichtete. Dagegen zu verstoßen, nur um seinen Idealen gerecht zu werden, konnte, auch wenn es in guter Absicht geschah, durchaus schlimme Konsequenzen haben.

Andererseits war der Ritter dahingehend nicht ganz unschuldig, was den Umgang mit dem Volk anging. Nicht selten traten die Ritter selbst als Lehnsherrn auf, nahmen hörige Bauern in ihre Dienste und nutzten sie mit ziemlicher, eigentlich erwiesener Sicherheit genauso rücksichtslos aus, wie es auch die Kirche und der übrige Adel nach Kräften tat. Die Ritter waren, auf den Einzelfall bezogen, also keineswegs auch nur einen Deut besser. Wer im Glashaus sitzt, sollte nicht mit Steinen werfen, und darum auch lieber den Mund verschließen. Das dürfte Die Mehrheit der Ritter auch geflissentlich getan haben, anstatt eben doch die systembedingte Ungerechtigkeit des Feudalwesens anzukreiden, das sie teilweise durch ihre Person jedoch auch selbst entscheidend stützten.

Auch das ist ein wunder Punkt in der ganzen Sache. An Konflikten und Schlachten, über den Fall von Burgen und Städten und den Untergang ganzer Königreiche ist die Geschichte reich an Quellen. Wo und was man auch liest, über Krieg und Verderben wurde immer geschrieben, und das Schlimmste dabei nicht einmal verschwiegen! Vor, während und nach diversen Schlachten haben sich zahllosen Überlieferungen zufolge die Ritter an ihren Mitmenschen vergangen. Sei es während der Belagerung von Crema oder – als monumentalstes Beispiel überhaupt – die abendländischen Kreuzzüge: Allerorts wurden die Menschen von einstmals ritterlichen, doch später von den Idealen abkömmlichen, ehrlosen Plünderern und Mördern drangsaliert.

Aber von der anderen Seite der ritterlichen Natur bekommt man oftmals weniger mit. Dabei wird eines nämlich gern vergessen: Nicht alle Ritter haben sich Zeit ihres Lebens so barbarisch und schändlich aufgeführt, wie es einige historischen Überlieferungen schildern. Das nicht wenige von ihnen immer gnädig dachten, in ihrer Freizeit zahlreiche Bauerndörfer beschützten, womöglich deren Frondienste großzügig verkürzten und dem einen oder anderen Kriegsgefangenen das Leben schenkten – von solch guten und für damalige Verhältnisse durchaus ritterlichen Taten weiß die Nachwelt natürlich so gut wie nichts. Lieber aber holt sie das angestaubte Geschichtsbuch hervor, zeigt mit dem Finger auf die alten Ritter und beschuldigt sie pauschal der Unruhe und teilweise des Massenmords, was wiederum, so müssen wir an dieser Stelle einräumen, auch nicht sehr weit hergeholt ist.

Am Ende kann man es durchaus drehen und wenden. Über die Rolle und das Wirken der Ritter gibt es wahrlich Grund zu streiten. Argumente heben Gegenargumente auf, Fallbeispiele rennen gegen Fallbeispiele an. Wir wissen: Die Ritter von einst waren auch nur Menschen – ungebildet, ungepflegt und mit teils rüpelhaften Manieren, ohne Skrupel wie alle anderen Bewohner der Erde in dieser Zeit auch. Sie haben geplündert, einander wie die Wahnsinnigen getötet und sich an Unschuldigen brutal vergangen. Das ist Fakt, zweifelsohne, und gerade für die Ritter traurig genug. Fakt ist aber auch ihr Wunsch nach Veränderung. Dafür wurden sie auserwählt und geschult, und dafür zogen sie aus in das Abenteuer ihres Lebens. Das ihre Mühen sowie Unternehmen Grenzen hatten und sie oftmals in die „falsche Richtung" liefen, ist nicht allein die Schuld der Tapferen, sondern auch eine Folge aller Gesamtumstände in der feudalen Gesellschaft. Diese zu gestalten und für alle Menschen damals und dereinst fair, lebenswert und gerecht zu halten, war so das Ziel nicht aller, aber doch mancher Ritter. ❡

Wenn schon soviel über die Ideale der Ritter, ihre Abenteuer und ihr Leben bekannt geworden ist – dann weiß man doch sicher auch einige Namen, mit denen die Ritter früher gerufen worden sind. Num, im englischen Sprachraum waren Richard, Arthur, William, und Edward weit verbreitet. Im Königreich von Frankreich wiederum traf man oftmals Ritter unter dem Namen Hugo, Ludwig, Guy, Karl und Alain, während im HRR Deutscher Nation nicht wenige Ritter Namen wie Heinrich, Friedrich, Otto, Siegfried und Hildebrandt führten. Selbstverständlich ließe sich diese Auflistung noch um weitere Namen ergänzen, wie zum Beispiel Lothar, John, Clemens, Michael, Morgan, Sean, Philipp, und Thomas.

Alltag und Aufgaben der Ritter

un stand der abendländische Ritter bereit. Er hatte gelernt, wie man kämpft und überlebt, er hatte sich auf die harte Tour Manieren beibringen lassen und von den kleinen und großen Wundern des Alltags gehört. Ab und an sprach auch Gott zu ihm, und zu guter Letzt wurden ihm noch Ideale vermittelt – Wertevorstellungen und große Tugenden, den adeligen Krieger dabei unterstützen sollen, um seine Umgebung zu bewegen und auf die Menschen zu Acht zu geben. So lautete sein Auftrag. Das war seine Mission.

Zusammengefasst lässt sich also sagen, dass die Erwartungen an den Ritter wahrlich groß gewesen sind. Zumindest in den ersten Jahrzehnten, wo die Idee vom Rittertum noch neu, ungewohnt und vor allem unbelastet war, schrie das Land geradezu nach ihm. Wann kommt er denn endlich und hilft uns, der Ritter? So viel gibt es zu tun, so viele Dinge und Angelegenheiten zu klären. Die Liste der Bittsteller und Forderer ist lang. Manche Aufgaben waren sofort zu erfüllen, andere gelangen nur unter großen Mühen und einige wenige waren schier unmöglich umzusetzen, für einen oder sogar Tausende Mannen. Wie auch immer – der Ritter hatte gut zu tun. Allerdings war hierbei guter Rat teuer: Was sollte man denn nun als Erstes anpacken?!

Es ist nun nicht unbedingt so, dass der Ritter früher eine große Wahl gehabt hätte. An erster Stelle stand für ihn die Dienstpflicht gegenüber seinem Lehnsherrn sowie dem gesamten Hofstaat. Der Ritter war ihnen durchweg untertan, wir würden heute sagen: Er war persönlich bei ihm angestellt. Seinen Anweisungen und

Einen in der Gegenwart bekannten und auch sehr beliebten Ritter, hatte schon zu DDR-Zeiten der Zeichner Hannes Hegen erfunden: Runkel, den Rübensteiner. Auf seinen Abenteuern rund um die Welt wurde er von den Digedags begleitet. Zusammen mit den drei Brüdern zog Runkel der Liebe wegen bis in den Orient, machte sich dort auf die Suche nach einem Schatz und kehrte nach 10 Jahren wieder heim, um anschließend den Kampf gegen die Raubritter um den Grafen Kuckucksberg aufzunehmen. Wie die an Abenteuern reiche Geschichte um den Comic-Ritter endet, verraten wir unseren Lesern an dieser Stelle aber selbstverständlich nicht. ;)

Aufgaben war zuvorderst Folge zu leisten. Erst danach, wenn es die Zeit noch zuließ, hatte der Ritter alle Freiheit der Welt, sich um die Belange seiner Landsleute, vor allem aber auch um seine eigenen Angelegenheiten hinreichend zu kümmern.

Im Dienste des Königs

Ob Landgraf, Herzog, König, oder Kaiser – egal welchen Rang und Titel der Lehnsherr führte, er erwartete nur eines von seinen Rittern: dass sie für ihn in die Schlacht auszogen und ohne Widerworte seine Politik hinnahmen. Denn dafür hat sie der Lehnsherr in seine Dienste gestellt, sie vom Pagen bis zum Ritter ernährt und jahrelang an den Waffen ausgebildet. Gemeinhin galten die Ritter als das Werkzeug des Lehnsherrn. Sie dienten unter seinem persönlichen Schutz und gleichwohl als willfährige Erfüllungsgehilfen.

Das Austragen von Schlachten war Hauptaufgabe der Ritter. Sie bekämpften ferner innere Aufstände sowie lokale Unruhen und legten sich mit räuberischem Gesindel an, das durch sein Unwesen den Frieden im Reich zu gefährden drohte. Im Prinzip hielt sich der Ritter dabei an der Residenz seines Lehnsherrn auf, wenn er nicht eben in dessen Auftrag durch die Lande zog. Das wiederum geschah sehr oft. Einer dieser Aufträge war es beispielsweise, rund um die Uhr Botendienste zu erfüllen. Auch das gehörte in seinen Aufgabenbereich. Weiterhin trat der Ritter auch als Diplomat oder als Verhandlungsführer in verzwickten Vertragssachen auf. Wenn Bündnisse, Verträge und Abmachungen zu schließen waren, konnte der Lehnsherr nicht überall zur Stelle sein. Er sandte er darum seine Ritter als teilweise bevollmächtigte Stellvertreter aus, die auch die Befugnisse eines Richters ausübten oder eine persönliche Eskorte für andere hochgestellte Persönlichkeiten bildeten. Diese Personen wurden dann sicher an den Hof des Lehnsherrn gebracht, wo ihnen der Ritter weiterhin zu Diensten war.

Wie es sich für einen aufrichtigen Recken gehörte, nahm der Ritter für seine Dienste selbstverständlich kein Trinkgeld an oder ließ sich von Dritten dafür vergüten. Offiziellen Lohn und Anerkennung gebührte ihm allein durch seinen Lehnsherrn, insofern nicht die holde Weiblichkeit sich diskret und auf herzliche Art erkenntlich zeigte. Und warum auch nicht?! Zu flirten und die Gefühlswelt des anderen Geschlechts durcheinanderzubringen, war eine Aufgabe, die jeder Ritter von einst mit großer Freude wahrgenommen hat.

Indes gab es am Hofe der Burg immer wieder Gelegenheiten, dem tristen und monotonen Alltag zu entfliehen und die kleinen wie großen Nöte zu vergessen, indem die Bewohner ein Fest abhielten. Ob Hochzeiten, Geburtstage oder heilige Feiertage – ein Anlass zum Fröhlichsein, für tolle Speisen und angenehme Unterhaltung fand sich im Mittelalter immer wieder. Daran nahm dann auch der Ritter teil. Entweder nahm er als geladener Gast, sitzend und sich amüsierend, an der Tafel Platz oder er agierte in seiner Verantwortung als Mundschenk, wenn er dem Lehnsherrn persönlich die Speisen brachte. Auch bei den übrigen Vorbereitungen war der Ritter durchaus gefragt, und je nach Talent und Anlass des Festes unterhielt er die Gäste durch Gedichte, Musik und komödiantisches Auftreten. Hierbei offenbarte sich eine ritterliche Tugend: die *höveschkeit* (Höfischkeit) und *güete* (Freundlichkeit); die Fähigkeiten also, auch einmal loszulassen, das Leben zu genießen und mit anderen zu teilen. Nicht selten wurde dann auch ein Turnier aufgeführt. Dann schwang sich der Ritter in den Sattel und schlug sich im Zweikampf mit anderen Gleichgesinnten in mehr oder weniger ernsthafter Weise um die Ehre und um die Gunst der anwesenden Hofdamen, die an diesem sportlich-rauen Wettstreit freilich ihre Freude hatten.

Freizeit und Feierabend sind Begriffe aus der neuen Welt und waren so im Mittelalter unbekannt. Die von uns heute zeitlich und psychisch vorgenommene Tagesaufteilung hat es in bei den Rittern also nicht gegeben.

Die strikte Trennung von beruflichen und privaten Vorhaben, war für diese Zeit einfach undenkbar, denn alles wurde nebenbei gemacht. Grundsätzlich hatten die Menschen von Sonnenaufgang bis zum Sonnenuntergang zu arbeiten. Neigte sich aber der Tag dem Ende entgegen und verschwand die Sonne hinter dem Horizont, dann war auch für den Ritter die Zeit gekommen, sich endlich einmal zurückzulehnen, einmal abzuschalten und alles gerade sein zu lassen. Der Abend klang beschaulich aus, mitunter zu später Stunde. Man gönnte sich noch einen Wein, nahm das Nachtmahl ein, unterhielt sich ein wenig. Für Geselligkeit unter Freunden war immer Zeit. Man lachte mit den Waffenbrüdern oder machte noch einer Dame des Hofes seine Aufwartung, als schon längst die Nacht heranbrach. Oftmals aber kam es gar nicht mehr dazu. Der Tag hatte den Ritter erschöpft. Dann war mit ihm nicht mehr viel los. Er schaffte es gerade noch in sein Gemach, um dort das klirrende Gewand abzulegen oder gar im besten Fall im ganzen Kettenhemd wie tot ins Bett zu fallen.

Wie schon erwähnt, war es durchaus üblich, dass einige der Ritter direkt in der Burg des Lehnsherrn wohnten. Zumeist war dies ein dunkler Raum, der nicht viel sehr größer war als ein schmaler Korridor, ausgestattet mit einem Bett aus Stroh und Holz, wackeligem Mobiliar sowie einem undicht gemauerten Fenster, wodurch der eisige Nachtwind pfiff. Unweit des Zimmers ragte auch noch der Abort aus der Mauer, dessen Düfte einen schlicht um den Verstand bringen mochten.

Für den gemeinen Ritter genügte diese Bleibe zunächst einmal. Doch nicht alle Vasallen fanden Platz in der Burg. Das war zum einen der logistischen Kapazität geschuldet, zum anderen zogen viele von ihnen hinaus in das von Gott und allen Heiligen sprichwörtlich verlassene Land, um dort draußen ein altes Gehöft in Beschlag zu nehmen. Das hatte ihnen der Lehnsherr als Lehen gewährt. Dort konnten sie verweilen, Erholung finden und sich um ihre eigenen Angelegenheiten kümmern, bis sie wieder zum Dienst gerufen wurden.

Eine zeitgemäße ritterliche Burg stellen wir uns im Folgenden immer gleichaussehend vor; mit Wehrturm, Ringmauer, und Palais, mit Zugbrücke, Bergfried und anderen Merkmalen. Dass es aber in der Tat recht viele, teils stark voneinander abweichende Arten einer Burg gegeben hat, die sich überwiegend in ihrer Wehrtauglichkeit und praktischen Verwendung unterschieden und dementsprechend baulich gestaltet worden sind, soll die folgende kurze Aufzählung verdeutlichen: Wohnburg, Kirchenburg, Turmburg, Wasserburg, Höhlenburg, Felsenburg, Zollburg, Ringburg, Fliehburg, Raubburg, Zwingburg, Kastellburg und, nicht zu vergessen, die mächtige Kreuzfahrerburg.

Die Warthburg nahe des thüringischen Eisenach wurde im Jahre 1067 von Landgraf Ludwig dem Springer erbaut. Die kleine Burganlange in etwa 400m Höhe, die für ein einen typischen Aufenthaltsort von Rittern und Lehnsherrn zeigen soll, war einst Schauplatz mehrerer historischer Ereignisse im mittelalterlichen Deutschland. Zu größerer Bekanntheit gelangte die Warthburg neben dem Sängerkrieg durch Martin Luther, der während seines Aufenthaltes auf der Burg um 1521 das Neue Testament ins Deutsche übertrug.

Daheim auf dem Land

Es wird immer wieder gern geschrieben, dass die Ritter von einst in echten, weiträumigen Burgen hausten und gemeinsam mit einer mehrköpfigen Schar an Getreuen ein entspanntes, besinnliches Leben führten. Dies erweckt den Anschein, als machte der Ritter in Friedenszeiten nicht einen einzigen Finger krumm. Er soll sprichwörtlich auf der faulen Haut gelegen haben, aber so ist es tatsächlich nicht gewesen. Weder stimmt die Behauptung, dass er durchgängig über ein großes, burgähnliches Zuhause verfügte, noch die Erwähnung einer größeren Gefolgschaft, die den freizeitverliebten Ritter rund um die Uhr versorgt hat. Es entsteht ein Bild, das lediglich einer Glorifizierung dient und vermeintlich als reales Abbild der Wirklichkeit des Mittelalters angesehen wird. Tatsächlich war das Leben der Ritter nur selten romantisch und wirklich sorgenfrei.

Lediglich vereinzelt und dann auch nur, wenn ihr tadelloser Ruf es hergegeben hat, bewohnten die Ritter großzügige Burgen, die von endlosen Flächen an Feldern und Weiden umgeben waren. Der einfache Ritter, der keinen so einflussreichen Namen trug, hatte sich mit einem weitaus kleineren Lehen zufriedenzugeben, das so geringe Erträge ablieferte, dass es ihm und seiner eher sehr kleinen Zahl von Helfern – die er ja bezahlen musste – gerade so das Überleben sicherte. Wirtschaftliche Nöte waren unter dem Volke weit verbreitet, und sie machten auch nicht vor den Rittern Halt.

Um deren Land und Gut besser zu verstehen, müssen wir nicht unbedingt in die Vergangenheit reisen. Es genügt, sich in unserer Umgebung einmal ein wenig umzusehen. Es gibt sie nämlich immer noch, diese alten Gestüte, Scheunen und Häuser; die brachliegenden Flächen und alten Gemäuer, die überall auf dem Lande zu finden sind. Seit jeher liegen sie weit verstreut da draußen, und von ihrer Entstehung vor annähernd tausend Jahren an haben sich diese ländlichen Wohnorte in ihrem Wesen auch kaum verändert. Vieles ist beim Alten geblieben, sehr viel größer als jene Höfe waren die Rittergüter nämlich nicht.

Auf solchem Grund und Boden lebte mancher der mittelalterlichen Ritter. Man könnte nun der Ansicht sein, er hatte dort keine weiteren Verpflichtungen zu erfüllen, außer nach dem Rechten zu sehen. Aber auch diese Mutmaßung entspricht schließlich nicht der Wahrheit. Sich auszuruhen, konnte sich nur derjenige Ritter erlauben, der über ein gesichertes und vor allem hohes Einkommen verfügte; und beides war den meisten Rittern nicht vergönnt. Ein reicher Ritter – du lieber Himmel! Tatsache ist nämlich ferner, dass der kampferprobte Recke sich sehr wohl die Hände schmutzig machte, und zwar mit einfacher, gar nicht ritterlicher Arbeit. Er hatte auf seinem Lehen nicht nur die Nächte verbracht, sondern am Tage auch hart auf dem Feld gearbeitet, Seite an Seite mit den ihm Unterstellten. Zusammen mit hörigen Bauern und dem aus Knechten und Mägden bestehenden Gesinde beackerte, bepflanzte, bewässerte der Ritter seinen eigenen Grund

und Boden und erntete die Erträge bis spät in die Abenddämmerung. Ziegen und Ochsen weideten auf diesen Flächen und brachten ihm im Idealfall auf dem Markt ein ordentliches Sümmchen ein. Von dem oft in Naturalien ausbezahlten Erlös vergütete der Ritter anschließend seine Arbeiter und versorgte natürlich seine eigene Familie. Er musste für seine Existenz also selber aufkommen und war dabei einem Bauern ziemlich ähnlich, der ja auch jeden Tag hart um seine Ernte, sein Überleben und die Zukunft seiner Familie kämpfte. Selbstverständlich erfüllte der Ritter auch andere Aufgaben. In den Krieg zu ziehen oder dem Lehnsherr zu dienen, hatte Vorrang vor allen anderen Pflichten. Allerdings kam der Adelige, wie wir schon erfahren haben, einfach nicht um die Erledigung täglicher Arbeiten herum. Nur wem es gelang, sich ein beträchtliches Vermögen anzuhäufen, vermochte seinen Arbeitern jene Handlangerdienste zuzuweisen und sie dafür entsprechend zu entlohnen. Nach bisherigen Erkenntnissen war dies den wenigsten Rittern möglich, und zwar nur jenen, die zumeist hohe Ämter bekleideten. Wurde der Ritter zum Kriegszug verpflichtet und war deshalb zu Hause nicht erreichbar, kümmerte sich seine eigene Familie, vorrangig die Ehefrau, um die Erledigung aller anstehenden Pflichten. Als Herrin des Hauses war sie weisungsbefugt gegenüber allen Bediensteten.

Neben der Bewirtschaftung seines Lehens hatte der Ritter noch mehr zu tun. Hauptsächlich übte er sich dabei in der Kunst des Krieges. Jeden Tag trainierte er, vor allem seine körperliche Fitness. Ringen war angesagt, samt allen Griffen und Hebeln. Er musste ausdauernd und durchweg bei Kräften sein. Denn bei Widerstand durfte der Ritter nicht etwa gleich ans Aufgeben denken oder aufgrund einer kleinen, blutenden Wunde zusammensinken. Schmerz gehörte dazu, und den galt es zu ertragen – ob man nun wollte oder nicht. Weiterhin wurde der Umgang mit allen Waffen geübt, sowie das Führen des Rosses auf die Probe gestellt. Das war wichtig, um nichts zu verlernen. Denn im Kampf kam es ausschließlich auf sein Können an. Der Ritter war verloren, wenn zwar die Taktik stimmte, er selbst aber nicht mehr in der Lage war, die einfachsten Schwertstreiche erfolgreich zu parieren. Mit Hilfe des Knappen, der einen möglichen Kontrahenten darstellte, schulte sich der Ritter auf seinem Landgut immer wieder, um auf jede mögliche Situation in einer Schlacht gefasst zu sein. Überraschungsmomente konnte sich demnach niemand erlauben. Jede Bewegung musste sitzen.

Für gewöhnlich wurden Schlachten und Kriege im Mittelalter während der hellen Jahreszeiten ausgetragen, also im Frühjahr, Sommer oder Herbst. Das war eine der wenigen ungeschriebenen ritterlichen Regeln, die von Freund und Feind gleichermaßen verbindlich eingehalten worden sind. Im Winter hingegen ruhten die Waffen. Das Volk erholte sich. Auch der Ritter. Etwas anderes war zu den bitterkalten Tagen auch nicht möglich. Der Ritter hockte dann auf seinem bescheidenem Hof, seiner kleinen Burg oder in der Halle des Lehnsherrn, und überbrückte die freie Zeit mit ein paar Gesellschaftsspielen, belanglosen Gesprächen und bitterem Wein. Und das ist keine Übertreibung! Es konnte einem unglaublich langweilig werden, darum war jede nur denkbare Abwechslung willkommen. Der Winter lähmte das ganze Land, und nach draußen wagte sich kaum einer mehr. Falls dann aber doch irgendein Reiter durch den Schnee gestapft kam oder gar ein ganzes Gefolge zu später Stunde um Obdach für ein paar Nächte bat, setzte man auf dem Rittergut und den größeren Burgen sofort Himmel und Hölle in Bewegung. Dann hieß man diese Reisenden als Gäste des Hauses willkommen. Sie wurden beköstigt und umsorgt, durften allezeit frei übernachten und erbrachten als Gegenleistung jene Unterhaltung, die von den Burgbewohnern als Abwechslung so lange herbeigesehnt worden war. Alles, was die Fremden mitbrachten, wurde bestaunt und um eigene Erlebnisse ergänzt. Gastgeber und Gäste verbrachten eine gesellige Zeit – bis es hieß, Ab-

Das Rittergut war nicht nur das Zuhause des Ritters allein, es bot gleichzeitig auch seinen untergebenen Vasallen sowie der eigenen Familie eine Unterkunft. Oftmals lebte man zusammen auf engstem Raum. Schätzungen besagen, das für gewöhnlich zwischen 15 und 30 Personen sich auf ein bis zwei Schlafräume aufteilten. Diese waren oftmals sehr spartanisch eingrichtet, und nur das Gemach des Ritters selbst dufte sich eines gewissen Grad an Luxus erfreuen, der aber keinesfalls mit dem Glanz der spätmittelalterlichen Höfe mithalte konnte. Der Pri- vatraum des Ritters hieß übrigens Kemenate, weil sich dort in der Regel ein Kamin befand – und zwar oftmals der Einzige in der ganzen mittelalterlichen Burg.

Reisen im Mittelalter waren trotz der eingeschränkten Mobilität nichts Ungewöhnliches. Händler, Ritter und nicht zuletzt die Könige, bereisten auf ihren Zügen nahezu das gesamte Teutonenreich von Norden nach Süden. Man geht heute davon aus, das am Tage eine durchschnittliche Strecke von 50 km zurückgelegt worden ist, abhängig vom reibungslosen Verlauf der Reise. Die Nacht wurde oftmals unter freiem Himmel verbracht. Im späten Mittelalter entstanden in den größeren Orten schließlich erste Raststätten, in denen sich die fußlahmen Reisenden ungestört erholen konnten.

schied zu nehmen. Die Fremden hatten noch eine (weite?) Reise vor sich, und ließen den Ritter samt seiner rauflustigen Spießgesellen in der Einsamkeit ihrer monotonen Unterkunft zurück.

Doch das sollte nicht lange so bleiben! Den wie der Winter kam, so sollte der Winter gehen, und eines Tages erblühte das Land von Neuem. Das Mittelalter erwachte aus seiner eisigen Starre; und es schien als gehe ein jahrtausendealter Schlaf zu Ende. Die Burgtore wurden geöffnet, das Volk strömte heraus, und auf einmal legten alle wieder los. Auch die Angehörigen des Adels blühten dabei zu Höchsttaten auf. Dann, wenn die Tage wieder länger wurden, hatte endlich der gute Ritter wieder Zeit, nicht nur zu arbeiten oder zu üben, sondern sich auch einmal seinen anderen Interessen hinzugeben, und zwar der Jagd, dem Turnier sowie manch kreativem Auftritt bei einem höfischen Bankett seines Lehnsherrn.

Der Ritter mittendrin

Bei dem Begriff Jagd denken wir oft an Sport. Wir interpretieren es durch die bekannte Fuchsjagd; jenen Reit- und Fangwettbewerben auf den britischen Inseln etwa oder aufgrund der hiesigen, bundesweit ausgetragenen Schaujagden, zu denen die amtlichen Jagdreviere jährlich Tausende Neugierige einladen. Doch die ritterliche Jagd hatte nichts damit zu tun. Sie ähnelte niemals und in keiner Weise dem teils vergnüglichen und interessanten Schauspiel von heute, das wir in sicherem Abstand erleben dürfen. Früher gab es keinen Anlass dafür, fröhlich und laut „Hallodri" zu pfeifen. Man jagte nicht aus reinem Spaß, sondern um sich zu erproben; nicht einfach mal so, sondern unter ständiger Gefahr. Ein ausgewachsener Eber konnte Pferde umwerfen, und an einen einzelnen Braunbären – oder gar an ein Rudel Wölfe – traute sich kein Mann je alleine heran. Jagen hieß Kampf, im Ernstfall Mann gegen Tier. Da wurde nicht einfach mal aus der Ferne geschossen, da ging es

Calenberg

Flechtingen

Iburg

Beeskow

Coppenbrügge

Rabenstein

Albrechtsburg

Trendelburg

Scharfenstein

Stolpen

Linn

Altena

Kriebstein

Münzenberg

Rheinfels

Kühndorf

Hayn

Marienberg

Neideck

Staufeneck

Nassenfels

Hohenstaufen

Honburg

Hohenaschau

Burgen, Schlösser und Ruinen in Deutschland, die überwiegend im Hohen Mittelalter errichtet worden und heute frei begehbar sind.

mit Speeren und Messern direkt zur Sache. Auge um Auge. Und Zahn um Zahn. Das freilich nur im übertragenen Sinne.

Kehrte der Ritter von der Jagd zurück, gezeichnet von Prellungen, Abschürfungen und lädierten Knochen, fühlte es sich in der Tat wie ein großer, auf dem Schlachtfeld errungener Sieg an. Auch das gehörte zu dieser Zeit: Zu imponieren, gewaltig Eindruck zu schinden und sich selbst und seinen Mitmenschen zu zeigen – hier komme ich und das ist mein Werk! Das hat dem Ritter Ansporn gegeben; das war die Droge, die ihn vorwärts trieb. Vergessen war die Gefahr. Nur das Ziel vor Augen. So jagte der Ritter auf seinem Ross durch den riesigen Wald und stellte sich jeder Herausforderung, die im Dickicht verborgen auf ihn warten würde. Hunger oder die eigene Versorgung waren für keinen Ritter Grund genug, um hin und wieder zur Jagd zu rufen. Für ihn war der Kampf viel wichtiger als das Fleisch, welches er ohnehin durch sein Lehen erwarb. Gejagt wurde übrigens nicht nur Wild. Während die einen Ritter durch das Unterholz streiften, widmeten andere sich der Falkenzucht. Diese majestätisch durch die Lüfte gleitenden Raubvögel, die als Inbegriff der Freiheit manche mittelalterliche Darstellung zierten, wurden durch jahrelanges Training zur Jagd abgerichtet. Dabei war es weniger relevant, ob und wie viele Kaninchen sie schlugen. Viel eher kam es dem Ritter darauf an, mit seinem Greifvogel allen zeigen zu können, welch phantastisches Talent er denn besitzt: Das er ein Geschöpf zähmen und auf Kommando führen kann, das sich in der Natur nur ungern zähmen lässt.

Eine noch weitaus verlockendere Versuchung, sein Können unter Beweis zu stellen, ergab sich dem Ritter auf einem anderen Weg, indem er an einem lokalen Turnier teilnahm. Was würde da alles auf ihn warten? Seine Vorstellung kannte diesbezüglich keine Grenzen: Hunderte Zuschauer aus der ganzen Umgebung, Herausforderer aus dem weiten Lande und Anerkennung in hohen

Kreisen – gepaart mit der Aussicht auf eine fette Beute. Bestimmt würde er einen guten Platz erringen. Wer weiß, was die anderen Teilnehmer wirklich fertigbringen, wie viel Wahrheit in ihren Prahlereien steckte? Mit ein wenig Übung sowie dem nötigen Scharfsinn – so machte sich der Ritter selber Mut – wird er zwar mit leeren Händen auf den Festplatz preschen, jedoch reich beladen wieder von dannen ziehen.

Das Turnier ist die bekannteste Form des Schaukampfes. Nicht erst zur Zeit des Ritters, sondern schon sehr viel früher im Alten Rom, gab es diese besondere Form der Massenunterhaltung, während der sich Menschen bekämpften, um anderen Vergnügen zu bereiten. Der alte Kampf um Leben und Tod machte die Gladiatoren weltberühmt. Die römischen Kaiser nutzen diese Darbietungen, um das Volk bei Laune zu halten, und sehr viel anders ging es auch im Mittelalter nicht zu. Auch hier kam das einfache Volk in Scharen herbei, um dem Spektakel beizuwohnen und es zu bejubeln, so dass es während der Ritterturniere für einen Moment lang vergaß, wie übel ihm sonst immer mitgespielt wurde.

Die ersten mittelalterlichen Turniere fanden noch unter Verhältnissen statt, die man als bescheiden bezeichnen kann. Kaum mehr als ein ein oder zwei Dutzend Zuschauer und weder Adelige noch Ansager kamen zusammen. Im Inneren der Burg zügelten ein paar Ritter ihre Pferde. Man kämpfte nicht um Ruhm und nicht um Ansehen. Die Stechpuppe ersetzte den gegnerischen Reiter, die Anzahl der Teilnehmer war leicht überschaubar. Noch hatte dieser Wettkampf nichts Glamouröses an sich. Es wurde lediglich geübt, nicht mehr und nicht weniger, und der belohnende Beifall, der von den Mauern widerhallte, fiel den schwitzenden Rittern nur spärlich zu. Das aber sollte sich bald schon ändern.

Im Verlauf des zwölften Jahrhunderts nämlich schossen die Turniere überall wie Pilze aus dem Boden. Sie wurden größer, wesentlich bunter und beinhalteten jetzt nicht nur den bloßen Kampf, sondern sogar ein rich-

Das Leben der römischen Gladiatoren, das andeutungsweise in Hollywood-Klassikern wie „Spartacus" und „Gladiator" gezeigt worden ist, war augenscheinlich von einer kurzen Daseinsphase und einem frühzeitigen Tod gezeichnet. Was durchaus für diese Zeit gewöhnlich war, hat sich aber so nicht immer abgespielt. Denn so hervorragend kampferprobte Männer wie die Gladiatoren schickte man nur recht selten in den sicheren Tod der Arena. Viel wichtiger im Kolosseum und in anderen Turnierstätten der Antike war hingegen die Show; das Spektakel, und die Gelegenheit, die nackte Angst und Wut der Männer hautnah miterleben zu können. Mit Toten war das natürlichlich nicht mehr zu schaffen, weshalb so mancher Gladiator stets am Leben blieb und nach einigen Jahren des Kämpfens in die Freiheit entlassen worden ist, wo er sich als Schwert- und Lohnkämpfer fortan selbst seinen Lebensunterhalt verdient hat.

tiges Festprogramm. Es wurde gegaukelt und erzählt, es traten Akrobaten auf und heizten den vielen Schaulus-tigen ein, bevor die Ritter dann den Platz betraten. Fanfaren und Trommeln kündigten sie an. Der Veranstalter des Turniers, für gewöhnlich ein Graf, eröffnete mit frommen Worten das lokale Gefecht. Und schon stießen die Ritter aufeinander los. Wild schnaubten die Rösser. Die Erde bebte, als die Lanzen gehoben wurden. Mach- te einer der Reiter nun einen winzigen Fehler, so wurde er von seinem Gegner aus dem Sattel gefegt. Krachend fiel er auf den staubigen Boden. Welch eine Schmach! Er, einer der tapfersten Kämpfer des Hofes, wurde von einem Fremden geschlagen! Wütend, gedemütigt und vor Schmerzen verzog er das Gesicht, während der Sieger vor Freude grinste und unter tosendem Applaus eine Ehrenrunde drehte.

Auch das war unter einem Turnier zu verstehen: Ein eher sportlich-lockerer Wettstreit mit den Waffenbrüdern, den die Ritter ausgetragen haben, um sich in Sachen Kampfkraft und Erfahrung gegenseitig zu überbieten. Die anfeuernden Rufe der Zuschauer reihum, haben so manchen jungen Recken dabei zu Höchstleistungen angespornt. Das bunte Durcheinander der historisch großen Turniere jedenfalls hat bis in die Gegenwart überlebt. Heute finden sie in den Sommermonaten in allen größeren Städten der BRD statt, vor allem im Rahmen der dafür ausgerichteten Mittelalterfeste. Wie früher schon bieten Händler ihre Ware feil, wie früher ziehen Gaukler und Musiker lärmend um die Häu- ser. Am Abend dann kommt das Volk am Turnierplatz zusammen – und sieht und staunt wie ehedem, wenn die Ritter ihre Lanzen senken und einer nach dem anderen zu Fall gebracht wird.

Mit der Zeit erwuchs das Turnier zu einem regelrechten Volkssport, der in einem Abstand von mehreren Jahren regelmäßig in allen Teilen des HRRs zelebriert wurde. Einschneidende Veränderungen in Organisation und inhaltlicher Ausrichtung der Turniere machten diese zu einem Anziehungspunkt für das ganze Volk. Nicht mehr nur über zwei Tage, sondern gleich über eine ganze Woche lieferten sich die Ritter des Landes mit den von weit her angereisten Teilnehmern aus anderen Reichen hoch zu Ross und auf eigenen Beinen Schwert- und Lanzenduelle. Ob Buhurt, Tjost oder das Turnei – bis zum Ausklang des Mittelalters tobte und amüsierte sich die Gesellschaft während der zahlreichen Variationen dieser aus der Antike stammenden Wettkämpfe, die nach bester Manier von „Brot und Spiele" die Massen zu unterhalten vermochten. So viele Ritter aus nah und fern kamen inzwischen zu den Turnieren, dass deren Abstammung nur noch von einem amtlichen Wappenkundigen zu bestimmen war. Diese Fachleute führten dafür eine sogenannte Wappenrolle und wurden Herolde genannt. Abseits des Turniers hat man ihnen ferner sogar wichtige diplomatische Aufgaben zugeteilt.

Der begeisternde und unterhaltsame Faktor eines Turniers darf aber nicht darüber hinwegtäuschen, dass dieser waffenklirrende Wettstreit alles andere als bloß Spaß gemacht hat. Hinter den Kulissen entpuppte sich der Zauber. Die Ritter zogen fast wie in einem realen Kampf gegeneinander, und das oft verbunden mit allen Risiken und allen Konsequenzen, die ein solcher Zusammenstoß haben konnte. So ist es nicht weiter verwunderlich, dass zu den Turnieren immer wieder echtes Blut floss. Schwere Verletzungen waren völlig normal.

Manch teilnehmender Ritter konnte nach solch einem Turnier auch nie wieder kämpfen, kaum noch ohne Beschwerden gehen oder siechte glanzlos und ohne Freude am Leben einsam und vergessen dahin. Sogar Tote gab es während der Schaukämpfe hin und wieder zu beklagen. Die Festspiele hatten zwar auch den Sinn und Zweck, an die ritterlichen Ideale zu appellieren und den Ritter in ein gutes Licht zu stellen, oftmals aber war der blutige Schaukampf nicht mit den ideellen Werten zu vereinbaren, und das Wüten auf den öffentlichen Plätzen geriet oft in einen krassen Widerspruch zum Ansinnen des Rittertums.

Indes – dem festlichen Treiben der inzwischen gewaltigen Turniere mochte nichts und niemand Einhalt zu gebieten. Weder ein rein formelles Verbot des Papstes noch die Warnungen vereinzelter kritischer Lehnsherren, die ihre Vasallen möglichst unversehrt behalten wollten, konnten die Ritter von ihrem Tun abhalten. Sie machten ganz einfach weiter wie bisher, schlugen alle Mahnungen der hohen Herren in den Wind und lachten nur herzlich über deren verzweifelte Bemühungen, ihnen den Spaß nehmen zu wollen. Sie scherten sich nicht um deren Einwände. Egal, wie sehr die Obrigkeit auch zeterte – es brachte einfach nicht den gewünschten Erfolg. Schließlich lenkte auch der Klerus ein. Das einstmals ausgesprochene Verbot der Turniere wurde von Papst Johannes XXII. wieder aufgehoben, nachdem sich dieses nach ganzen zwei Jahrhunderten als noch immer völlig wirkungslos entpuppte.

Neben den Turnieren und der Jagd ist der Ritter noch auf eine andere Art und Weise in Erscheinung getreten: Er hat sich der Muse und der Unterhaltung hingegeben. Zu dichten, zu musizieren und seine Zuhörer zu unterhalten, war seine Aufgabe und sein Wunsch zugleich. Sein Ideal der Höfischkeit ermunterte, ja verpflichtete ihn dazu. Vor allem der wachsende Anspruch der holden Weiblichkeit, der Damen und Jungfrauen im 13. Jahrhundert, prägte das Bild der Ritter wieder einmal mehr. Deren Sehnsucht ließ so manchen Ritter, der außer der Kriegsführung und mancher Jagd bislang nichts weiter hatte von sich hören lassen, auf einmal zur inneren Einsicht gelangen. Tapferkeit und Mut in der Schlacht sollte jeder von ihnen haben. Aber weitaus begehrter, dass spürte der Ritter, war jetzt das Können, Gefühle zu zeigen, und der feste Willen, das Herz der Frauen zu erobern. Man mag dazu stehen, wie man möchte, doch es ist erwiesen, das nicht wenige Ritter ernsthaft versuchten, sich diesem neuen Zeitgeist anzuschließen und statt der harten Schale auch mal ihren weichen Kern zu zeigen.

Galante, ritterliche Dichter wie Wolfram von Eschenbach (* um 1160/80; † um/nach 1220), Walther von der Vogelweide (* 1170, † 1230) oder Oswald Wolkenstein (* 1377, † 1445) zählten zu den bekanntesten Vertretern der mittelalterlichen Literatur, deren Anhänger das Rittertum und dessen Ideale in Dichtungen, Epen, Verse und Dramen hochleben ließen. Ihre Werke waren hoch geschätzt, ihr Auftreten sehr begehrt. Sie trugen auch maßgeblich zur Entstehung des Minnesangs bei, der sich wiederum vor allem im Spätmittelalter endgültig im damaligen Deutschland durchgesetzt hatte. Die Vertreter des Minnesangs nannte man Minnesänger. Bei ihnen handelte es sich schlicht um fahrende Ritter, die über eine lange Zeit durch das Land gezogen waren und sich auf der Suche nach einem Abenteuer befanden. Und war dann der große Augenblick gekommen, die einmalige Gelegenheit für die Muse da. Die Pflichten einmal hinten angestellt, holte der Recke die Laute hervor, fiel in der Nähe seiner Angebeteten zu Füßen und flötete mit kräftiger, aber gleichzeitig zärtlicher Stimme: „Es war einmal ..." los.

So oder so ähnlich jedenfalls stellt man sich das ganze Prozedere vor. Die Damen fielen in Ohnmacht, der Minnesänger lief rot an und nach einem zärtlichen, gefühlvollen Abschied von ihnen, zieht der spielende Ritter weiter durch die Welt. Zum allerersten Mal in der endlosen Geschichte der Liebe, hatten die Männer für die Frauen den roten Teppich ausgerollt. Das ist das Rittertum at it's best!

An dieser Stelle möchten wir den Moment der Gefühle und künstlerischen Eintracht nicht mehr weiter stören. Leise und heimlich wird die letzte Zeile geschrieben, während – in unseren Gedanken – noch einmal die Minnesänger spielen und die Damen entzückt dahinschmelzen mögen. Dann ist es auch schon wieder vorbei mit der Liebesromantik. Nun ist der Moment gekommen, sich einmal mit der bedeutensten Aufgabe des Ritters zu beschäftigen, die er weitaus öfter ausgelebt hat, wenn er auf das Schlachtfeld zog und mutig für Recht und Ordnung focht. ℘

Eine der sicher bekanntesten zeitgenössischen Erzählungen der mittelalterlichen Literatur ist die Legende um König Artus, der Ritter seiner Tafelrunde und deren Suche nach dem Heiligen Gral. So herrlich und erbauend diese Geschichte auch heute noch wirkt, so utopisch ist sie aber in Wirklichkeit. Denn einen glanzvollen König Artus hat es im Mittelalter nicht gegeben. Nach Leseart der ältesten Überlieferungen aus der britischen Geschichte, soll er stattdessen einst ein keltischer (Klein-)König gewesen sein, der während der „Dunklen Zeit" über Britannien herrschte. Minnesänger, Dichter und andere Schreiber des Mittelalters ergänzten aber später die Fakten um seine Herkunft oder wandelten die vorhandenen Quellen gleich völlig in eine eigenständige Saga um. Das mystische Schloss Camelot muss aber dennoch nicht ein Traum geblieben sein. Inspiriert von den Schilderungen der Tafelrunde, kann sich doch jeder wahre Recke ermutigt gefühlt haben, zusammen mit seinen Gefährten die Legende vom edlen Ritter auszuleben.

Ihre Waffen und ihr Leben im Krieg

Für einen Ritter gab einen keinen Dienstplan oder dergleichen, nach dem er sich für den Krieg bereitzuhalten hatte: Er war praktisch rund um die Uhr, ob bei Tage oder in der Nacht, der hoheitlichen Wehrpflicht unterlegen. Aber wie verhielt es sich bei den Fußsoldaten; jenen Haufen an nachrangigen Kriegern, die sich in der Mehrzahl noch immer aus rekrutierten Bauern zusammensetzte? Diesen Männern war vorgeschrieben, das sie jedes Jahr eine bestimmte Anzahl an Tagen Kriegsdienst für die obersten Lehnsherren zu leisten hatten. Die Anzahl der Tage wiederum variierte von Zeit zu Zeit und wurde in jedem Feudalstaat anders und eigens festgelegt.

𝕿 rotz seiner Hingabe zur kreativen Betätigung war der Ritter nicht nur zu seinem Vergnügen auf der Welt. Für Freude und Unterhaltung blieb ihm im Allgemeinen nur recht wenig Zeit. Seine Pflicht galt allein höheren Interessen. Die vorrangigste Aufgabe, die der Ritter zu erfüllen hatte, war es, mutig und ohne zu zögern in die Schlacht auszuziehen. Das Volk, seinen Lehnsherrn und das Land zu beschützen, hatte oberste Priorität und zählte zu den wichtigsten Aufgaben seines Lebens. Das war seine Bestimmung, darauf hatte er einen Eid geschworen, und dafür war der Knappe ein Ritter geworden.

Durch seinen Eid hatte sich der Ritter aber auch in den Dienst der Politik gestellt. Gewissermaßen war er als deren verlängerter Arm anzusehen und sollte als eines der oft zitierten „Mittel zum Zweck" die ökonomischen und politischen Interessen der Obrigkeit durchsetzen – und wenn es erforderlich war, dann mit aller Gewalt. Ob es dabei zu inneren moralischen wie idealistischen Konflikten gekommen ist und sich der Ritter in einem Zwiespalt wiederfand, war für den befehlshabenden Lehnsherren und die Sache als solches überhaupt nicht relevant. Niemand hatte danach gefragt. Für den Krieg gab es keine Entschuldigung. Jeder Ritter machte mit, so wie er es als Vasall geschworen hatte.

Kriege und Schlachten waren Männersache. Frauen hatten dabei nichts verloren, wohl allerdings darunter zu leiden. In Sicherheit zu leben vermochten sie niemals. Auch nicht in Zeiten eines unsicheren Friedens. Gefahr für ihr Wohl und Leben drohte auch im Alltag, etwa nach der Geburt im Kindbett, durch Unglücke auf dem Weg durch das Dorf oder eine ständige Abhängigkeit von der Anwesenheit ihres männlichen Vormunds. Die Frauen konnten sich nur mit Glück selbst verteidigen. Waffenstarrenden Soldaten und kriegserprobten Kämpfern, deren Reihen für sie selbst niemals zugänglich wae, hatten sie so gut wie nichts entgegenzusetzen. Ihnen war es zwar nicht verboten, sich gegen Gefahr zu wehren, jedoch wurde dies im Mittelalter so ganz und gar nicht gern gesehen. Die Frau stand unter dem Schirm der Schutzbedürftigkeit! Ihr zu Hilfe zu eilen war des Ritters Pflicht, und diese Hilfe anzunehmen war die ihre. Das entsprach dem Rollenverständnis von Frau und Mann in dieser Zeit. Eine Gleichberechtigung der beiden Geschlechter, wie sie uns heute vorrangig und auch nur ökonomisch-oberflächlich in den Industriestaaten dieser Welt begegnet, war der Gesellschaft im Mittelalter unbekannt. Es handelte sich um eine Welt, in der es für die Frau und ihre Anwandlungen im Allgemeinen – zum Beispiel Mitgefühl, Harmonie und die Sehnsucht nach Zweisamkeit – im Grunde genommen keinen Raum gegeben hat.

Der für die Schlacht berufene Ritter hatte sich entsprechend seiner eigenen finanziellen Möglichkeiten selbst auszurüsten. Gestellt wurde ihm nichts. Erst recht nichts geschenkt. Vielleicht fand er unter seinen Gefährten jemanden, der so hilfsbereit war und ihn vorübergehend mit einem besseren Rüstzeug ausstattete oder ihn für die Dauer des Kriegszuges mit Wasser und Proviant versorgte. Aber für gewöhnlich war der Ritter auf sich allein gestellt und selbst dafür verantwortlich, wie stark und umfassend seine Rüstung ausfiel. Einen Panzer zu schmieden und das Streitross zu erwerben, einen Sattel herzustellen, die Waffen zu schärfen sowie Tücher und Decken zu weben – all das machte Arbeit, und die musste man – wenn mann sie nicht selbst beherrschte – entsprechend bezahlen. Der Ritter setzte dafür seine Erträge ein, die er auf seinem Lehen erwirtschaftete. Zumeist reichte dies aus, um über die Runden zu kommen und um wenigstens ein bisschen am Leben teilzuhaben. Manchmal aber, auch das war eine bittere Wahrheit im Mittelalter, reichte es dafür leider nicht – und der Ritter ritt armselig in die Schlacht, und starb dort auch so, wie er zuvor gelebt hat.

Das Rüstzeug für den Krieg

Der wohl bekannteste Bestandteil des ritterlichen Wasffenarsenals war der klobige Helm. Da sich dieser in seiner Form und Stärke stets verändert hat, gehörte der eiserne Kopfschutz zu den wandlungsfähigsten Rüstungsteilen der letzten Jahrhunderte. Die ersten Ritterhelme ähnelten stark dem Kopfschutz der fränkischen Panzerreiter. Verschiedene Ausführungen des Spangen- und Nasalhelms verbreiteten sich zügig vom elften bis ins zwölfte Jahrhundert. Im 13. Jahrhundert wurde unter anderem die Beckenhaube eingeführt. Helme mit verschließbarem Visier hingegen, die völlig korrekt für die typischste Variante eines Ritterhelms gehalten werden, fertigten die Schmiedemeister in Europa erst im 15. Jahrhundert an.

Einen für alle Ritter der Welt verbindlichen Helmtypus hat es ohnehin zu keiner Zeit gegeben. Jeder Feudalstaat in Europa hatte seine eigene Technik und das dafür nötige Handwerk entwickelt. Jeder stellte für seine eigene Armee einen entsprechenden, einzigartigen Kopfschutz her. Darüber hinaus beherrschten einige Ritter selbst die Schmiedekunst. So mancher Recke wird sich seinen eigenen Helm zusammengebaut und unter seinen Gefährten in Umlauf gebracht haben. Auf jeden Fall wird es in der Geschichte des Rittertums in Einzelfällen weitaus mehr Helme gegeben haben, als die Wissenschaft bis heute auffinden konnte. Manche Errungenschaften technischer und nichttechnischer Art bleiben uns eben einfach verborgen und gehen – bevor die Geschichte davon Kenntnis zu nehmen vermag – durch höhere Gewalt verloren.

Kommen wir als nächstes zur Rüstung. Festzuhalten ist dabei, dass die Ritter ihre Rüstung bei weitem nicht auf dem nackten Leibe trugen. Das wäre überhaupt nicht möglich gewesen, denn die Haut hätte eine solche Reibung kaum verkraftet. Zum Schutz des eigenen Körpers kleidete sich der Ritter darum in Unterwäsche aus Leinen. Das sollte dem Körper einen ersten Schutz gewähren. Darüber zog er noch einen pelzartigen Stoff, den Wams. Diese beiden Kleidungsstücke schützten den Ritter auch vor Kälte und dämpften, eher schlecht als recht, manchen direkten Volltreffer.

Das alte rüstungstechnische Geschirr, das noch der fränkische Panzerreiter kannte, war mittlerweile nicht mehr zeitgemäß. Jetzt trug der Ritter ein Kettenhemd. Dieses reichte von einer Kapuze über den ganzen Oberkörper und bedeckte ebenso Teile der Oberschenkel. Das Kettenhemd besteht aus einem dichten und zugleich rasselnden Geflecht aus vielen einzelnen metallenen Ringen, das den Angriffen mit Messern und Schwertern ziemlich gut widerstanden hat. Etwaige Schläge prallten für gewöhnlich daran ab. Es handelte sich also um ein eisernes Kleid, das dem Ritter einen vielversprechenden Schutz ermöglicht hat.

Mitunter schloss das Kettenhemd noch die Hände mit ein. Anderenfalls trugen die Ritter dicke Handschuhe aus Leder. Die Ulna und der Radius, die beiden hohlen Knochen des Unterarms, wurden mit einer Hülle aus Leder oder Eisen umwickelt. Der Unterleib und die Beine des Ritters wiederum waren von sogenannten Beinlingen umhüllt, einer Art Strümpfe, die wieder aus Kettenringen gefertigt worden waren. Man befestigte sie mit Gürteln am Kettenhemd oder vernietete sie – je nach Qualität der ganzen Rüstung – mit den langen Stoffhosen. Dicke, metallene Beinschienen umgaben noch die äußerst empfindlichen Schienbeine, die sonst bei ausreichender Krafteinwirkung wie Äste zersplittert wären. An den Füßen trugen sie schließlich gepanzertes Schuhwerk, an deren Ferse die metallenen Sporen des Ritters befestigt waren.

Bei dem Stichwort Spore denken wir wie von selbst an den kleinen, zumeist ziemlich spitzen Ansatz, der sich vom Leder der Stiefel englang der Ferse wenige Zentimeter in die Waagerechte entfernte. Wo haben wir dies schon mal gesehen? Aber ja – bei den Cowboys auf jeden Fall, und natürlich erst recht während der heutigen Reitturniere, bei denen die Sportler gleichermaßen derartige Metallstücke an ihren Reitstiefeln führen. Den Sporen jedenfalls liegt eine sehr lange Tradition zugrunde, die in ihrer Verwendung unter anderem mit den Rittern ihren Anfang nahm.

Man mag sich von Zeit zu Zeit heimlich gefragt haben, ob es den Rittern überhaupt möglich war, solch schweres Rüstzeug den ganzen Tag über zu führen. Wahrscheinlich steht diesen Überlegungen der Eindruck einer heute angeblich verweichlichten Gesellschaft gegenüber, aber ganz so soft sind wir nun auch wieder nicht. Die Ritter haben früher halt nur nichts anderes getan, als sich nahezu jeden Tag – und das schon von Kindesbeinen an – mit schwerem Kriegsgerät zu üben. Auf längere Zeit gesehen gibt das einem Kraft und Ausdauer, und zwar ausreichend genug, um mit den kiloschweren Rüstungen auch über Stunden hinweg eine große Schlacht zu bestreiten. Die Kondition der Ritter war gewaltig gut und könnte locker mit der Stärke und der Fitness der heutigen Spezialeinheiten von Polizei und Militär mithalten.

Dies also ist das Rüstzeug in seiner Gesamtheit. Allen landläufigen Meinungen zum Trotz war der Ritter in seinem Kettengewand äußerst beweglich. Das Gewicht, das auf seinen Schultern lastete, war dabei nicht weiter von Bedeutung, denn durch das langjährige Training von Kindertagen an war sein Körper es gewohnt, mit dieser Last fertig zu werden. Man schätzt, dass eine vollumfängliche Kettenrüstung zwischen 10 und 20 Kilogramm gewogen haben muss, dies war abhängig von der Qualität und Verarbeitung des verwendeten Materials. Nicht unerwähnt sollte bleiben, dass der Ritter unter all dem Rüstwerk sehr schnell ins Schwitzen geriet. Vor allem an heißen Sommertagen wurde er darin regelrecht gekocht, wodurch die Gefahr allgegenwärtig war, einen schweren Hitzschlag zu erleiden.

Wirklich vollkommen wurde die Ritterrüstung ohnehin erst ab dem 14. Jahrhundert. In dieser Zeit nämlich entstand der erste Plattenpanzer – ein Gehäuse aus gehärtetem Eisen, das vorerst nur den Oberkörper bedeckte. Im Laufe der fortschreitenden Entwicklungen auf dem Gebiet der Waffentechnik kamen dann die Kleinteile hinzu: Schulter- und Nackenteile, Knie- und Achselhöhlenkapseln, Platten für die Oberarme und muskulösen Oberschenkel. Zusammengehalten wurde diese ganze Konstruktion durch Lederriemen und Gürtelschnallen – eine metallene Hülle, die nur unter einem hohen Zeitaufwand anzulegen und wieder abzustreifen war. Zusätzlich bedeutete die massive Plattenrüstung auch ein höheres Gewicht. 20 - 30 Kilogramm jeden Tag zu tragen war für die Ritter dann normal. Am Ende der Entwicklung konnte man sie noch mit Kränen auf das Schlachtross zu heben. Die Ritter bewegten sich also nur noch recht schwerfällig vorwärts.

Dieses Handicap wurde durch die im Vergleich zum Kettenhemd bessere Panzerung ausgeglichen. Aber mitunter war ein sich geschmeidig durch die Schlacht bewegender Ritter gegenüber seinen langsamen Nachfolgern durchaus im Vorteil. Die Plattenrüstung selbst war nicht unzerstörbar. Trotz ihrer Dicke von ein bis zwei Zentimetern, hielt die Rüstung den durchschlagenden Pfeilen der englischen Langbögen später einmal nicht mehr stand. Unabhängig davon ist eine solche Plattenrüstung an heißen Sommertagen niemals getragen worden, denn kein Ritter der Welt hätte diese enorme physische Belastung längere Zeit ausgehalten.

Das hier genannte Rüstzeug diente allein der Verteidigung, doch ein Ritter gab sich zumeist nicht nur damit zufrieden. Er stand immer unter Strom, griff immer wieder ein und an, und brauchte darum auch wirkungsvolle Waffen für die nächstbeste Offensive.

Die hatte er natürlich zur Verfügung. Die bewährteste Waffe des Ritters war das Schwert. Er hatte dieses von den früheren Panzerreitern übernommen, verfeinern und verstärken lassen, und führte es nun als schlagkräftigste Hieb- und Stichwaffe an seiner Seite. Es war viel Übung dafür erforderlich, diese sicher zu beherrschen. Selbst der erfahrenste Schwertmeister hörte niemals auf, damit zu üben. Man lernte immer wieder dazu – völlig egal, wieviel Erfahrung man durch zahlreiche Schlachten schon gesammelt hat.

Als die primäre Angriffswaffe des Ritters diente allerdings die Lanze. Jene gut drei bis fünf Meter lange Stange wurde aus festem Eichenholz so dick wie ein Arm geschliffen. Etwa fünf bis zehn Kilogramm brachte sie auf die Waage. Der fränkische Panzerreiter hob sie damals noch über seinen Kopf. Ab dem elften Jahrhundert aber änderte sich dies. Nun legte man die Lanze unter die Achselhöhle ein. Wehe dem, der dann gegen die Ritter zog! In Verbindung mit dem schnellen Galopp seines Rosses und der nun fest sitzenden Lanze entfaltete der Krieger eine dermaßen starke Kampfkraft, dass es davon Getroffenen förmlich schwarz vor Augen wurde. *„Ein angreifender fränkischer Ritter kann die Mauern von Babylon einstoßen!"* – so beschrieb es einst ein mittelalterlicher Chronist, der Zeuge einer wohl gewaltigen Ritterschlacht war. Und diese Worte waren mit Sicherheit nicht übertrieben! Der Zusammenstoß hob einen schlichtweg aus dem Sattel. Nach der ersten, wuchtigen Attacke allerdings warfen die Ritter die Lanze für gewöhnlich ab und kämpften anschließend mit dem Schwert oder der Axt weiter um ihr Leben.

Ergänzt wurde die Bewaffnung durch einen langen Dolch. Er diente aber nur zur Verteidigung, sollte bei Verlust des Schwertes die primäre Stichwaffe ersetzen und zumindest gegen schwach gepanzerte Gegner ausreichend helfen. Je nach eigenem Ermessen führte der Ritter außerdem noch weitere Waffen bei sich – die Streitaxt für eine oder beide Hände, den eisernen Morgenstern mit seinen fürchterlichen Spitzen oder den oft zitierten, wuchtigen Streithammer, der sogar Helme und Plattenpanzer mühelos einschlagen konnte. Regulär verwendet wurde diese Waffe erst ab dem 14. Jahrhundert, doch auch dann blieb das klassische Schwert noch die beliebteste Universalwaffe, um dem Feind todbringende Wunden zuzufügen.

Pfeil und Bogen waren dem Ritter früher sehr wohl bekannt. Sie zählten aber nicht zu seinen gebräuchlichsten Waffen, da er – entsprechend seiner hehren Ideale – nur im Nahkampf einen ehrenhaften Kampf gesehen hat. Allenfalls zur Verteidigung der Burg oder natürlich zu reinen Übungszwecken nahm sich der Ritter dieser Distanzwaffe an. Auch die Armbrust war aus denselben Gründen zunächst von der Kriegerkaste ignoriert und in ihren Schlachten nicht verwendet worden.

Da die hier genannten Waffen überwiegend mit einer Hand geführt worden sind, hielt die andere Hand die Zügel des Pferdes und führte gleichzeitig das schwere Schild. Auch das hatte, genau wie der Helm, verschiedene Formen. Als Material nutzte man zunächst reines Holz, bis es an einigen Stellen mit Eisen beschlagen wurde. Die ersten Schilde waren wie ein Dreieck geformt. Anschließend baute man sie größer und stärker und fertigte sie sogar mannshoch – das Normannenschild war geboren. Abgelöst wurde es später von den Eisenschilden im 14. Jahrhundert, die dann wiederum,

Zu sehen ist ein wackerer Rittersmann in zeitgemäßem Gewand des Hohen Mittelalters. Der Kreuzhelm, den er auf seinem Kopfe trägt, schützte nicht nur höchst ansehnlich sein Antlitz; er entfaltete auf alle Kontrahenten mit unlauterern Absichten einen zu allem entschlossenen, kämpferischen Eindruck. Die Lanze, erstmals unter die Achseln gelegt und für den frontalen Reiterangriff geschmiedet, glänzt mit dem dem unbeugsamen Willen zur Standhaftigkeit. Der farbenfrohe Wapppenrock sowie der galante Umhang betonen schließlich Würde und Menschlichkeit des Ritterseins. Der hier abgebildete Recke ist übrigens der Körperhöhe der damaligen Mannen nachempfunden, deren Durchschnittsgröße um die 1,60m betrug. Kleine Menschen, die Großes vollbringen — ein weiterer Aspekt von Handeln und Haltung, den uns die Ritter wohl auf den Weg gegeben haben.

Die Neigung der Ritter zu Fahnen, Flaggen und nicht zuletzt den Wappen hatte zunächst militärische Gründe und diente der eben erwähnten Kennzeichnung und dem überlebenswichtigen Erkennen von Freund oder Feind auf dem Schlachtfeld. Mit der Zeit entwickelte sich aus den zumeist einfachen Formen und Farben eines Wappens eine regelrechte Kunst in Sachen Gestaltung und visueller Aussagekraft, die sogar bestimmte künstlerische Anforderungen stellte – die Heraldik. So kam es, das die Wappen und Verzeirungen auf dem ritterlichen Gewand nicht mehr so einfach zu verstehen waren. Sie erzählten ab dem Hohen Mittelalter eine eigene Geschichte hinsichtlich der Herkunft des Ritters, und nur noch ein Fachmann vermochte mit der bunten Kombination von Löwenköpfen, Balken, Farben und sonstigen Symbolen etwas anzufangen. Dieser Fachmann war also ein richtiger Wappenkenner und wurde offiziell Herold genannt.

als der Plattenpanzer vervollständigt wurde, mit einem Schlag überflüssig waren. Die eiserne Rüstung des Ritters schützte nun den gesamten Körper. Aber gegenüber einem richtigen Pfeil- und Steinhagel bot das einfache, aber gut gezimmerte Eichenschild stets mehr Sicherheit als jede durchschnittliche Rüstung.

Um sich in der Schlacht zu erkennen zu geben, sich vor allem aber vom Feind & Gegner unterscheiden zu können, trugen die Ritter den Waffenrock. Der dünne, lange Stoff war teilweise bunt verziert und schirmte zum anderen auch die Sonnenstrahlen ab, damit sich die eiserne Rüstung nicht unerträglich aufheizte. Auf dem Rücken oder um den ganzen Körper legte sich der Ritter oft noch einen langen Mantel. Seine Lanze bestückte er mit Flaggen und Symbolen, und erweckte so auf Außenstehende einen oftmals farbenfrohen Eindruck. Derart gewappnet und eingekleidet, zog der Ritter schließlich hinaus ins Feld.

Das Grauen einer Schlacht

In jungen jugendlichen Jahren träumt man sicher oft davon, einmal als Ritter seinen Mann zu stehen. Der Wunsch, in einer zum Greifen nahen Schlacht persönlich gegen Unholde und Bösewichte kämpfen zu können, ist in der Jugend wohl recht beliebt. Zumeist wird für die Seite des Ritters sofort und rasch Partei ergriffen. So toll wie er aussah und so galant er sich benahm, da steckte bestimmt nur Gutes dahinter. Entsprechend leicht fällt es, für ihn Sympathie zu empfinden und umso mehr verzehren uns die Erwartungen an eine hochspannende, hochmittelalterliche Schlacht.

Ja, es ist schön, zu träumen und so seine Gedanken zu haben. Das hat der Ritter damals bestimmt genauso getan, mit dem kleinen, aber feinen Unterschied, dass er nicht vom Beginn einer großen Schlacht, sondern viel lieber von deren baldigen, hoffentlich raschen Ende träumte – anstelle schwer verletzt im Schlamm zusammenzubrechen und zwischen seinen toten Waffen-

brüdern unter schrecklichen Qualen sein Leben aus-
zuhauchen. Seien wir ehrlich – das ist nichts für uns.
Kaum jemand heutzutage würde das noch ernsthaft
wollen, an der Seite der Ritter einen solchen Alptraum
zu erleben. Was es heißt, wenn wutschreiende, regelrecht tobende Männer aufeinander mit Fäusten losge-
hen, erleben wir schon mal bei einer zünftigen, aber
völlig sinnfreien Bierzeltschlägerei. Im Ernstfall fehlen
ein paar Zähne, und ein Auge schwillt ein wenig zu.
Männer im Kampf um Leben und Tod hingegen sind
ein völlig anderes Kaliber. Es ist verhältnismäßig einfach und sicher, aus der Ferne einen Schuss abzufeuern.
Wirklich ernst und wahrhaftig bedrohlich wird es aber
dann, wenn man sich Auge in Auge und bis an die
Zähne bewaffnet gegenübersteht.

So möchte man dem Ritter eine gewisse Angst unterstellen, die er – unserer modernen Auffassung nach
– auf dem Weg in eine der großen und kleinen Auseinandersetzungen empfunden haben könnte. Das ist nicht
völlig auszuschließen. Es ist normal, Angst zu empfinden. Es ist verständlich, im Ernstfall davonzulaufen. Es
ist menschlich, so zu reagieren. Wer wird es darum den
Rittern verdenken, wenn sie nicht immer die geringste
Lust verspürten, gleich in der ersten Reihe stehen zu
müssen und wie mit dem Rücken zur Wand dem drohenden Schicksal entgegenzusehen.

Mag es sich in Einzelfällen, die uns nicht überliefert
sind, tatsächlich immer wieder so abgespielt haben? So
vertritt doch die Geschichtsforschung mehrheitlich eine
völlig andere, einhellige Meinung. Die Ritter und alle
anderen Krieger in dieser Zeit bewiesen in der Tat sehr
großen Mut. So unvorstellbar sich das für uns anhört,
so realistisch und alltäglich war es für die Soldaten des
Mittelalters, sich vor Eifer brennend von der einen
Schlacht in das nächstbeste Getümmel zu stürzen. Da-
zwischen lag oftmals nur eine kurze Erholungsphase,
während der man die Verletzungen notdürftig versorgte – oder aber daran starb, leise und ganz plötzlich.

Die Menschen früher – und vor allem die Männer – waren weitaus abgehärteter als heute, und verhielten sich im Grunde nur selten rücksichtsvoll. Ein schlechtes Gewissen oder das Gefühl von Abscheu, das sicher jeder empfinden müsste, der einer ihm fremden Person ohne weiter nachzudenken den Schädel einschlägt, war den mittelalterlichen Mannen eigentlich fremd. Gnade und Mitleid konnte sich kaum jemand erlauben, zumindest nicht im Krieg oder in der Schlacht. Um sein Leben wie von Sinnen zu kämpfen, war für sie bei Weitem nichts Neues. Ihnen wurde doch nichts geschenkt! Die Tage im Mittelalter waren rau und voller Elend. Die Menschen stumpften mitunter völlig ab und entwickelten unbewusst so auch eine Neigung zur Gewaltanwendung, die sich aufgrund persönlicher Schicksalsschläge immer wieder ansammelte und sich dann auf den Feldschlachten dieser Zeit in einer ungehemmten Auseinandersetzung entlud.

Hier müssen wir uns selbst die Augen öffnen. An einer Schlacht der Ritter von damals war überhaupt nichts gut, romantisch oder gar gerecht. Es wäre töricht und naiv, so einfach davon auszugehen. In Wirklichkeit ging es entsetzlich zu. So sauber und geordnet, wie es manche Ritterfilme der Gegenwart uns zeigen, hat sich ein solcher Kampf niemals ereignet. Schon allein der fürchterliche Geruch nach Blut und Tod, der Anblick Tausender zerfetzter Leiber – das warf nicht nur gestandene Männer um, da hätte jeder von uns Reißaus genommen! Kaum vorstellbar mutet es dann noch an, das im Anschluss an das Blutvergießen die Überlebenden durch das Gewühl der toten Leiber wateten und den Gefallenen Waffen und Rüstung abnahmen, insofern überhaupt noch etwas heil geblieben war.

Den Rittern hingegen machte dies nichts aus. Den Anblick von Schmerz und Leid waren sie längst gewöhnt. Das konnte ihrer Begeisterung für die Schlacht nicht mindern. Sie nahmen dabei billigend in Kauf, dabei selbst den Tod zu finden oder als Krüppel verstoßen zu werden. Ihre Gefühle, Ängste und Gedanken verdrängten sie vollkommen. Ansonsten wäre keiner von ihnen in der Lage gewesen, sich dem Kampf um Leben oder Tod zu stellen.

Im Mittelalter war eine Ritterschlacht nichts Ungewöhnliches. Früher kam es schnell dazu, dass sich Lehnsherren und Vasallen auf das Heftigste zerstritten, das Grafen gegen Grafen fochten oder Herzöge und Prinzen gegen den Thron opponierten. Ein falsches Wort zur falschen Zeit, ein nichtiger, oft recht harmloser Anlass – und schon fühlten sich die Mannen herausgefordert. Nicht immer wurde dabei gleich gekämpft. Verhandlungen oder vereinzelte, noch milde Strafmaßnahmen, trugen ebenfalls zur Streitschlichtung bei. Nur in wirklich ernsten Fällen, wenn existentielle Streitfragen zu klären waren, griff der Mensch ganz schnell zum Schwert. Zumeist ging es dann um Macht und Geld. Weitaus weniger wurde um die Liebe einer Frau gekämpft. Allem Anschein nach war sie den Rittern nicht wichtig genug – oder es gab sie überall zu haben.

Die größeren Kämpfe in der mittelalterlichen Geschichte sind für gewöhnlich zuvor vereinbart worden, und zwar mit dem genauen Tag und dem gewünschten Austragungsort. Dies erforderte die ritterliche Haltung. In kleineren, weniger bedeutenden Auseinandersetzungen war diese Vorgehensweise selten der Fall. Vielmehr ergab sich hier meist eine Schlacht durch ein zufälliges Aufeinandertreffen beider Konfliktparteien. Die Heere beider Seiten zogen durch das Land und näherten sich einander, oft unbemerkt. Dann stand man sich auf einmal gegenüber. Die Männer schlugen das Lager auf, während sich der Anführer noch ein letztes Mal um Frieden bemühte. Schlugen deren Versuche fehl, bereiteten man sich auf den nächsten Morgen vor, der vielleicht der Letzte sein könnte.

Die Stunde der Dämmerung holte die Männer schließlich ein. Der Heerführer versammelte all seine Krieger zu einer letzten Ansprache noch einmal um sich. Die Soldaten und Ritter lauschten seinen Worten, schworen

Unser Eindruck vom mittelalterlichen Menschen zeigt zumeist verhärmt dreinblickende Frauen und Männer, denen der Kampf um das tägliche Brot, gegen Naturgewalten und gegen die Willkür der Lehnsherren tiefe Narben ins Gemüt geschlagen hat. Ganz verkehrt ist dieses Bild dabei nicht. In einer Zeit, wo nur die wenigsten Menschen des Lesens und Schreibens mächtig gewesen sind und Aberglaube und Gottesfurcht ihr Handeln bestimmten, waren Kriege und Gewalt vielleicht ein furchtbares, aber auch notwendiges Mittel für Bauern und Ritter gleichermaßen, um sich der eigenen Ohnmacht zu erwehren.

In vormittelalterlichen Zeiten hatten die Menschen größere Schlachten oftmals auch vermeiden können, indem sich lediglich die einander verfeindeten Heerführer, abseits der Unterstützung ihrer eigenen Soldaten, einen Kampf um Leben und Tod geliefert haben. Kam einer der Beiden schließlich ums Leben, dann vermieden es die eigentlichen Armeen, sich in einem größeren Gefecht zu bekämpfen – der Tod des Anführers bedeutete ein schlechtes Omen, was zwangsläufig die Niederlage der gesamten Streitmacht zur Folge haben könnte.

feierlich einen großen Kampf und machten sich untereinander ein letztes Mal Mut. Verziehen war jeder Streit und jede Missgunst. Wer konnte, ging schlafen, um ausgeruht zu sein. Andere saßen noch an den Lagerfeuern, lauschten der heimlichen Stille der Nacht, oder tauschten bei etwas Wein letzte, gemeinsame Erinnerungen aus. Sich von allen Sorgen freizureden, das half mitunter, selbst unter Männern ihres Schlages. Und einige von ihnen ließen sich noch nieder zum Gebet. Die Christianisierung war zu dieser Zeit schon weit fortgeschritten und die Ritter sollten jetzt auch für Gottes Sache Schwert und Banner gen Himmel erheben. Wie auch immer – es war unvermeidlich: Der Tag der Schlacht rückte immer näher. Bald dämmerte der frühe Morgen und den Rittern die große Erkenntnis: Es ist soweit! Nun aber auf und munter drauf los!

Mit klopfenden Herzen zogen die ersten Soldaten aus, während die Ritter derweil ihre Formation einnahmen. Wie nahezu alle kriegerischen Auseinandersetzungen sollte auch diese Schlacht durch den Angriff der schweren Reiter eröffnet werden. Hunderte, zumeist eisenbeschlagene Hufe trabten über den Boden, bis die Streiter endlich aufmarschiert waren.

Dann kam das Signal. Die Ritter nahmen langsam Anlauf und rückten auf die Linien des Gegners zu. Erst ritten sie im Trab heran, dann kam der Galopp und schließlich trommelten die Hufe über den harten Untergrund. Wie in einem Stakkato erbebte die Erde. Die Ritter rückten zusammen, die Reihen wurden geschlossen. Jetzt kamen sie alle richtig in Fahrt – eine Wand aus Eisen raste heran, und bedrohlich senkten sich die Lanzen darnieder. Für den Bruchteil einer Sekunde hielten die Ritter ihren Atem an. Dann rasten sie ungebremst in das Heer ihres Gegners, wie ein Hammer. Und voll mittenrein! So eröffneten sie die Schlacht.

Hatte der Kontrahent diesem Ritterheer tragischerweise nur Fußsoldaten entgegengestellt, dann wurden seine Männer von den Reitern einfach überwalzt. Schickte dieser Feldherr jedoch gleichfalls seine Ritter aus, dann half nur noch Gott allein! Denn nun knallten zwei riesige, träge Massen aufeinander und rissen dabei jeden mit sich. Bei diesem Zusammenstoß blieb nichts und niemand mehr stehen. Die Frontlinie riss es in Stücke, Menschen in die Luft, und Pferde bäumten sich getroffen auf. Was für ein Wahnsinn! Das blanke Entsetzen traf das Schlachtfeld, doch schon war die erste Angst vergessen. Wer von den Rittern noch im Sattel saß und einigermaßen das Geschehen überblickte, der griff sofort nach seiner Waffe. Schließlich kamen die Soldaten angerannt, zahllose Pfeile schwirrten durch die Luft, und dann ging es endlich richtig los.

Unter dem weißblauen Himmel des hell erleuchtenden Tages schlugen die Männer nun aufeinander ein, als kannten sie kein Halten und kein Erbarmen mehr. Mit dem gesamten Waffenarsenal, das die Ritter bei sich führten, brachten sie sich gegenseitig um. Es war nicht mehr wichtig, wie es dazu kam. Wer den Streit begonnen hatte, der dazu führte, dass sich die Kämpfer zweier verschiedener Lehnsherren auf diesem Felde gegenüberstanden und hier ihren Tod finden würden, interessierte schon längst überhaupt niemanden mehr. Ritterliche Ideale? Aber nein! Die störten doch nur. Hier ging es ums Ganze, hier ging es ums Überleben! Die ersten Toten gab es schon nach kurzer Zeit. Sie versanken wortlos im Chaos, und niemand rettete sie aus dem kalten Schlamm. Die Stunden verrannen. Niemand konnte sagen, wie lange er schon auf den Beinen war. Im Prinzip war das auch nicht weiter wichtig – für solche Nebensächlichkeiten blieb keine Zeit. Es war vorbei, wenn es vorbei war, und nichts anderes zählte. Bis dahin ging diese schiere Raserei fort, und das derart grässlich und roh, als schlachte man blökende Tiere ab.

Irgendwann war es tatsächlich vorbei. Die Reihen lichteten sich. Die Schlacht war entschieden. Und wer gewonnen hat? Das ist nicht die Frage. So mancher Sieg schmeckte wie eine Niederlage. So viele waren gefallen, so viele waren schwerst verwundet. Wer kümmerte sich um sie, wer konnte für sie sorgen? Niemand. Niemand konnte das. Die Ritter blieben sich selber überlassen. Halb totgeschlagen lagen sie da: ohne Zähne, ohne Beine. Mit offenem Bauch. Ihr Winden und ihr Klagen hallte bis zur Abenddämmerung. Es gab nichts, was ihre Schmerzen lindern konnte, außer dem gnädigen Tod. Den sahen die Ritter nun herbeieilen. Davor hatten manche Angst. Und dennoch waren sie nicht allein. Immer war jemand an ihrer Seite. Ein Freund aus alten Tagen oder gar ein Knappe. Er passte auf die Ritter auf, wachte über sie – und begleitete, wenn wirklich nichts mehr half, sie hinüber in die andere Welt.

Da war er auf einmal wieder da – der ritterliche, in der Schlacht verloren geglaubte Anstand. Respekt wurde auch dem Gegner gezollt. So fair sollte es entsprechend des ritterlichen Vernehmens selbst im Krieg auf dem Felde zugegangen sein. Wer aber weiß, was sich tatsächlich abspielte, nachdem das Klirren der Waffen verstummte und das Heulen der schwer getroffenen Ritter erklang.

Die Kälte der Nacht senkte sich schließlich nieder und das Schlachtfeld erschauderte in ohnmächtiger Stille. Einige Ritter eilten hin und her. Sie bargen die Toten, sowohl ihre eigenen Leute als auch die des Gegners, oder setzten deren Leben erst noch ein Ende, wenn sie zu schwer verwundet waren. Man bestattete sie und räumte das Feld, lautlos und ohne großes Aufsehen zu erregen. Am nächsten Morgen erinnerte schon fast nichts mehr an die jüngst erfolgte Schlacht.

Manche Ritter tranken danach zusammen. Sie hoben die Becher auf ihren Sieg, auf den Ruhm, den sie erworben, und die Schätze, die sie erbeutet hatten. Das eingesammelte Rüstzeug war in der Tat so einiges wert. Es brachte den Siegern Geld in die Kasse, und dieses Geld ließ sie zumindest vorübergehend ein erfülltes, sorgenfreies wie auch verschwenderisches Leben führen. Solange wenigstens, bis die nächste Schlacht anstand – und die Ritter einmal mehr von ihren Werten und Idealen Abstand nahmen …

Der Ritter auf dem Weg in sein Abenteuer

Mit der ersten großen Zeitenwende innerhalb des europäischen Mittelalters, also mit dem fließenden Übergang vom Frühen ins Hohe Mittelalter, erlebte der einstige Fränkische Panzerreiter nun als Ritter einen einzigartigen Aufschwung. Nicht nur auf dem Feld, in seiner ländlichen Heimat oder in Gesellschaft der obersten Ränge des Feudalwesens, hatte er seine Mitmenschen auf sich aufmerksam gemacht. Auch in der Kunst und in der Kultur leistete der Recke Beeindruckendes. Mit seinen Idealvorstellungen und seinem Bemühen, ein gerechtes Leben für die Schwachen der Gesellschaft zu verwirklichen, machte der Ritter den Menschen dieser Epoche Mut. Groß waren sein Wille und bewundernswert seine Taten. Aber seine Brutalität und die immer wieder aufflammende Abkehr von den einst hoch und heilig beschworenen Idealen, sind heute wie damals hingegen zu verfluchen.

Bis zu seinem Niedergang war und blieb der abendländische Ritter das Aushängeschild der mittelalterlichen Epoche schlechthin. Sein Name und sein Können sprachen sich auf der ganzen Welt herum. Nicht nur im Königreich der Franken und nicht nur hier, im Teutonenreich, entfaltete der Ritter sein legendäres Wirken. In weiten Teilen des Abendlandes war er für fast zwei Jahrhunderte ununterbrochen unterwegs. Er stieß sogar in andere Länder vor, sprengte die Grenzen zu anderen Kulturen auf und zog noch sehr viel weiter in die Ferne hinaus, als er es sich als junger Page jemals hätte träumen lassen. Auf dieser Reise sammelte der Ritter neue Erfahrungen – und brachte auf seinem Weg zurück Entdeckungen, Schätze sowie das eine oder andere Abenteuer mit nach Hause. ⸿

Wie es sich wohl angefühlt haben muss, auf dem nackten Felde im Sterben zu liegen, erbarmungslos von Schmerzen gequält zu werden und zu fühlen, wie es mit dem Leben tatsächlich zu Ende geht – das kann sich der Einzelne sicher nur vage vorstellen. Die Ritter jedenfalls waren sich dessen stets bewusst – und hatten darum wohl auch einen Weg gefunden, mit diesen Ängsten umzugehen. Manchmal konnte ihr Wille Berge versetzen. Man sagt, dass sich durch übermäßigen, Eifer und aufgrund des Adrenalins in ihrem Blut, die Ritter derart in Ekstase versetzten, das ihr eigenes Schmerzempfinden sie während und am Ende der Schlacht nicht so sehr quälte.

Die Abenteuer der Ritter

Im Zeitalter der modernen Welt sind die Dinge wahrlich einfacher geworden. Wir leben heute verhältnismäßig komfortabel und wohl über Vieles einigermaßen informiert. Dank der Technik ist dies ein Kinderspiel; die Welt rückt zusammen und wird immer kleiner. Alles in allem gesehen, wissen wir also relativ gut Bescheid, und phänomenale Überraschungen sind, wenn wir ehrlich sind, so gut wie ausgeschlossen. Es gibt nur noch wenig größere Entdeckungen zu erleben – und darum kaum noch wahre Abenteuer, die einen vom ständigen Fernsehen abhalten.

Anders war die Welt in unserer Vergangenheit, im Mittelalter und bei den Rittern des Abendlandes beschaffen. Für sie versprach schon das Leben allein Abenteuer rund um die Uhr.
Und dennoch bekamen sie nicht genug davon. Denn früher, das muss man wissen, war es stets etwas ganz Besonderes, einmal der vertrauten Umgebung zu entkommen und der unmodernen Einöde entfliehen zu können. Doch für viele Menschen war das schlicht unmöglich. Weil sie Leibeigene waren oder die Mittel für eine Reise nicht aufbringen konnten, blieben sie wie an Ort und Stelle gefesselt. Der Großteil der damaligen Bevölkerung erlebte niemals die einmalige Gelegenheit, über den eigenen Schatten hinauszukommen, aus dem Dorf zu entkommen und über den fernen und wohl auch den eigenen Horizont zu sehen. So trist und vielleicht auch apathisch lebt man bisweilen selbst heute.

Für die Ritter hingegen, von denen so manche zuvor noch als einfache Bauern lebten, galten diese Grenzen aber nicht. Für sie war doch gerade erst das Abenteuer entscheidend, weshalb sie sich überhaupt die Sporen angelegt und ihrem Herrn und dem Lande die Treue geschworen hatten. Selbst wenn wir all die anderen oft selbstsüchtigen Motive hier mit einbeziehen, so stand dennoch der Wunsch, ein Abenteuer zu erleben, für die Ritter von einst an vorderster Stelle. Gegenüber der Sehnsucht ihrer Herzen verblassten selbst Habgier und die bloße Lust, ein anstandsloser Rüpel zu sein.

Und die Ritter hatten ihre Abenteuer, ohne jeden Zweifel! Nicht nur im deutschen Reich, sondern auch in Frankreich und England, Polen und Italien, verließen Männer ihre Heimat – und manche von ihnen für immer. Ihre Vorstellungen und Träume führten sie weit hinaus: vom Abendland in den Orient hinein und weiter nach Jerusalem. Die Ritter zogen in die Weiten Osteuropas, bauten dort Städte und beschützten sie im Rahmen der vor Jahrhunderten begonnenen deutschen Ostkolonisierung. Andere von ihnen kämpften in zahllosen inländischen Schlachten abwechselnd für verschiedene Parteien oder stellten sich fremdländischen Invasoren wie den Mongolen entgegen.

Was für die einen zwar einem Abenteuer gleichkam, dass empfanden andere als das nackte Grauen. Es hieß ja, da wären Ritter unterwegs, barmherzige Edelleute mit Sinn und Verstand. Tatsächlich aber waren dies nur Ideale – und Ideale vergehen wie von selbst. Schnell ließen manche Ritter ihre Maske fallen, und zum Vorschein gelangte ihr menschlicher, fehlbarer Kern: die Freude am Morden und eine Habgier so groß, dass alle Werte in Vergessenheit gerieten. Somit fiel ein dunkler Schatten auf sie, auf die Ritter und ihre großen Abenteuer, auf ihr Erscheinungsbild und ihren vermeintlich großen Namen.

Die Kreuzzüge nach Jerusalem

ls die Ritter des Abendlandes im Jahre des Herrn 1096 ihrem Leitspruch „Deus le volt – Gott will es!" Folge leisteten und sich für das größte ihrer Abenteuer – die Kreuzzüge* – in das Morgenland aufmachten, traten sie dabei bewusst und wohl auch unbewusst Ereignisse los, die für einen Zeitraum von fast 200 Jahren die Geschichte eines ganzen Kontinents beeinflusst haben. Die Ritterschaft des heutigen Europas brachte im Großen wie im Kleinen einen gewaltigen Stein ins Rollen. Ihr plötzlicher Aufbruch in entfernteste Gegenden, von denen die Mehrheit unter ihnen zuvor noch nie etwas gehört hatte, ließ nicht nur sie selbst über alle Grenzen hinauswachsen. Die Kreuzzüge führten allen Beteiligten vor Augen, welche Macht der „Wille Gottes" haben kann, wenn er denn zur rechten Zeit interpretiert klug allen Ahnungslosen gepredigt wird. So gelten die Kreuzzüge bis heute auch als politisches Lehrstück, das uns allen offenlegt, wie stark religiöser Glaube, Ideale und nicht zuletzt die Menschen selbst

---

Die Geschichte der Kreuzzüge hier ausführlich zu erzählen, ist schon allein aufgrund der Komplexität dieses Abenteuers nicht so einfach möglich. Allerdings ist dies von unserer Seite auch nicht zwingend nötig; haben sich doch bereits andere Anhänger der Geschichte dieser herausfordernden Aufgabe verschrieben. Einer von ihnen ist Adolf Waas.
Der im 20. Jahrhundert wirkende Historiker veröffentlichte mit seinem Werk „Die Geschichte der Kreuzzüge" eine vortrefflich wissenschaftliche und dennoch für den Laien spannend zu lesende Abhandlung. Das zweiteilige Buch wird heute im area-Verlag herausgegeben und ist ohne größere Schwierigkeiten über den hiesigen Buchhandel zu beziehen.
3-89996-450-0 lautet die dazu notwendige ISBN.

gegeneinander ausgenutzt worden sind und immer wieder werden können – im Interesse der ureigenen Selbsterhaltung, im Interesse höherer Politik und der Gier nach Macht und Geld. Das wird sich zu unseren Lebzeiten auch niemals ändern, komme, was wolle.

Die Geschichte der Kreuzzüge ist äußerst lang. Sie erzählt und umfasst dabei nicht nur die größtenteils feindseligen Zusammenstöße, die sich zwischen den nach Jerusalem ziehenden europäischen Kreuzrittern und den dort ansässigen Einheimischen auf das heftigste entladen haben. Die Geschichte der Kreuzzüge beinhaltet auch Erzählungen, die reich an Wundern, Erlebnissen und bitteren Enttäuschungen sind. Sie berichtet ferner über die Begegnung zweier mächtiger Kulturen, die gleichermaßen so einzigartig wie unterschiedlich waren, und über eine Zeit während der sowohl die Christenheit als auch der Islam voneinander und übereinander lernten. Dies wird zumeist unbeabsichtigt vergessen, wenn die Öffentlichkeit hin und wieder von der Vergangenheit eingeholt wird und in einer flüchtigen Diskussion auf die Folgen und die Narben der Kreuzzüge zu sprechen kommt. Dabei handelt es sich tatsächlich um Narben sind es tatsächlich,.denn Ereignisse wie die Kreuzzüge hinterlassen Spuren, die keinesfalls so schnell verschwinden.

Es sind vor allem die Ursachen dieser für die damalige Zeit einzigartigen Expedition, welche im Zusammenspiel mit ihren lokalen und landübergreifenden Auswirkungen das ganze Geschehen erst greifbar gemacht haben. Bis heute sind uns diese Eindrücke erhalten geblieben. Sie haben die Zeit überdauert und Geschichte geschrieben. die auf keinen Fall vergessen werden dar. Möge sie uns das Wissen darüber auf alle Zeit erhalten bleiben und samt seiner Hintergründe und Zusammenhänge eine Mahnung sein: Niemals sollen sich die Bewohner dieser Erde in einem endlosen Krieg um den wahren Glauben selbst zerfleischen, denn kein wahrer Gläubiger, und erst recht kein Gott in diesem unserem Himmels würde dies ernsthaft haben wollen.

Der Begriff „Kreuzzug" definiert im Allgemeinen eine bewaffnete, von religiösen und auch politischen Motiven geprägte Heerfahrt christlicher Ritter in Staaten außerhalb des ihnen bekannten Kulturkreises. Die Zielsetzung eines jeden derartigen Unternehmens war zumeist von vielen Faktoren geprägt; in der Regel aber hatte die Bekehrung der einheimischen Bevölkerung zum Christentum, die Erweiterung der räumlichen Einflusssphäre und ein Zugewinn an ökonomischen Werten oberste Priorität für die an den Kreuzzügen beteiligten weltlichen und geistlichen Teilnehmer. Und obschon es auch Heerfahrten der Christenheit nach Osteuropa, nach Spanien und in Skandinavien gegeben hat, so wird mit den Kreuzzügen zuerst der Einmarsch der europäischen Ritterschaft in das Morgenland gemeint – ein selbst in der Geschichtswissenschaft weit verbreitete Gewohnheit, der auch wir uns in diesem Kapitel thematisch bedienen.

Anfang und Ende der abendländischen Kreuzzüge sind natürlich genaustens dokumentiert. Nach Deutung der überlieferten Fakten und Zahlen begann das langjährige Abenteuer der abendländischen Ritterschaft im Juli des Jahres 1095 mit dem Aufruf des Papstes, Urban II., und endete im Mai 1291 mit dem Fall der von den Christen lange Zeit besetzten Stadt Akkon. Mit dieser Niederlage verloren die abendländischen Kreuzfahrer ihren letzten großen Stützpunkt im Heiligen Land und wurde so von den einheimischen Muslimen nach der 200jährigen Epoche einer vorübergehenden Anwesenheit für alle Zeit davongejagt.

Die Kreuzzüge dauerten vom Ende des elften bis zum Ende des dreizehnten Jahrhunderts an. Sie waren in insgesamt sieben großen Heerfahrten organisiert und wurden praktisch von einer Vereinigung Tausender Ritter umgesetzt. Eine Koalition von Frauen und Männern aus allen Schichten der Feudalgesellschaft nahm gemeinsam mit der Ritterschaft an jenen Kreuzzügen in den Orient teil. Der Großteil der aus dem Abendland aufgebrochenen Abenteurer sah seine alte Heimat aber Zeit seines Lebens nicht mehr wieder. Oft gelangten sie nicht einmal bis an ihr Ziel. Alle Beteiligten dieser militärischen Unternehmung, sowohl Kreuzzügler als auch die Einheimischen im Nahen Osten, zahlten einen entsetzlich hohen Preis dafür. Die Opfer gingen in die Zehntausende. Die ausgezogenen Ritter, Bauern, Kinder und Kaufleute ordneten ihr Leben einfach allem unter: dem rechten Glauben, der Aussicht auf Erfolg, dem Wunsch nach Veränderung und der Sehnsucht nach materiellem Reichtum. So viele Beweggründe, in den Orient zu ziehen, hatte es in der Ritterschaft tatsächlich gegeben. Dieses zumeist aber materielle Begehren brachte jedoch oft nichts anderes als Elend, Tod und tiefe Enttäuschung ein. Zu einem lang andauernden politischen und für das Abendland historisch phänomenalen Erfolg führten die Kreuzzüge entgegen aller blauäugigen Erwartungen nicht.

Aus allerlei verschiedenen, aber nicht ausschließlich aus religiösen Gründen, wurden die Kreuzzüge im Hohen Mittelalter unternommen. Die Ritter Europas und die vorstehenden Adeligen aus Deutschland, aus Großbritannien und aus Frankreich, führten diese Abenteuer an. Vor allem jene Ritter waren es, die dem Ganzen Hoffnung gaben. Ihre Frömmigkeit und ihr Vertrauen auf Gottes Segen, gepaart mit einem unbeugsamen Willen, ließ sie auch die härtesten Strapazen ertragen und ermöglichte einen zeitweiligen, aber dennoch fragwürdigen Triumph, den Feldherren und Ritter, Bauern und Bürger sowie Frauen und Männer mit einem hohen Blutzoll bezahlten.

Am Beispiel des Ersten Kreuzzuges orientiert sich nun das nachfolgende Kapitel und schildert das Abenteuer der Ritter im fernen Morgenland. Unter Berücksichtigung der wichtigsten Fakten, die leicht ein ganzes Lexikon füllen könnten, bleibt das Hauptaugenmerk aber dennoch auf den adeligen Recken hoch zu Ross gerichtet. Überwiegend aus ihrem Blickwinkel heraus werden so die einzelnen Ereignisse erläutert, die Anstoß für den Beginn und das unwiderrufliche Ende der Kreuzzugsbewegung der lateinischen Christenheit waren.

Der Islam und das Byzantinische Reich

Bevor es zum Aufmarsch der Ritter und ihrem Zug in das Morgenland gekommen war, ereigneten sich zunächst eine Reihe machtpolitischer Verschiebungen im Raum des heutigen Nahen Ostens. Unter anderem waren es diese Ereignisse, die sich über einen Zeitraum von gut 50 Jahren abspielten und später als Ursache für die abendländischen Kreuzzüge und die Reise der Christenheit in das Herzland der islamischen Welt galten. Begonnen hat alles in der Mitte des elften Jahrhunderts, als die Seldschuken überraschend in den Vorderen Orient einfielen.

Bei den Seldschuken handelte es sich um ein dem Islam zugehöriges, türkischstämmiges Volk. Einst, in der Zeit des Frühen Mittelalters, zog es als Nomadenvolk noch durch die Steppen des fernen Asiens. Namensgeber dieses Volkes war ein Stammesherrscher namens Seldschuk, der in der Zeit der ersten Jahrtausendwende lebte. Seldschuk und seine zahlreichen Anhänger führten dann in der Folgezeit Krieg gegen andere türkische Stämme und waren aus den lokalen Auseinandersetzungen zunehmend als klare Sieger hervorgegangen. Ihre anhaltenden Erfolge hatten eine durchschlagende Wirkung, und bald war die militärische Macht der Seldschuken groß genug, um weite Teile des heutigen Irans und Iraks unter ihre Herrschaft zu bringen und das erste türkische Großreich in der islamischen Welt aufzubauen. Unter der Herrschaft von Sultan Alp Arslan (1063 - 1073) schließlich sollten die Seldschuken dann zum Höhepunkt ihrer Macht im vorderasiatischen Raum finden. Der Sultan schickte ganze Heerscharen aus, die im Osten wie im Westen Land und Macht für sein Volk gewinnen und sowohl die Christen als auch andere Muslime erbittert und ohne nachzulassen bekämpfen sollten.

Eines dieser Heere fiel alsbald in den Orient ein. Dieses Gebiet um das alte Palästina befand sich zu der damaligen Zeit noch unter der Herrschaft der arabischen Fatimiden, die sich den Seldschuken aber nicht gewachsen fühlten. Die Türken marschieren straff nach vorn. Sie eroberten einige der Städte und Provinzen und gelangten sogar bis nach Jerusalem, bevor sie schmale Streifen an der Küste einnahmen. Ihrer Machtergreifung vermochte sich niemand entgegenzusetzen. Die Seldschuken strömten zu Tausenden in die frisch eroberten Gebiete ihres Reiches und mischten sich mit ihrer Lebensweise unter die Kulturen der Araber, der Juden und der wenigen Christen, die trotz der langen islamischen Herrschaft im Orient verblieben waren und dort ein recht freies Leben führen konnten. Das Interesse der Seldschuken jedenfalls konzentrierte sich schließlich weniger auf die von den Arabern bewohnten Gegenden. Vielmehr richteten sie ihr Augenmerk bald mit allem Elan gegen die einzige noch greifbare Macht, die unter dem Vorzeichen der oströmischen Kirche die kulturelle Grenze zwischen Abendland und Morgenland zog – das Byzantinische Kaiserreich.

Das einst aus der Spaltung des Römischen Reiches hervorgegangene griechisch-orthodoxe Reich hatte so manchen Ansturm in seiner Geschichte unbeschadet überstanden. Niemand vermochte es bisher, die Erben Konstantins ernsthaft zu bedrohen. Weder die Bulgaren noch die Araber zur Zeit der Islamischen Expansion erzielten auf die Dauer einen anhaltenden militärischen Erfolg. Nun aber, zu Beginn des Hochmittelalters in

Europa, sah sich das Byzantinische Kaiserreich einer ernsthaften Bedrohung gegenüber. Die Angriffe der Seldschuken und die andauernden Konflikte mit den ebenfalls türkischen Petschenegen machten den oströmischen Kaisern schwer zu schaffen. In jähe Panik verfielen sie aber, als die Seldschuken in der Schlacht von Mantzikert den Sieg über die Heere von Byzanz errangen und sich anschließend um 1071 anschickten, ganz Anatolien zu besiedeln.

Von Jahr zu Jahr fühlte Byzanz nun seine Macht entschwinden. Bis förmlich vor die eigene Haustür, an der nordanatolischen Verwerfung – der geologischen Schnittstelle zwischen dem europäischen und asiatischen Kontinent –, erstreckte sich inzwischen das Herrschaftsgebiet der Seldschuken. Das Byzantinische Reich selbst hatte fast aufgehört zu existieren. Nicht viel mehr als die Festung Byzanz sowie ein Hinterland in der Ägäis verblieben noch in der Hand des Kaisers. Die Not war also groß. Und was passierte? Bevor es wirklich noch soweit kommen sollte, dass eine der ansehnlichsten Städte der Welt in die Hand von islamischen Heiden fiel, musste, falls nötig, ganz Europa einschreiten! Alexios I. jedenfalls zögerte nicht. Als amtierendes Staatsoberhaupt bat der Kaiser immer öfter seine Nachbarn im weströmischen Abendland in einem dringenden Appell um Schutz und Beistand in einer der am schwersten lastenden Stunde seines Lebens.

Die Gesuche des Oströmischen Reiches um gegebenenfalls militärische Hilfe erreichte zunächst die lateinische Kirche. Dem Klerus Westeuropas selbst waren diese alarmierenden Nachrichten keineswegs neu oder unbekannt. Bereits um 1056 hatte Byzanz schon einmal das Abendland um Unterstützung ersucht. Aus innenpolitischen Gründen aber sah sich der damalige Papst Gregor VII. außerstande, den oströmischen Kaisern beizustehen, zumal die tatsächliche Gefahr eines Vormarsches der Seldschuken für die Mehrheit des weltlichen und geistlichen Adels zu dieser Zeit nicht völlig ersichtlich war. Byzanz wurde also allein gelassen, auch

Alexios I. Komnenos, geboren im April 1048, war einer von etwa 82 Herrschern in der Geschichte des Kaiserreiches Byzanz. Alexios hatte zunächst als Offizier Dienst in der Armee geleistet, bevor er mit deren Hilfe um 1081 den bis dato amtierenden Herrscher vom Thron verstieß. Hauptaufgabe seiner Regierungszeit war unter anderen die Aufrechterhaltung der Herrschaft Byzanz' über Kleinasien, die nach dem Einfall der Seldschuken im 11. Jahrhundert immer mehr gefährdet wurde. Seine große Hoffnung, in den westeuropäischen Kreuzrittern willfährige Verbündete im Kampf gegen die Seldschuken zu gewinnen, erfüllte sich dabei nicht. Die verlorengegangen Territorien des alten Oströmischen Reiches wurden durch die Kreuzzüge des Abendlandes nicht wieder zurückgeholt.

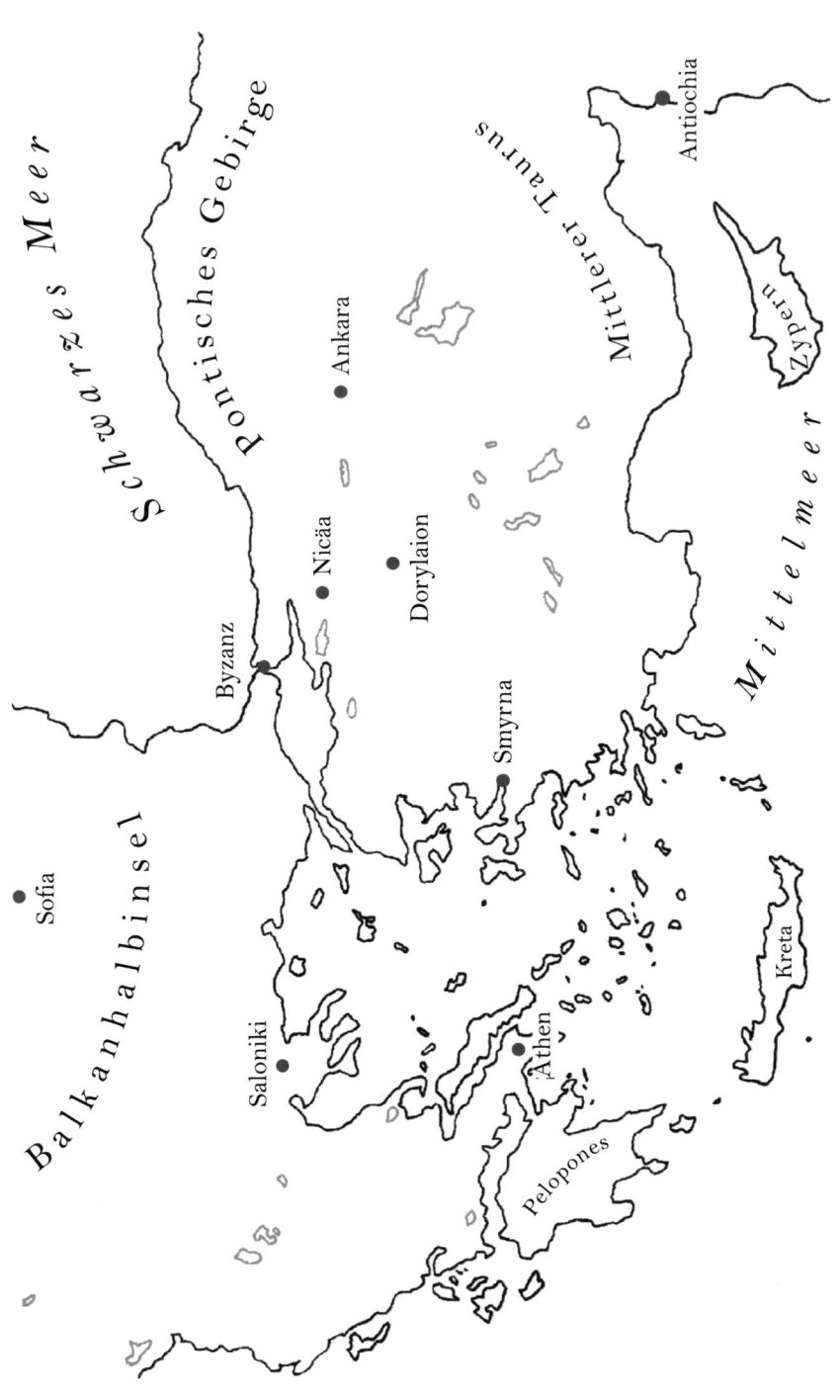

Das Kerngebiet des Byzantinischen Reiches kurz vor Beginn der Kreuzzüge.

deshalb, weil es zunächst Wichtigeres gab, um das man sich im Abendland kümmern musste, wie zum Beispiel die politischen Konsequenzen aus dem Investiturstreit und dem „Gang nach Canossa". Damit auf Dauer fertig zu werden und eine nochmalige Eskalation im ewigen Streit zwischen der geistlichen und weltlichen Macht zu verhindern, das hat sowohl den Adel als auch die Kirche die meiste Zeit über beschäftigt.

Jahrzehnte später aber hatte sich die politische Ausgangslage einmal mehr geändert. Nun waren die Seldschuken tatsächlich bis nach Byzanz gekommen, und wieder einmal rief das Reich um Hilfe. Zu dieser Zeit, um 1094, leitete Papst Urban II. die weströmische Kirche und erfuhr so als Erster von den Nöten Ostroms und dem Schreiben Alexios I. Der Kaiser von Byzanz verwies darin auf seine ureigenste Lage, aber der Papst dachte darüber hinaus auch an Jerusalem. Denn dort befand sich neben den christlichen Stätten selbst die ebenso bedeutsame Klagemauer. Das heilige Land aber wurde nun von den Seldschuken kontrolliert, die zahlreichen Gerüchten nach allen christlichen Pilgern den Zutritt dorthin immer mehr erschwerten. Es war sogar die Rede von Überfällen, die von unbekannten Wüstenkriegern unter Billigung der seldschukischen Sultane im Umkreis von Jerusalem verübt worden sind.

Papst Urban II. durchdachte erst einmal die Situation. Natürlich stellten die Seldschuken eine Bedrohung dar, natürlich erzürnte es auch ihn als den Stellvertreter Gottes auf Erden, dass die Anhänger des Islams die Herrschaft über christliche Stätten innehielten. Was den Papst aber nicht erzürnte, sondern ihm im Gegenteil wie eine Gelegenheit vorkam, war die historisch einmalige Situation in den kirchlichen Beziehungen von Ost und West. Zum ersten Mal in seiner Geschichte nämlich hatte das Byzantinische Reich um Einmischung von außen ersucht. Zum ersten Mal hatten die oströmischen Kaiser die weströmische Kirche offen und ohne irgendwelche Bedingungen zu stellen dazu aufge-

Wesentlicher Hintergrund des Investiturstreites war der Kampf um die politische Macht im HRR Deutscher Nation, der im Jahre 1076/77 zwischen der weltlichen und geistigen Macht in Person des deutschen Königs, Heinrich IV., und dem Papst Gregor VII. ausgetragen worden ist. Der Papst hatte die katholische Kirche von der Deutungshoheit des Adels lösen wollen und in seinen Thesen u. a. die geistliche Macht über die weltliche gestellt: Von nun an dürfe nur noch derPapst allein über die Einsetzung, die Investitur, von Erzbischöfen entscheiden. Heinrich IV. wiederum sah darin seine politische Existenz bedroht, und widersprach der päpstlichen Aufforderung aufs Schärfste. Daraufhin sprach Gregor den Kirchenbann über Heinrich IV. aus und entband damit sämtliche Untertanen von ihrem Lehnseid. Der König aber machte aus seiner Not eine Tugend, und begab sich auf eine Reise zur italienischen Burg von Canossa, wo er es letztendlich – im Büßergewand vor dem Burgtor knieend – erfolgreich vermochte, den Papst um die Aufhebung des Kirchenbannes zu ersuchen.

rufen, seinen Glaubensbrüdern zu Hilfe zu eilen. Dies war einmalig! Urban II. sah *die* Gelegenheit, die Kirche des Westens mit der Kirche des Osten zu versöhnen und mithilfe einer starken, wiedervereinigten Kirche das ganze Abendland nach deren Interessen lenken zu können! Welche Aussicht, welche Gelegenheit, die ganz sicher so schnell nicht mehr wiederkommen würde!

Der Papst hatte keine andere Wahl (haben wollen). Nur von ihm allein durfte das Zeichen für den Aufbruch kommen. Nur wenn sich die Kirche an die Speerspitze einer Bewegung stellen würde, die zum Ziel hätte, die Seldschuken vor Byzanz zu vertreiben und die heiligen Stätten im Orient wieder heimzuholen, könnte sie auch im Anschluss daran den führenden Anspruch darauf erheben und als wegweisende Institution die Gesellschaft des Mittelalters umkrempeln beziehungsweise darin entscheidend mitreden. Das war es also, worauf es Urban II. ankam. Allein diese einmalige Aussicht, hier und jetzt die Kirche zu stärken, hatte den Papst im Jahre 1095 am Ende davon überzeugt, dem Kaiser von Byzanz und seinem dahinsiechenden Reich doch endlich zu Hilfe zu eilen und ihm dabei die bewährteste, schlagkräftigste und zugleich auch leichtgläubigste Truppe zur Seite zu stellen, die das Abendland im 11. Jahrhundert zur Verfügung hatte – die Ritterschaft.

Der Aufmarsch der Ritter

Von den heimlichen Hintergedanken Urbans II. erfuhren die Ritter natürlich nichts. Im Prinzip durchschaute wohl niemand den Papst, als dieser schon bald in die französische Stadt Clermont einritt und auf dem dortigen Konzil vom 18. bis 28. November 1095 die bewaffnete Pilgerfahrt predigte – deren Ziel es war, die Seldschuken zu bezwingen und Jerusalem wieder von ihnen zu befreien. So verlautete es zumindest offiziell. Von den Planspielen einer starken Kirche hingegen durfte niemand etwas mitbekommen. Dass Urban II. intrigierte, log und die Wahrheit verbog, war für mittelalterliche Verhältnisse völlig normal. Ohnehin erschien dem Papst kein Opfer zu groß. In seinen Augen galten die Ritter nur als das Mittel zum Zweck. Die Reiter des Königs brauchten darum auch nicht alles zu wissen und sollten lediglich dürftig, aber dennoch in mitreißenden Worten, aufgeklärt oder besser hereingelegt werden.

Die wohl in flammenden Tönen gehaltene Rede von dem Einfall der Seldschuken und der Besetzung der heiligen Stätten stieß allerorts auf offene Ohren. Nicht zu fassen, was der Papst da sprach! Dagegen musste unbedingt vorgegangen werden, und diejenigen, die dafür den Mut aufbrachten, sollten einen Lohn verdienen. Urban II. versprach deshalb allen, die das Kreuz nehmen würden, die Aufhebung aller kirchlichen Strafen. Den Sünden der Irdischen würde vergeben werden. Das zwar religiöse Gebote wie *„Du sollst nicht töten!"* es den Christen eigentlich verbot, einfach drauflos Gewalt anzuwenden, wurde geflissentlich übersehen und auf Umwegen entschuldigt. Schließlich gäbe es neben ungerechten auch gerechte Kriege und die – so interpretierten es jedenfalls die Kirchenoberen – würden es einem Christen erlauben, andere Menschen rechtlich und moralisch sauber(!) zu töten Außerdem hätten die Seldschuken zuerst die heiligen Stätten der Christenheit angegriffen. Sie bedrohten ferner die Verwandten im fernen oströmischen Reich und hatten dort christliche Schwestern und Brüder umgebracht, deren Tod zu rächen ohnehin die Pflicht eines jeden wahren Ritters sei. Der Aufruf des Papstes blieb nicht ungehört. Offensichtlich hatte die Rede alle Anwesenden in ihrem Inneren tief berührt. In eine wahre Begeisterung sollen die Menschen darum verfallen sein, die Waffen gezückt und in tief dröhnenden Chören gerufen haben: *„Deus le volt, meine Freunde – Gott will es so!"*

Die Kunde vom Aufbruch nach Jerusalem verbreitete sich rasch im halben Westeuropa. Fröhlich besungen, trugen erste Ritter sie von Ort zu Ort und warben Freiwillige für den bald kommenden Kreuzzug an. Gottes

Die katholische Kirche spielte im Mittelalter politisch gesehen eine weitaus größere Rolle, weit mehr, als es heutzutage üblich ist. Sie mischte sich offenherzig und ohne bescheiden zu sein in alle Angelegenheiten des alltäglichen und hoheitlichen Lebens ein. Erzbischöfe und Äbte kommandierten sogar eigene Armeen und hatten zuweilen Tausende Ritter unter ihr Kommando gestellt. Forschung und Wissenschaft befanden sich beide fest in kirchlicher Hand, und weit mehr als auf das Wort des Königs horchten die Menschen auf die Worte Gottes. Nur so ist es zu erklären, warum sich die Kirche unter der Führung ihrer Päpste für die Kreuzzüge in den Orient stark gemacht hat.

Der Glaube der Ritterschaft an einen Erfolg der Kreuzzüge sowie an die unbedingte Pflicht dieses Wagnis auf sich zu nehmen, hat weitreichende Wurzeln bis in das Innere der Kriegerkaste. Diesem Glaube liegt eine tiefe Frömmigkeit zugrunde; ein Versprechen gegenüber Jesus Christus und einer Lehre, zu jeder Zeit ein treuer Diener zu sein. Die Kraft, die aus dieser Gotteshaltung erwachte, ließ manche Ritter bis zum Äußersten gehen. Sie machte es dabei auch möglich, die Anstrengungen des Kreuzzuges ohne Klagen zu ertragen und das große Ziel nie aus den Augen zu verlieren.

Wille und der Wunsch des Papstes wurden gepredigt und von zahlreichen Äbten unter das gemeine Volk gebracht. Es sollte ein wahrer Sturm durch das Land fegen und alle – ob sie nun richtig kämpfen konnten oder nicht – dazu ermutigen, für das Wohl der Christenheit ihr Leben einzusetzen.

Vor allem in den Reihen der Ritterschaft war die Zustimmung für einen Kreuzzug ungemein hoch. Nicht jeder Ritter aber konnte sich ein solches Abenteuer leisten. Sie hatten zwar oft nicht die geringste Ahnung, wo sich Jerusalem überhaupt befand, dass aber Reisen im Mittelalter viel Geld verschlangen, das wiederum war den Rittern vollends bewusst. Denn dieses Geld hatte nicht jeder von ihnen. Die meisten Ritter verfügten nur über kleine Lehen, deren Erträge dementsprechend gering ausfielen. Das reichte gerade mal, sich selbst zu ernähren, an eine längere Reise und die dafür notwendige Versorgung war unter diesen Umständen allerdings überhaupt nicht zu denken.

Nicht wenige Ritter verkauften deshalb ihr Hab und Gut. Sie gaben damit den Besitz ihres Lehens auf und ließen sich auf diese Weise ausbezahlen. Von den erhaltenen Summen rüsteten die Ritter sich sowie ihre Untergebenen, denen sie die Teilnahme am Kreuzzug einfach befahlen, nach besten Kräften aus. Einige liehen sich auch Geld bei Freunden, ihren Lehnsherren oder – in seltenen Fällen – bei den Juden.

Doch genau den Juden wurde die plötzliche Begeisterung für den beabsichtigten Kreuzzug in das Morgenland zu einem bitteren Verhängnis. Denn mit der Lobpreisung auf die christlichen Tugenden nahm die Verachtung der Bevölkerung auf andere Glaubensrichtungen mehr und mehr zu – bis es schließlich vereinzelt eskalierte. In einigen deutschen Städten brachen so im Jahre 1096 wie aus heiterem Himmel fürchterliche Verfolgungen aus. Es geschah am helllichten Tag, in Köln, Trier, Xanten und Neuss. Gläubige Männer aus den Reihen der Bauern und Handwerker, die von der Kreuzzugsidee besessen waren, wüteten wie ein geistes gestörter Mob. Sie brachten mehrere Tausend Juden um, weil ihnen seit jeher schon die Mitschuld am Tode von Jesus Christus zugeschrieben wurde. Entsprechend grausam äußerten sich jetzt die Verfolgungen an ihnen.

Die Juden waren fast völlig hilflos der Wut ihrer einstigen Nachbarn ausgesetzt. Fassungslos mussten sie erleben, wie sich einstige Freunde nun mit Messern auf sie stürzten. Das vorsätzliche, mörderische Toben einiger Christen war zum Teil auch von der perversen Aussicht geprägt, dadurch sämtliche Schulden „auf einen Schlag" los zu werden!

Dieser Willkür konnte auf die Schnelle kein Einhalt geboten werden. Entgegen aller Vernunft und wider eigenen Wissens, mit den Juden doch jahrelang friedlich zusammengelebt zu haben, machten die grausam wütenden Christen auf entsetzliche Weise deutlich, dass Barmherzigkeit und Toleranz – christliche Werte, um es auf den Punkt zu bringen – augenscheinlich nicht mit ihrem Glaubensbekenntnis zu vereinbaren waren.

Seit dem Aufruf Papst Urbans II. zur bewaffneten Pilgerfahrt sind inzwischen mehrere Monate vergangen. Währenddessen sammelten sich die Ritter des fränkischen Königreiches zur Abreise in das Morgenland. Sie erhielten dabei Zuspruch aus allen Teilen des Volkes. Und nicht nur jene bewaffneten Männer, sondern auch Bauern, Taugenichtse und Halunken waren von der Kreuzzugsidee fasziniert. Sie sammelten sich an mehreren Orten in Frankreich und machten sich eigenständig auf den Weg ins Morgenland. Einer dieser Haufen wurde von einem Mann namens Peter von Amiens angeführt. Jener Mönch brach mit seinen Leuten noch vor den Rittern nach Jerusalem auf, wo der unorganisierte Zug aber niemals ankommen sollte, wie wir an anderer Stelle noch erfahren werden.

Das einfache Volk jedenfalls war begeistert bei der Sache. Allerdings hielt sich ausgerechnet die Obrigkeit aus dem ganzen Kreuzzugswahn bemerkenswert auffällig heraus. Dem Aufruf des Papstes, gegen die heidnischen Eindringlinge nach Jerusalem zu ziehen, verweigerten die Spitzen des Adels schlicht den Gehorsam. Weder der König noch die führenden Herzöge Frankreichs ließen sich auf dieses Abenteuer ein. Aus gutem Grund, wie wir heute annehmen dürfen. Nur zu gut wird den hohen Herren bewusst gewesen sein, dass der geplante Kreuzzug nur Scherereien bringen würde, keinen Ruhm und erst recht keinen Frieden versprach. Obendrein waren Krone und Klerus einmal mehr zerstritten. Die Kaiser und Könige standen dem Heiligen Stuhl misstrauisch gegenüber, denn der Papst hatte wiederholt den Kirchenbann angeordnet.

Unter den rangniederen Adeligen wiederum fanden sich zahlreiche Grafen und Landesherren, die begeistert das Kreuz auf sich nahmen und allerorts in Frankreich die Ritter zusammenriefen. Sieben Adelige unter ihnen haben sich dabei besonders hervorgetan und die Geschichte der Kreuzzüge persönlich geprägt. Sie hießen Raimund von Toulouse, Hugo von Vermandois, Robert von der Normandie, Gottfried von Bouillon, Graf Balduin von Bologne sowie die Fürsten Tankred und Bohemund. Das waren also die Namen jener Würdenträger, nach deren Entscheidungen sich der Verlauf des bald ausbrechenden ersten Kreuzzuges auf Gedeih und Verderb richten würde. Diese sieben hohen Fürsten, die sich sowohl sehr gottesfürchtig als auch äußerst machtbewusst zeigten, führten nun die einzelnen Heere an.

Den aufgestellten Truppen der sieben französischen Fürsten schlossen sich auch zahlreiche freie Ritter an, die entweder auf Erlaubnis ihres Lehnsherren hin ausziehen durften oder sich schlicht selbst die erforderliche Freiheit herausgenommen hatten. Diese Armeen bildeten den Kern des ersten Kreuzzuges. Die Niederschriften einiger Chronisten und Zeugen jener Zeit beziffern die Stärke des Heeres auf über 300 000 Mann – eine schiere Übertreibung! So viele Ritter und Soldaten ließen sich doch gar nicht aufstellen, zumindest nicht in der Kürze der Zeit, die seit dem Aufruf von Clermont vergangen war. Hier darf den uns überlieferten Zahlen einmal mehr nicht geglaubt werden. Seriöse Schätzungen gehen daher von etwa 40 000 Mannen aus, die letztendlich den Marsch in den Orient auf sich nahmen. In Worten nochmals: Vierzigtausend kriegslüsterne Männer – und dazu ein Tross an Frauen und Alten; Gläubigen und Scharlatanen, die zu Tausenden demütig den Kreuzfahrern Folge leisteten. Worauf sie sich dabei allerdings eingelassen hatten – das ahnten sie alle zu diesem Zeitpunkt noch nicht.

Die Kreuzfahrer zogen schließlich von verschiedenen Standorten Frankreichs aus weiter bis nach Byzanz. Auf diesem Weg galt es die Alpen zu überwinden. Einige der Grafen nahmen dabei den Umweg östlich durch die Ländereien des Königreiches Ungarn, wo sie zum Teil Verhandlungen führen und Zugeständnisse an lokale Fürsten abzutreten, um eine sichere Passage in den Süden garantiert zu bekommen. Die anderen Abteilungen des Heeres wiederum schlenderten westlich an den Alpen vorbei. Nur die wenigsten Kreuzfahrer wagten den direkten Weg über das Gebirge.

Auf verschiedenen Wegen kamen die Ritter im Winter 1096 erstmals auf ihrer Reise zusammen und vereinigten sich vor den Toren der Stadt am Bosporus. Kaiser Alexios I. atmete auf. Das Abendland war gekommen, sein Gesuch wurde also erhört. Die Ritter und ihre Fürsten trat an zur Befreiung seines Reiches. Von Byzanz aus sollte der Kreuzzug starten, und nach wenigen Monaten eines Zwischenaufenthaltes, der von kaum nennenswerten Reibereien zwischen den Neuankömmlingen und den Einheimischen geprägt gewesen war, zog das vereinte Heer der Kreuzfahrer schließlich weiter gen Osten. Jenseits des heutigen Istanbuls marschierten die Kreuzritter nun in Anatolien ein und erklärten dort im Juni 1096 der muslimischen Welt jenen Krieg, der gut 200 Jahre wüten sollte und am Ende eines der umstrittensten, waaghalsigsten und folgenschwersten Unterfangen in der Geschichte der Welt darstellen sollte.

Bei dem Kirchenbann handelte es sich um eine kirchenrechtliche Sanktionsmaßnahme, um in den Augen der Kirche missliebig handelnde Personen in ihre Schranken zu weisen. Im Prinzip hatte der Bann den Ausschluss des Betroffenen aus der Glaubensgemeinschaft zur Folge und entband nach theologischen Vorstellungen auch alle bisher treuen Vasallen von ihrem geleisteten Amtseid. Erzbischöfe, Grafen oder Landesherzöge hatten beispielsweise demnach das Recht, ihrem kirchengebannten König oder Kaiser die Gefolgschaft zu verweigern. So ist es unter anderem während des Investiturstreits im HRR im Jahre 1076 geschehen.

Von Byzanz nach Jerusalem

Kaum auf der anderen Seite des Bosporus angelangt, stürzten die Ritter ihrem ersten Ziel entgegen. Die Stadt hieß Nicaea. Dort regierte Kilidsch Arslan. Er war der Sohn des um 1096 amtierenden Herrschers des Seldschuken-Reiches. Als er vom Eintreffen der ersten Kreuzfahrer Kenntnis erhielt, blieb der Sultan zunächst weiter gelassen. Er sah in den Kreuzrittern keine Gefahr, sondern hielt sie für ebensolche Versager wie jenen Haufen an tumben Bauern, der schon ein Jahr zuvor versucht hatte, still und leise durch Anatolien zu gelangen. Diese Ansammlung von gut 20 000 Krämerseelen ließ Arslan jedoch abfangen und sie mühelos zerschlagen. Nur die wenigsten der völlig ahnungslosen Männer entkamen dem Tod und der Sklaverei – unter ihnen auch der Anführer dieses Bauernhaufens, Peter von Amiens, der Mönch aus der Picardie.

Die Kreuzritter allerdings, die waren kein solcher Haufen. Als sie im Mai 1097 nach Nicaea gelangten, wähnte sich Kilidsch Arslan noch immer in Sicherheit. Er glaubte den Berichten seiner Späher nicht, die ihn von einem bewaffneten und kampfstarken Heerbann warnten. Der Sultan erkannte also nicht, dass die Kreuzfahrer eine starke Kavallerie und Zehntausende kriegserfahrene Soldaten mit sich führten, die alles andere als leicht zu besiegen wären. Ahnungslos, vielleicht auch ein wenig desinteressiert, rief er dennoch ein starkes Heer zusammen – noch immer beseelt von der irrigen Annahme, es zum zweiten Mal in diesem Jahr mit einem wehrlosen Tross zu tun zu haben.

In einer offenen Feldschlacht, kurz vor den Toren von Nicaea, kam es dann zwischen den einheimischen Muslimen und dem anrückenden Kreuzfahrerheer zur feindseligen Begegnung. In Scharen fielen die Türken über die christlichen Ritter her. Nachdem sie all ihre Pfeile abschossen, zückten sie die Säbel und spornten ihre Pferde, und stellten sich, ohne mit der Wimper zu zucken, den vorrückenden Rittern entgegen.

Nicaea, einstmals unter dem Namen Antigoneia begründet, erlange in der Vergangenheit immense Bedeutung für die Christenheit, als die Kirche die Stadt am Iznik-See als Austragungsort zweier großer, ökumenischer Konzile (325 und 787) auserwählte. Im Jahre 1077 eroberten die Seldschuken Nicaea und machten es zur Hauptstadt ihres Reiches. Später, lange Zeit nach Ende der Kreuzzüge, gehörte Nicaea zum Osmanischen Reich und ist heute als Kleinstadt unter den Namen Iznik bekannt.

Tja – und das war ein wirklich grober Schnitzer, weil nach dem Aufprall der Heere blieb kaum noch jemand am Leben blieb. Der Angriff der Türken gegen die eisenbewehrten Ritter endete in einem völligen Desaster. Die völlig perplexen Seldschuken, die den durch Kettenhemden geschützten Rittern nur wenig anhaben konnten, wurden einfach über den Haufen gerannt. Die nachfolgende Schlacht mit den verbliebenen Einheiten verlief kurz und äußerst blutig. Danach waren die Türken fürs Erste besiegt, und mit ihnen Kilidsch Arslan.

Die Eroberung und zeitweise Besetzung von Nicaea gelang den Kreuzfahrern mithilfe der Byzantiner. Anschließend zogen die Ritter aus dem Abendland weiter. Ihr Weg führte sie nun in Richtung der antiken Stadt von Dorylaeum, dem heutigen Eskisehir. Dort waren die Kreuzfahrer eine Zeit lang von den Bergketten des anatolischen Hochlandes eingeschlossen. Diese boten nicht sehr viel Bewegungsspielraum für eine solch große Anzahl an Männern, weshalb die Ritter ihr Heer in zwei Säulen aufteilen mussten. Das war klug und wirklich, denn auf einmal gab es Alarm. Die Seldschuken griffen an, und zwar aus dem Hinterhalt.

Kilidsch Arslan hatte den Rittern eine Falle gestellt. Erbost und entsetzt über seine Niederlage bei Nicaea, sann der Sultan nach bitterer Rache. Er gedachte nun, das Heer der Kreuzfahrer zu zermürben, indem er sie dieses Mal aus sicherer Entfernung unaufhörlich mit Pfeilen beschießen ließ. Wieder und immer wieder fegten die tödlichen Spitzen auf die Kreuzfahrer herab. Deren Heer konnte weder vor, noch zur Seite, noch zurück. Nur die gepanzerten Ritter hielten dem Hagel der Angreifer gerade so stand, bis sich ihnen die eine letzte Gelegenheit bot: Ein Ausfall war möglich! Denn es näherte sich Verstärkung.

Hörnerstöße aus den Bergen schmetterten ins Tal, und lenkten die Seldschuken für einen Moment lang ab. Tankred und seine Truppen eilten zu Hilfe. Die Türken wandten sich dem zweiten Heer der Kreuzfahrer zu, und als sie das taten, war es schon um sie geschehen.

Die Ritter, die bisher Deckung suchen mussten, eilten sofort los. Wie der Blitz sattelten sie ihre Pferden auf, rissen sie herum, stürmten vorwärts und stießen in die Scharen der Seldschuken, die vor Schreck nicht wussten, wohin sie denn nun zuerst zielen sollten. Wieder bahnte sich eine große Schlacht an, und wieder einmal war sie vom Nahkampf geprägt, dem die türkischen Mannen nicht gewachsen waren. Dieser Aspekt entschied letztendlich den Kampf und das seldschukische Heer wurde geschlagen. Wie viele der gut 30 000 Männer fielen, ist unbekannt. Die Kreuzfahrer jedenfalls eroberten deren Lager und erbeuteten dabei einen großen Schatz. Ihr Sieg fiel derart überwältigend aus, dass Kilidsch Arslan so schnell nicht wiederkam. Fortan vermied er jegliche Konfrontation. Erschrocken und gedemütigt aufgrund der hohen Verluste, zog sich der Sultan in Richtung Syrien zurück, und gab den Rittern aus dem Abendland kampflos den Weg durch ganz Anatolien frei. Vorerst wollte er keine weitere Niederlage riskieren, im offenen Gefecht gegen die Franken riskieren.

Die Freude über den errungenen Triumph währte aber nicht lang. Denn nun standen die Kreuzfahrer vor den Weiten Kleinasiens, wo kein Baum und kein Strauch ihnen Schatten spendete und kaum ein Wasserloch sie vor dem Verdursten bewahrte. Hier war es selbst in den milden Monaten mitunter bis zu 30 Grad Celsius heiß, doch jetzt, im Sommer, noch um ein Vielfaches heißer. Den ortsansässigen Einheimischen, die an das Klima gewöhnt und entsprechend gekleidet waren, bereiteten die glühend heißen Sommertage sicherlich nur geringe Schwierigkeiten. Doch für ein aus Tausenden Männern bestehendes Heer, das schwere Lasten mit sich trug und dazu nur begrenzt Wasser vorrätig hielt, bedeutete die ungewohnte Hitze den sicheren Tod. Nur ein einziger Tag, an dem das unerfahrene Heer der prallen Mittagssonne ausgesetzt war, könnte sich äußerst fatal auswirken. Es mag für uns kaum vorstellbar sein, wie sich die nach Wasser keuchenden, hochrot angelaufenen Männer in hygienisch widerwärtigen Zuständen durch die endlosen und leeren Wüsten schleppten. Noch viel elendiger aber muss es all jenen Frauen ergangen sein, die sich – mal mehr, mal weniger freiwillig – den Kreuzfahrern aus Europa angeschlossen hatten. Für sie alle ging es nur sehr langsam vorwärts. Zwar griffen die Seldschuken die Ritter nicht weiter an. Jedoch vergifteten sie das Wasser in den Brunnen, so dass jeden Tag Dutzende, ja sicher Hunderte Frauen und Männer an Erschöpfung durch den Wassermangel oder durch die Hitze elendig verstarben. Unterstützung etwa aus Byzanz gab es nicht. Gut drei Monate benötigte das Heer, um Anatolien erst einmal hinter sich zu lassen. Wie viele Kreuzfahrer auf diesem langen Weg ums Leben kamen, ist indes nicht bekannt geworden. Denn niemand hat sie allen Ernstes gezählt.

Nach diversen, kurzzeitigen Eroberungen auf ihrem Marsch durch Anatolien, erreichte das Heer aus dem Abendland dann im Oktober 1096 die erste große Herausforderung seit Nicaea. Nahe dem Fluss Orontes erhoben sich die Mauern der antiken Stadt Antiochia. Die Ritter aus dem Abendland waren dabei nicht die Ersten, die um diese gar gewaltige Stadt kämpften. Schon Jahre vor ihrer Ankunft, während der Herrschaft der Araber und der Türken, lieferten sich mehrere ansässige Machthaber miteinander blutige Fehden um diesen altehrwürdigen Ort. Auch Armenier und Byzantiner versuchten einst hier ihr Glück. Sie alle hatten mit den gleichen Schwierigkeiten zu tun, und zwar mit den hohen, nahezu unüberwindbaren Mauern, die Antiochia rundum schützend und ziemlich lückenlos einschlossen.

Als nun die Kreuzfahrer vor den Toren der Stadt ihr Heerlager aufschlugen, ahnte ihr Anführer Bohemund bereits, dass seinen Männern eine schwere Schlacht bevorstehen würde. Dabei waren es nicht nur die militärischen Aspekte, die es vor dem drohenden Sturmangriff zu berücksichtigen galt, auch die zunehmende Knappheit an Proviant machte den Rittern vor Ort zu

Der unumgängliche Zwang zu dürsten und nicht anders zu können als elendig zu hungern; die Tatsache, in den Händen einfach nichts zu Essen zu haben, das kann einen Menschen zur Verzweiflung bringen. Wenn es sich im Geiste um nichts an deres mehr als um Essen dreht, dann verspeist man in schierer Not selbst Gras und Kadaver, nur um die Hungerqual loszuwerden. So ist es eben auch jenen Rittern ergangen, die sich auf den Weg in das Morgenland aufgemacht haben und oft nur noch als Kannibale überlebten.

schaffen. Die türkischen Verteidiger von Antiochia wiederum waren erholt, gut verpflegt und in der Kriegsführung in ihrer Stadt im Vorteil, weil sie jeden Winkel der Anlage bestens kannten. Sie brauchten sich nicht um den Mangel an Wasser und um die wenigen wehrfähigen Männer zu sorgen. Das war ausschließlich ein Problem des anwesenden Kreuzfahrerheeres, das auf seinem inzwischen anderthalbjährigen Kreuzzug hohe Verluste zu verkraften hatte und mit den Gegebenheiten in den Weiten Anatoliens nicht vertraut war.

Die ersten Angriffe auf Antiochia verliefen darum auch wie befürchtet: Unter dem verheerenden Abwehrfeuer der muslimischen Verteidiger gelang es keinem der Ritter dauerhaft, sich auf den hohen Zinnen der vordersten Mauern festzusetzen. Wie Tonfiguren holten die Seldschuken sie von den Leitern. Da konnten sie nicht anders, als in Deckung zu gehen. Immer wieder ertönte das Signal zum Rückzug. Immer wieder galt es, die Verletzten zu bergen. Und immer wieder hieß es für die Überlebenden, auf Biegen und Brechen den Verstand auszublenden und sich nach vorne in eine selbstmörderische Attacke zu wagen.

Antochia am Orontes, so der vollkommene Name der altantiken Stadt, die von den Kreuzrittern im Jahre 1097 belagert wurde, ist heute als Antakya bekannt und eine Großstadt im Südosten der Türkei. Sie unterhält eine Städtepartnerschaft mit der bayerischen Ortschaft Aalen und beherbergt sowohl Muslime wie Christen und Juden als ihre Einwohner. Atakya, das nahe der Grenze zu Syrien liegt, erfüllt ferner als Hauptstadt der Provinz Hatay übergeordnete Verwaltungsaufgaben.

Die Belagerung zog sich allmählich hin. Im Winter 1097 litt das Kreuzfahrerheer mehr denn je nach akutem Mangel. Die den Kreuzfahrern wohlgesonnenen Bewohner der näheren Umgebung lieferten zwar an Proviant und Material, was sie entbehren konnten. Doch dies zusammengenommen war noch immer ganz einfach viel zu wenig – bedenkt man, wie groß das Heer der Ritter aus dem Abendland trotz der immensen Verluste noch immer war. So kamen trotz mancher Verzweiflungstaten, das Fleisch der toten Rösser zu verspeisen, Tag für Tag Dutzende Ritter entkräftet ums Leben. Sie starben nicht einfach, sie verreckten geradezu! Ein plötzlicher Ausfall der belagerten Seldschuken, der die Kreuzfahrer völlig unerwartet und äußerst hart getroffen hatte, zermürbte ebenso die Moral der Männer immer mehr. Allmählich kamen ernste Zweifel am Sinn und Nutzen dieses Kreuzzuges auf.

Erst im Frühjahr des Jahres 1098 verbesserte sich endlich die Situation. Englische Schiffe brachten Baumaterial. Die Nahrungsversorgung gewann an Qualität und Regelmäßigkeit, und eines Abends betraten unerwartete Gäste das Gemach von Bohemund. Sie stellten sich als Gesandte der arabischen Fatimiden vor, die ihm, dem Befehlshaber der christlichen Truppen vor Antiochia, einen Kompromiss anboten: Sie würden den Kreuzfahrern ganz Syrien und damit auch Antiochia überlassen, wenn diese im Gegenzug auf Palästina verzichteten. Ein Angebot, das auf den ersten Blick überlegenswert schien. Da aber diese Verpflichtung auch einen Verzicht auf Jerusalem bedeutete, konnte Bohemund den Tausch nicht eingehen. Immerhin war der ganze Kreuzzug erst begonnen worden, um die heiligen Stätten im Orient zurückzuerobern. Es wäre völlig absurd gewesen, sie jetzt – kurz vor dem Erreichen des großen Ziels – einfach wieder preiszugeben. Darum lehnte Bohemund das Angebot der Fatimiden entschieden ab, die sich nach einer gastfreundliche Bewirtung wieder auf den Heimweg nach Ägypten begaben.

Im Mai 1098 standen die Ritter vor Antiochia unter enormen Zugzwang. Ein Heer des neuen Seldschukensultans Kerboga kündigte sich an, um die Belagerung der Stadt mit einem Schlag zu beenden. Panik brach aus, denn allen wurde klar: Wollten die Christen nicht zerrieben werden, so mussten sie Schutz innerhalb jener mächtigen Mauern finden, gegen die sie seit Monaten verzweifelt anrannten. Nur darauf kam es jetzt noch an. Antiochia musste endlich fallen, und das um jeden gottverdammten Preis!

Bohemund war es, der diesen Preis zahlte, und zwar mit Gold und ein paar netten Worten. Dieser Ausdruck eines Dankeschöns erhielt Firuz, ein armenisch-christlicher Schmied, der inmitten von Antiochia zu Hause war. Dieser Schmied stand heimlich in Kontakt mit den vor den Mauern allmählich verzweifelnden Kreuzfahrern. Für das Bestechungsgeld, das sie ihm zahlten, bevor der Sultan mit der Verstärkung vor der Stadt eintraf, ließ Firuz am Abend des 2. Juni 1098 einen Teil der Mauern unbewacht. Das machten sich die Kreuzritter schließlich zu nutze. Nach einem kurzen Handgemenge überrumpelten sie die seldschukischen Wachen und ließen ihr Heer durch die nun geöffneten Tore strömen. Geschafft! Antiochia fiel. Die Kreuzfahrer nahmen die Stadt im Nu ein – und verfielen dabei in einen solchen Rausch, dass sie fast alle Muslime innerhalb der Mauern erbarmungslos abschlachteten. Bei diesem Massaker entluden sich zum Teil ein hasserfüllter Irrglaube und der über die Monate angestaute Stress der Ritter.

Nun war die Stadt zwar vorläufig erobert. Doch bereits zwei Tage später erschien Sultan Kerboga, und mit ihm ein gut zwanzigtausend Mann starkes Heer, welches danach lechzte, die Ritter und ihren Kreuzzug auszumerzen. Die Truppen riegelten Antiochia vollkommen von der Außenwelt ab, und jetzt gelangten weder Verstärkung noch Proviant in die belagerte Stadt. Den Kreuzfahrern drohte der sichere Tod. wenn nicht noch ein wahres Wunder geschieht.

Und um es auf den Punkt zu bringen: dieses Wunder geschah! Dabei spielte die vermeintliche Entdeckung der Heiligen Lanze, mit der angeblich Jesus Christus durchbohrt worden war, eine gewichtige Rolle. Denn durch sie – und Dank der List des Fürsten Bohemund – fanden die schon resignierenden Ritter noch einmal den Mut, sich den Seldschuken zu erwehren. Die Kreuzfahrer würden keine zweite Chance bekommen! Für sie hieß es nur noch: Drauf und dran! Also stürzten sie sich ins drohende Desaster.

Irgendwann in dieser tobenden Schlacht verfielen die Ritter auf einmal in Raserei. Berauscht vom Glauben und in der irrigen Annahme, die Schutzheiligen Gottes kämen von entlegenen Höhten zu Hilfe, sprengten sie förmlich das ganze Heer entzwei! Der Sultan und Truppe wurden mit reißenden Schwertern vom Platz geknüppelt und in alle Winde vertrieben. Was für ein fulminanter und unerwarteter Sieg!

Die Kreuzfahrer waren endlich erlöst, und mit ihnen das lang umkämpfte Antiochia. Die Stadt nahm Bohemund bald unter seine persönliche Führung, während der Rest des Kreuzfahrerheeres seine Sachen packte und weiter nach Jerusalem zog. Bohemund selbst blieb in der Stadt sitzen sitzen und begründete so ziemlich nebenbei das gleichnamige Fürstentum.

Mit Antiochia hatten die Kreuzfahrer inzwischen ihren zweiten, christlichen Staat im Orient errichtet. Der erste Kreuzfahrerstaat wiederum entstand bereits lange vor der Belagerung Antiochias; erstreckte sich nordöstlich davon und führte den Namen der Grafschaft zu Edessa. Über Edessa regierte ein anderer Anführer des hiesigen Kreuzfahrerheeres: Balduin von Bologne. Der zum Grafen ernannte Franzose herrschte bis zu seiner Ernennung zum König von Jerusalem über den flächenmäßig größten aller vier Kreuzfahrerstaaten. Dass Diese aber keine Zukunft haben und gut zwei Jahrhunderte später wieder Geschichte sein würden, ahnte zu dieser Zeit noch keiner der dort sesshaften Ritter.

Der Krak des Chevalier ist eine im heutigen Syrien befindliche, einstmals von Muslimen errichtete Festungsanlage, die Ende des 11. Jahrhunderts von den Kreuzfahrern in Beschlag genommen und den Ritter des Johanniterordens gut 140 Jahre später übereignet wurde. Für alle Zeiten uneinnehmbar geblieben, harrten hinter diesen großen Mauern noch die letzten Ritter aus, als die Kreuzzüge selbst schon längst vorüber waren.

Als Anfang Juni 1099 die Kreuzfahrer von den Spitzen des Ölberges aus hinüber auf Jerusalem blickten, müssen die Männer, so sagen es die Überlieferungen, vor wahrer Freude in Tränen ausgebrochen sein: „Gott der Allmächtige, gepriesen seiest du! Alle Opfer, welche wir dir brachten, sind also nicht umsonst gewesen." Sie hatten es geschafft, nach mehr als zwei Jahren Hölle in der Wüste. Jetzt war Jerusalem zum Greifen nah, und mit der Stadt auch all die anderen heiligen Stätten. Bald, so waren die Männer frohen Mutes, würde das Abendland wieder Herr über seine religiöse Geburtsstätte sein.

So also kamen den rauen, aber auch gottesfürchtigen Rittern vor lauter Ergriffenheit die Tränen, allerdings nicht nur aus tiefer Frömmigkeit heraus. Dem einen oder anderen von ihnen muss es ganz bang geworden sein, als sie sich den riesigen Stadtmauern näherten. Und gewiss wären dabei auch uns die Tränen gekommen: So eine Stadt nimmt man doch nicht im Handumdrehen ein! Da hilft keine Belagerung im eigentlichen Sinne, das läuft eher auf einen handfesten Krieg hinaus. Und dieser Belagerungskrieg wird viele weitere Opfer fordern – Hunderte Männer, wenn einiges schief geht, und Tausende Männer, wenn alles schief geht. Das Ziel der Kreuzfahrer, Jerusalem, war zwar schon zum Greifen nah – doch der Kampf um die Heilige Stadt noch immer nicht entschieden.

Die Reste des einst großen Kreuzfahrerheeres, welches vor den Mauern der Heiligen Stadt noch etwa knapp 13 000 Mann versammeln konnte, bereiteten sich nun auf die Erstürmung vor. Wie einstmals schon vor Antiochia waren die Kreuzfahrer vor Jerusalem dann mit den gleichen logistischen Engpässen konfrontiert. Die Truppe war im Grunde schon halbtot. Die Ritter fühlten sich körperlich und geistig ausgebrannt. Es mangelte an allem, aber vor allem an Wasser, an Proviant und an ausreichend Baumaterial für die zwingend notwendigen Belagerungstürme. Mit Bestechung war diese Stadt dieses Mal nicht einzunehmen, denn.kein heimlicher Überläufer konnte hier den Rittern die Tore öffnen. Denn aus Vorsicht hatten die Seldschuken nahezu alle christlichen Bewohner aus Jerusalem verbannt; um sicher zu sein, dass sie nicht ebenfalls durch Verrat in ihr Verderben stürzen. Die Kreuzfahrer mussten also die gut zwölf Meter hohen Stadtmauern erklimmen, die die muslimischen Verteidiger im Schutz der Zinnen mit Brandschleudern, griechischem Feuer, Bogenschützen und zahlreichen Katapulten besetzt hielten, um die Stadt bis zum Äußersten zu verteidigen.

Gottfried von Bouillon, Robert von der Normandie und die anderen Befehlshaber des Kreuzfahrerheeres wussten dies alles nur zu gut. Ihnen schwante schon die Katastrophe. Vielleicht empfanden sie Mitleid und tiefsten Respekt für ihre Männer, die sie schon bald in den Tod hinausschicken würden. Aber für persönliche Gefühle war es einfach nicht an der Zeit. Hier standen höhere Interessen im Vordergrund: Jerusalem musste für die Christenheit erobert werden. Man durfte im Grunde keine Zeit mehr verlieren, in der die Ritter zusehends schwächer und des Kampfes womöglich immer überdrüssiger wurden. Und weil sie befürchteten, dass die Verteidiger Jerusalems schon ziemlich bald Verstärkung bekommen würden, sahen sich die Kommandanten außerstande, nun noch länger abzuwarten, und peitschen am 7. Juni 1099 ihre Truppen aus den Zelten zum ersten Sturmangriff heraus.

Die lediglich mit Leitern und ihrer Rüstung ausgestatteten Ritter und Soldaten rannten in Wellen in ihr Verderben. Mit dem Tod vor Augen ging es gegen die Mauern von Jerusalem. Die im Hintergrund aufgestellten Bogenschützen nahmen fortlaufend die Zinnen unter Beschuss, die wiederum unter der andauernden Gegenwehr der Seldschuken dem Sturmangriff der Kreuzfahrer mühelos standhielt. Die vorrückenden Christen scheiterten allesamt. Hunderte kamen qualvoll ums Leben, denn nach militätischen Gesichtspunkten war es völlig aussichtslos, derartige Mauern ohne Hilfsmittel zu erobern. Die von zwei Seiten auf Jerusalem durchgeführten Angriffe endeten für die abendlän-

Das sogenannte „Griechische Feuer", das nicht nur während der Belagerung von Jerusalem zum Einsatz gekommen war, stellt eine der am wirkungsvollsten eingesetzten Waffen in den Kriegen und Schlachten des Mittelalters dar. Es handelt sich dabei um eine spezielle Flüssigkeit, zusammengemixt aus verschiedenen Naturexakten, die in ihren Eigenschaften äußerst leicht entflammbar und mit Wasser oder anderen Flüssigkeiten nicht(!) wieder zu löschen waren! Verwendet wurde das Griechische Feuer als Brandbombe mithilfe von Katapulten oder auch als „Fahrbarer Flammenwerfer" an Bord von Kriegsschiffen. Die Wirkung jedenfalls, ob an Land oder auf See, war allenorts verheerend und ließ unter allen Beteiligten helle Furcht ausbrechen.

dschen Ritter darum immer wieder in einem fürchterlichen Desaster, und besonders schwer schlug der Sturmangriff vom 13. Juni fehl, der den Rittern noch einmal vor Augen führte: ohne Belagerungstürme und sonstiges schweres Kriegsgerät war diese Stadt einfach nicht einzunehmen.

Wer weiß, wie die Belagerung von Jerusalem wohl ausgegangen wäre, hätte sich den Kreuzfahrern nicht einmal mehr ein Wunder offenbart. Dieses Mal manifestierte es sich in Form von sechs christlichen Schiffen, die im Hafen von Jaffa einliefen und den Kreuzfahrern nicht nur Holz und Werkzeuge, sondern auch reichlich Proviant zum Überleben mitbrachten. Als ein weiteres Wunder war auch anzusehen, dass Kundschafter in Samaria – einem Gebiet im heutigen Norden des Westjordanlandes – auf einmal üppige Wälder vorfanden und deren Holz mit ins Heerlager zogen. Jetzt schaute es so aus, als würde dieses gewagte halsbrecherische Unternehmen, das doch schon beinahe am Ziel und auch so kurz vor der Niederlage stand, doch noch auf den letzten Mann gelingen. Im Heerlager vor Jerusalem baute man mit vereinten Kräften nun in höchster Eile die Belagerungstürme, und die Zeit drängte, als bekannt wurde, dass die Ägypter kommen würden und ein Heer bereits nach Jerusalem marschiert!

Bevor es aber zum Showdown zwischen den Kreuzrittern und den Verteidigern Jerusalems kommen konnte, musste den Männern Mut gemacht werden, wie es die Geistlichen im Heer befanden. Ohne ihren starken Willen, die Mauern zu erstürmen, könnten die Ritter niemals siegen. Jerusalem würde dem Ansturm standhalten. Deshalb sollten die Kreuzfahrer Buße tun, drei Tage fasten und um die Stadt herumziehen, auf das neun Tage später die Mauern wie von selbst einstürzen würden. Es ist nicht bekannt, ob nicht doch ein vernünftig gebliebener Ritter die Vorschläge als reinen Hokuspokus abgetan hat. Wir wissen nur, dass es tatsächlich soweit kam und die Kreuzfahrer am 8. Juli 1099 in einer Prozession barfuß um Jerusalem zogen.

Am 14. Juli aber schlug schließlich die große Stunde, und die Kreuzfahrer rückten zum alles entscheidenden Angriff aus. Mit zwei großen Belagerungstürmen, denen auch kein Feuer, kein Steinschlag und kein „Griechisches Feuer" etwas anhaben konnte, rollten die Ritter auf die Stadt los. Im Vorfeld waren alle Gräben zugeschüttet und der Platz vor den Mauern freigeräumt worden, so dass kein Stein und kein Bodenloch mehr den Weg der Belagerungstürme bremsen konnte. Der Turm des Grafen Gottfried von Boullion legte als erster an der Stadtmauer an, und dessen Ritter stürmten wie von Sinnen auf die Zinnen. Hart und kurz verliefen die Kämpfe. Die verzweifelte Gegemwehr der wieder einmal nur mit leichter Kampfmontur bekleideten seldschukischen Soldaten prallte an den Panzern der abendländischen Ritter einfach ab. Sogleich warem doe wichtigsten Mauerabschnitt in der Hand der christen Recken. Sie ließen sofort die schweren Tore heben und gaben das entscheidende Signal: Unter dem jauchzenden Kampfgeschrei stürmte das völlig entfesselte Heer nun mit klirrenden Schwertern in die Heilige Stadt.

Jerusalem wurde erobert – bloß wie! Dass sich Soldaten bekämpfen, die für den Krieg ausgebildet wurden, liegt einfach in der Natur der Sache. Wenn aber Soldaten und dann sogar Ritter, die einen Eid ablegten, die Schwachen zu beschützen, sich wie die Teufel benehmen und dann auf alles und jeden hemmungslos einschlagen und nicht einmal vor Kindern, Frauen oder Alten innehalten, dann ist das kein Kampf und keine Verteidigung, dann ist das nichts anderes als schierer Mord! Genau das haben die Kreuzfahrer in Jerusalem getan, nämlich gemordet und getötet, aus reinem Vergnügen! All die aufgestauten Gefühle, die Ängste, der Hochmut, die Sehnsucht und die Schmerzen entluden sich in den Gewaltverbrechen an der arabischen und türkischen Bevölkerung Jerusalems. Die Heilige Stadt hatte ihre Unschuld verloren. Erbarmen denjenigen, die dies miterlebten. An diesem Ort gab es länger keinen Gott, hier herrschte nur die pure Hölle auf Erden!

Orientalische Quellen und Chroniken geben die Opfer dieses Massakers in einer Höhe zwischen 30 000 und 70 000 Menschen an. Zweifel an diesen Zahlen gab es im Nachhinein häufig zu hören, wohl aber nicht an den Gräueltaten der ach so frommen, christlichen(!) Ritter. Niemand im ganzen Orient hat je das Massaker von Jerusalem vergessen. Was nützte es da, dass die Ritter umgehend Erlösung suchten und zu den ihnen so heiligen Stätten pilgerten, wenn doch ihre Hände mit Blut besudelt waren?! Was nützte es, wenn vielleicht drei der vier Ritter die Gewalt zu stoppen vermochten und einer Familie, einer Gruppen von Frauen oder den letzten Seldschuken in Jerusalem noch das Leben retteten! Das Morgenland hatte sich dennoch längst ein Urteil gebildet, und das vollkommen zu Recht: Ehre und Anerkennung den wenigen wahren Rittern, die trotz der Last des Krieges an ihren Werten festgehalten hatten! Verachtung hingegen sollte jene Kreuzfahrer treffen, die unter fadenscheiniger Begründung diese Reise antraten und von ihren Idealen abfällig wurden.

Wie sehr die christlichen Ritter nach der Einnahme von Jerusalem gewütet haben, hat ein der Nachwelt unbekannter Chronist mit wahrem Entsetzen festgehalten:

„In die Stadt eingedrungen, verfolgten unserer Pilger die Sarazenen bis zum Tempel des Salomo, wo sie den Unsrigen den wütendsten Kampf lieferten, so dass der ganze Tempel von ihrem Blut überrieselt war. Nachdem die Unsrigen die Heiden endlich zu Boden geschlagen hatten, ergriffen sie im Tempel eine große Zahl Männer und Frauen und töteten oder ließen leben, wie es ihnen gut schien. Bald durcheilten die Kreuzfahrer ...

Verlauf und Ende der Kreuzzüge

Mit der Eroberung Jerusalems, der Begründung des gleichnamigen Königreiches sowie der gleichzeitigen Ausrufung der Grafschaft Tripolis war der Erste Kreuzzug faktisch abgeschlossen. Die überwiegend aus dem Königreich von Frankreich gekommenen Ritter feierten im Namen des ganzen Abendlandes einen durchaus beispiellosen Triumph. Die eigentlichen Ziele dieses gefährlichen Unterfangens wurden ja auch zunächst erreicht: Die Seldschuken wurden vor Byzanz vertrieben, und die Heiligen Stätten der Christenheit zurückerobert. Nun konnten die christlichen Pilger wieder ungehindert an ihre Wallfahrtsorte ziehen. Augenscheinlich hatte also jede an den Kreuzzügen teilnehmende Partei zeitweise ihren Willen und ihre Wünsche erfüllt bekommen. Dies galt für das Byzantinische Kaiserreich ebenso wie für die gottesfürchtigen Ritter, und nicht zuletzt auch für die lateinische Kirche unter Papst Urban II., der vom Sieg der Kreuzfahrer in Jerusalem allerdings aufgrund seines frühen Todes nicht mehr erfahren hatte. Seine Politik, den Erfolg der Kreuzfahrer für die Machtausdehnung der Kirche zu nutzen, war damit vorerst abrupt vorbei.

Betrachtet man den Verlauf dieses Abenteuers ganz genau, dann wird ersichtlich, dass der Erste Kreuzzug nur unter großen Mühen und Strapazen, waghalsigen Versuchen in Momenten schierer Verzweiflung und durch enormes Glück lediglich zum Teil erfolgreich war. Wie leicht hätte die militärische Pilgerreise scheitern können! Nicht nur an den für diese Zeit unheimlich hohen Erwartungen, sondern schlicht an den organisatorischen und strategischen Vorbereitungen. So gab es weder ei-nen klaren Plan, in welche Richtung nach Jerusalem zu marschieren sei, noch war man sich über die Dimensionen dieses riesigen Abenteuers im Klaren. Auch hatten sich die chrsistlichen Ritter nicht oder nur unzureichend auf den zu erwartenden Widerstand vorbereitet. Die sicher sehr schnellen Reiter- und Pfeilattacken der Seldschuken fügten dem nach altritterlicher Manier ins Gefecht ziehenden Kreuzfahrerheer immer wieder schwere Verluste zu. Aus diesen taktischen Fehleinschätzungen hatten die Kreuzfahrer erst in den nachfolgenden Kreuzzügen hinreichend gelernt und dann verstärkt Wert auf Disziplin und eine wesentlich besser ausgerüstete Infanterie gelegt.

Ein weiterer organisatorischer Schwachpunkt des Ersten Kreuzzuges war der fehlende Oberbefehlshaber, dem alle Armeen hätten unterstehen sollen. Das Heer des Abendlandes setzte sich ja aus mehreren, bis zu sieben einzelnen Armeen zusammen, die alle jeweils einem anderen Fürsten hörig waren. Mehrere, voneinander unabhängige Truppen mögen im Einzelfall tauglich sein, etwa wenn es darum geht, verschiedene Ziele auf einmal zu erreichen. Während eines über Jahre andauernden Kriegszuges kommt es mit der Zeit aber oft zu Reibereien. Prioritäten ändern sich, Meinungen verhär-

... die ganze Stadt, sie rafften Gold, Silber, Pferde und Maulesel an sich, sie plünderten die Häuser. Dann glücklich und vor Freude weinend gingen die Unsrigen hin, um das Grab unseres Erlösers zu verehren. Am folgenden Tag erkletterten die Unsrigen das Dach des Tempels, griffen die Sarazenen an, zogen das Schwert und schlugen ihnen die Köpfe ab. Niemand hat jemals von einem ähnlichen Blutbad unter dem heidnischen Volk gehört. Scheiterhaufen gab es wie Steine, und niemand außer Gott kennt ihre Zahl." [...]

*Zitiert aus:
SPIEGEL Geschichte
09/2003
Eine Publikation aus
dem SPIEGEL Verlag
Rudolf Augstein GmbH.*

Die christlichen Ritterorden
zur Zeit der Kreuzzüge

Die in das Morgenland ziehenden Ritter teilten ihren Weg dorthin mit zahlreichen Pilgern die sich auf die mühvolle Reise zum Wallfahrtsort der Christen, nach Jerusalem, aufgemacht haben. Die Pilgerzüge waren dabei permanenter Gefahr ausgesetzt. Denn immerhin durchquerten sie das Land der Muslime, deren Einwohner die Christen nicht unbedingt willkommen hießen. Als nun die Ritter Europas Jerusalem besetzen, nahmen sie sich auch der unbewaffneten Pilger an und suchten nach einer Lösung, diese nicht nur vor Überfällen zu beschützen, sondern sie auch von ihren Wunden gesund zu pflegen. Dieses Ansinnen führten nach dem ersten Kreuzzug zur Gründung der geistlichen Ritterorden.

Bei den Angehörigen dieser Orden handelte es sich um äußerst gläubige Ritter, die in einer sittenstrengen Gemeinschaft ein mönchsähnliches Leben führten, das von Keuschheit, Frömmigkeit und vielen, zumeist klösterlichen Regeln geprägt gewesen ist und dessen wesentlichster Sinn darin bestanden hat, den christlichen Brüder und Schwestern in der Not beizustehen. Diese Fürsorge äußerste sich – neben Almosen und Obdach – vor allem in karikativen Tätigkeiten, die den Aufbau von Hospitälern – mittelalterlichen Krankenhäusern – umfasste und die Aufnahme von Kranken und Verletzen zum Ziel gehabt haben. Der maßgebliche Anteil aller Hospitäler im Morgenland befand sich in Jerusalem.

Jene fürsorgliche Haltung ist aber nur eine Seite der Ordensritter. Ihre mildtätige Einstellung in allen Ehren, handelte es sich bei den Angehörigen dieser doch immer noch um kriegsgeschulte Soldaten, die vordergründig des Kampfes wegen

Das Emblem der Templer

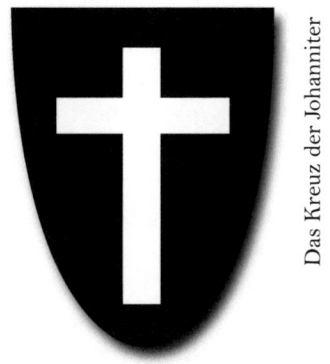

Das Kreuz der Johanniter

Ierosolimitani *und* Pauperes commilitones Christi templique Salomonici Hierosalemitanis – *Deutschherrenorden, Johanniter sowie Templerorden, und haben in der Politik der Kreuzfahrerstaaten im Heiligen Land mitgewirkt. Als diese durch innere Reibereien geschwächten christlichen Staaten unter dem Ansturm der Muslime glanzlos zugrunde gingen, nahmen auch die Ritterorden Abschied von der Illusion einer dauerhaften Herrschaft im Heiligen Land. So gingen die Ritter ihrer Wege; die Templer nach Frankreich, wo sie im Verlauf des 14. Jahrhunderts gewaltsam beseitigt worden sind; die Deutschritter nach Polen, wo sie an der Ostkolonisation teilnahmen; und die Johanniter nach Malta, wo sie sich unter Namen der Malteser zu neuen karikativen Aufgaben fanden.*

in das Heilige Land gekommen und somit eher als ein „militia christi", als Militär von Jesus Christus anzusehen sind, für dessen Werte sie gegen die Muslime kämpften. Oft genug mischten die Ritterorden darum in zahlreichen, erbitterten Auseinandersetzungen mit. Was für die allgemeine Ritterschaft zumeist von großem Nutzen war, galt in den Augen der Seldschuken und Sarazenen als ein ungläubiges Übel, dessen Mut man zwar bewundert hat, dessen Grausamkeit aber zutiefst verachtete, insbesondere jene der Tempelritter.

Unter der Aufsicht der katholischen Kirche fanden sich also zu Beginn des 12. Jahrhunderts zahlreiche Ritter in drei großen, namhaften Orden zusammen. Sie nannten sich künftig Ordo Teutonicus, Ordo Hospitalis sancti Johannis

Das Zeichen der Deutschritter

ten, Entscheidungen werden hinterfragt. Es beginnen Diskussionen. Die Strategie und Taktik der Kriegsführung gerät unter Beschuss, denn jeder weiß es besser oder will es allen beweisen. So war es auch während des Ersten Kreuzzuges vorgekommen, dass die sieben Befehlshaber der einzelnen Armeen sich nicht länger auf eine gemeinsame Vorgehensweise einigen mochten und zunehmend ihre eigenen Absichten verfolgten. Diese Haltung jedoch entzweit die zur Verfügung stehenden Truppen für einzelne Attacken und schwächt damit die Schlagkraft des Militärs im Ganzen.

Tankred von Tarent und Bohemund I. zum Beispiel hatten es als Erste vorgemacht – indem sie ihre Truppen in Teilen aus dem Kreuzfahrerheer herauslösten und die Herrschaft über die ersten Kreuzfahrerstaaten antraten. Die beiden fränkischen Fürsten zogen sich aus dem Kreuzzug quasi schon zurück, bevor die ursprünglich gemeinsame Aufgabe – die Heiligen Stätten in Jerusalem für die gesamte Christenheit zurückzuerobern – erledigt war. Diese Eigensinnigkeit schwächte das Heer. Denn unter der Führung eines alleinigen Befehlshabers, der sowohl in militärischer als auch in strategischer Hinsicht den Ersten Kreuzzug angeführt hätte, wären manch erbitterte und nur knapp an der Niederlage vorbeigeschrammte Schlachten zu anderen, nämlich für die Kreuzfahrer sicherlich günstigeren Bedingungen ausgegangen.

Einen rein formal bestimmten Anführer der Kreuzzüge gab es zwar: Erzbischof Adhemar de Monteil. Auf Wunsch des Papstes stand der ältere Kleriker dem Ersten aller Kreuzzüge vor, jedoch ohne das er mit weitreichenden Befugnissen ausgestattet war. Zwar verstand es der Vertraute Urbans II., die immer wieder rauflustigen, fürstlichen Befehlshaber an einer Tafel zu versammeln und versöhnlich zwischen ihnen zu vermitteln. Gegen die letztendliche Dickköpfigkeit der hartgesottenen und kriegserfahrenen fränkischen Grafen aber kam der Geistliche niemals so richtig an. Sein Einfluss auf den Verlauf und die Geschehnisse des Ersten

Kreuzzuges blieb unter Berücksichtigung aller Faktoren ohne dauerhaften Erfolg, auch wenn er vereinzelt manch größere Katastrophe verhindert haben wird.

Das trotz oder womöglich gerade aufgrund der hier genannten Schwächen der Erste Kreuzzug der abendländischen Ritterschaft mit einem schwer erkämpften Sieg für die Christenheit endete, ist wohl das Bemerkenswerteste an dieser von Gegensätzen, Irrwegen und menschlichen Tragödien geprägten Reise.

Natürlich hörte das Abenteuer der Christen mit der Eroberung von Jerusalem noch lange nicht auf. Aufgrund der zahlenmäßig überwältigenden Mehrheit von Arabern und Türken im orientalischen Raum, die sich das Eindringen der Christen in ihr Territorium nicht auf Dauer gefallen ließen, musste es zwangsläufig zu weiteren Kreuzzügen kommen. Dem Abendland war es lediglich gelungen, nur vorübergehend einen Fuß in die Tür zu setzen. Das Bestehen der vier Kreuzfahrerstaaten aber war nicht auf Dauer garantiert. Zu schwach war deren Verteidigung gegenüber derem muslimischen Nachbarn. Sehr schnell organisierten sich die ansonsten nicht immer zum vereinten Widerstand gegen die christlichen Eindringlinge. Vor allem der kurdischstämmige Fürst Salah ad-Din Yusuf bin Ayyub, genannt Saladin, führte die islamische Welt zu zahllosen Siegen über die Kreuzfahrerstaaten, die sich trotz der stetig nachfolgenden Ritter gegen die zahlenmäßige Übermacht der muslimischen Völker auf Dauer nicht behaupten sollten.

Allerdings hatte nicht jede Begegnung zwischen Christen und Muslimen Kampf und Krieg zur Folge. In den wenigen Zeiten eines unsicheren Friedens, der durch beide Seiten immer wieder gestört wurde, hatten die Menschen des Abend- und des Morgenlandes auch Gelegenheit, die jeweils andere Kultur kennenzulernen. Der Handel über die neu eröffneten See- und Landwege brachte zahlreiche Erneuerungen und Annehmlichkeiten mit in das alte Abendland, das zuvor der morgen-

Ein geistlicher, ziviler Würdenträger, der einen von militärischen Aspekten geprägten Kreuzzug anführen sollte?! Was hier ein wenig widersprüchlich klingt, ist an sich doch nachzuvollziehen. Denn jene Kreuzzüge waren ja Unternehmen, die sehr stark von der Frömmigkeit und dem Gottesglaube ihrer Teilnehmer getragen worden sind. Entsprechend dieser Auffassung sollte auch ein Geistlicher an der Spitze der Kreuzzüge die Gefühle und Ansichten der gottesfürchtigen Streiter lenken und leiten, und seine Erfahrungen in die organisatorischen Planungen einfließen lassen. Dies war so auch die Aufgabe des Erzbischofs und Papstvertrauten Adhemar de Monteil, der jedoch noch vor Ankunft der Kreuzfahrer in Jerusalem am 1. August 1098 in Antiochia verstarb.

Nicht nur Erwachsene, sondern sogar die Kinder, haben sich vom Fieber der Kreuzzüge anstecken lassen. Im Jahre 1212 machten sich Zehntausende Heranwachsende aus Deutschland und Frankreich auf den Weg nach Jerusalem. Ihre Herzen trugen fromme Wünsche. Was sie suchten, das war die Stimme Gottes, wohin sie wollten, das war die Freiheit. An ihr Ziel aber kamen sie nicht. Noch auf europäischem Boden nahe der italienischen Küste, löste sich der von Krankheiten, Heimweh und Unglücken geprägte Kinderkreuzzug auf. Die wenigen, die weiterzogen, wurden von den Seldschuken in Anatolien abgefangen und versklavt. Bitter enttäuscht machten sich die Überlebenden wieder auf den Heimweg und kehrten, ihrer Träume beraubt, wieder zurück in die Tristesse ihres trostlosen ländlichen Lebens.

ländischen Gemeinschaft in den Bereichen der Wissenschaft und der gesellschaftlichen Modernität durchaus unterlegen war. Hier hatte Europa noch aufzuholen. Der Ritter wiederum fand nun seinen Weg zu Gott. Den letzten ideellen Feinschliff erwarb er so durch seine Erfahrungen während der andauernden Kreuzzüge. Die Begründung der geistlichen Ritterorden im Orient war nur eine von mehreren Entwicklungen, die sich während der kommenden sechs Kreuzzüge immer wieder ergaben.

Der Triumph des Ersten Kreuzzuges wiederum, der ohne die Führung eines einzigen starken Mannes allein von der Zuversicht mehrerer Einzelner zustande kam, hinterließ einen enormen Eindruck im Abendland. So sahen sich dann im zwölften Jahrhundert auch die hohen Adeligen aus Deutschland und Großbritannien ermutigt, das Kreuz zu nehmen und an der Spitze ihrer mächtigen Ritterheere in das ferne Morgenland auszuziehen. Die Kreuzzugsbewegung war gesellschaftsfähig geworden. Händler, Adelige, Kriminelle auf der Flucht sowie Abenteurer und Ausgestoßene beteiligten sich daran. So gut wie jede Institution und jeder teilnehmende Feudalstaat des Mittelalters erhoffte sich vom Sesshaftwerden in den erst kürzlich begründeten Kreuzfahrerstaaten des Orients einen dauerhaft anhaltenden wirtschaftlichen, politischen und religiösen Erfolg. Die Erwartungen aller beteiligten Akteure stiegen ins Unermessliche. Dass am Ende weder das Kaiserreich Byzanz seine alte territoriale Macht wieder gewann noch die lateinische Kirche politisch erstarkte und die Kreuzfahrerstaaten selbst – unter dem Blutzoll Zehntausender erobert – später wieder zugrunde gingen, ist heute in der Geschichte der Kreuzzüge nachzulesen. Das einstimmige, bittere Fazit lautet so: Die Ideen, Absichten und Ziele hinter den Kreuzzügen waren schwer an der Realität gescheitert und hatten – vom wiedergewonnenen freien Zugang der Pilger zu den Heiligen Stätten einmal abgesehen – keinen wegweisenden Fortschritt erzielt.

Endgültig vorüber mit der christlichen Expansion ins Morgenland war es dann im 13. Jahrhundert, als die letzten noch zusammenhängenden christlich besetzten Gebiete durch ein geschlossenes Vorgehen der Muslime zerschlagen wurden. Vereinzelte gewaltige Ordensburgen verblieben zwar unbezwingbar im Lande, sie stellten aber länger keine Gefahr mehr für den von nun an dauerhaft islamisch geprägten Orient dar.

In dieser etwa 200 Jazhre andauernden Auseinandersetzung hatte letztendlich der Islam über das Christentum triumphiert. Zu einem vergleichbar langanhaltenden, kriegerischen und mehrere Kulturen stark beeinflussenden Zusammenprall ist es in unserer Geschichte bis heute nicht erneut gekommen. Dass derart auch in Zukunft nicht noch einmal geschieht, bleibt allerdings nur ein sehnsuchtsvoller Wunsch – angesichts der aktuellen politischen Lage im Nahen Osten, dem Orient des 21. Jahrhunderts, wo der Westen und der Osten mit verschiedensten ökonomischen, militärischen und geopolitischen Ambitionen brutal, rücksichtslos und verbrecherisch Kriege führen. ❡

Kriege und Fehden
im Abendland

Die Kreuzzüge hatten die europäischen Ritter in eine Fremde weit jenseits ihrer Heimat geführt. Praktisch gesehen ähnelten diese Abenteuer einem zeitgemäßen Auslandseinsatz – die Ritter kämpften an weit entlegenen Fronten für das Wohl und Werden ihres Landes. Nach erfolgreichem Abschluss ihrer Mission kehrten sie wieder nach Hause zurück und waren um so viele Erlebnisse und fremde Eindrücke reicher, das sie der unverhohlenen Bewunderung ihrer Mitmenschen sicher sein durften.

An der bewaffneten Pilgerfahrt in den Orient war aber nur ein geringer Teil der Ritterschaft beteiligt. Vielen adeligen Streitern nämlich war dieses Unterfangen sicherlich zu riskant. Sie verfügten auch nicht alle über das notwendige Vermögen oder waren schlicht in anderen Heerzügen gebunden, zu denen sie ihr Lehnsherr zuvor ausdrücklich verpflichtet hatte. Anderen Rittern wird der Friede in ihrer Nachbarschaft wiederum wesentlich wichtiger gewesen sein, als eine Heilige Stätte irgendwo in einer weit entfernten, trockenen Wüste zu befreien. Immerhin gab es keine generelle Verpflichtung, an den Kreuzzügen teilzunehmen – es sei denn, der Ritter gehörte später jenen Heeren an, die während des Zweiten und Dritten Kreuzzuges von den Königen und Kaisern in den Orient geführt wurden. Einem Kaiser Barbarossa oder Richard Löwenherz etwa werden sich die von Idealen geleiteten Reiter jedenfalls kaum ernsthaft widersetzt haben. Außerdem war ein Befehl ein Befehl, Gehorsam nun einmal Gehorsam; und das alles früher noch weit üblicher als heute.

Hauptschauplatz aller ritterlichen Abenteuer war letztendlich Europa. Überall auf dem hiesigen Kontinent hatten sich in der Zeit des frühen Mittelalters Feudalstaaten etabliert. Diese Königreiche waren sich zumeist nicht friedlich gesonnen. Im Hoch- und Spätmittelalter kam es zwischen den größten Mächten darum immer wieder zu zahlreichen Schlachten, die vereinzelt in langandauernde Kriege ausarteten.

In all diesen Auseinandersetzungen standen natürlich die Ritter an vorderster Front. Zusammen mit den ihnen untergeordneten Fußsoldaten, Bogenschützen und rangniederen Waffenknechten, setzten die adeligen Recken die Politik der Obrigkeit so mit anderen, kriegerischen Mitteln fort. Vom 12. bis ins 14. Jahrhundert sollte das Abendland kaum Ruhe finden. Die Ritter bekamen viel zu tun. Nicht nur auf fremdem Grund und Boden, sondern vordergründig auf dem Territorium der eigenen Lehnsherren gab es fortan Schlachten auszutragen und zahllose Fehden aus rein persönlichen Anlässen loszutreten. Es schien, als hätten sie selbst nichts gelernt – und als wäre die Feudalgesellschaft in ihrem Bemühen gescheitert, aus den wüsten Panzerreitern ehrbare und disziplinierte Männer zu schaffen. Das im Deutschen Reich bis ins 13. Jahrhundert geltende Faustrecht jedenfalls stand den Prinzipien des Rittertums im Grunde widersprüchlich gegenüber, wenn auch dadurch versucht worden war, im eigenen Reich mithilfe klarer Fehderegeln einen vorübergehenden, verbindlichen Frieden aufrechtzuerhalten.

Folgen wir also den Spuren der Ritterschaft durch einige Revolten in Europa und lesen wir in Auszügen von ihren dortigen Abenteuern. Wie schon in unserem Abriss über die Kreuzzüge wird auch in diesem Kapitel nur stichprobenartig auf die weiteren Geschehnisse im damaligen Europa eingegangen. Die Geschichte unseres Kontinents strotzt derart vor überlieferten Berichten über Schlachten und Kriegen, das man sie gar nicht alle nennen und erläutern kann.

Ein kleiner Überblick der vorhandenen christlichen Königreiche in Europa, die sich in der ritterlichen Blütezeit, im Hochmittelalter also, einen Rang und einen Namen machten: Das Heilige Römische Reich Deutscher Nation, die Königreiche von England, Dänemark und Frankreich. Die skandinavischen, inzwischen christianisierten Spitzenstaaten von Finnland, Norwegen und Schweden. Asturien im heutigen Spanien, das sich im Rahmen der Reconquista bald mit Kastillien vereinigen sollte, gehörte eher zu den kleinen Königreichen, wie auch der Dogenstaat Venedig und das Königreich Sizilien auf der sogenannten Stiefelinsel. Nahe der Grenze zum russischen Territorium, das zu dieser Zeit von slawischen Stämmen besiedelt wurden, breiteten sich zu guter Letzt noch das Königreich Ungarn sowie das Byzantinische Kaiserreich aus.

Die Reconquista der iberischen Halbinsel

Wissenschaftlich gesehen ist der Begriff Reconquista in der Neuzeit von der französischen Forschung eingeführt worden und steht für das Wort *„Rückeroberung"*. Allerdings findet dieser Begriff nicht in der fränkischen bzw. französischen, sondern viel mehr in der spanischen Geschichte Verwendung. Der Begriff wurde dort auch entsprechend „eingedeutscht". Ferner handelt es sich bei der Bezeichnung *Reconquista* nicht nur um eine schlichte Wortwendung, sondern außerdem um ein historisches Synonym, das eine gesamte Epoche sowie die Absichten des spanischen Rittertums mit einem Leitwort umschreiben sollte. Gemeint ist damit der von der Christenheit geführte Feldzug zur Rückeroberung des von den Arabern besetzten heutigen Spaniens.

Zum besseren Verständnis hilft uns ein kurzer Blick zurück in das achte Jahrhundert. Noch ziemlich bekannt und unvergessen dürfte an dieser Stelle sein, dass die iberische Halbinsel zu dieser Zeit von muslimischen Arabern besetzt worden war. Ihr Sieg über den Stamm der germanischen Westgoten, über den wir am Anfang dieses Buches berichtet haben, machte ihnen den Weg zur Machtergreifung frei. Wir wissen ferner bereits von den anschließenden Versuchen der Muslime, in das Kernland des Fränkischen Reiches vorzustoßen, und kennen durch die Schilderung der Schlacht um Tours und Portiers die Gründe für die Niederlage der Araber.

Nach ihrem Scheitern nördlich der Bergkette der Pyrenäen konzentrierten sich die Araber umso mehr auf das von ihnen beherrschte spanische Kernland, das sie seit dem Sturz der Westgoten fest unter ihrer Kontrolle hatten. Die Araber bauten ihre Machtposition nun noch weiter aus, indem sie nahezu die gesamte Insel unter die Herrschaft eines islamischen Staates stellen wollten – das Emirat von Córdoba.

Malerische Erzählungen, ja sogar ganze Legenden, rankten sich einst um dieses Reich, dessen geistige, technologische und humanistische Errungenschaften

Noch heute sind im spanischen Córdoba die Spuren der längst verblichenen, muslimischen Herrschaft sichtbar geblieben. Zu sehen ist dort die „Mezquita Catedrál", ein muslimisch-christliches Bauwerk mit herausragender Bedeutung für beide Religionen, und, als weiteres Veranschauungsbeispiel, die „Punto Romana", die Römische Brücke, die in ihrem althergebrachtem Baustil noch immer über den Guadalquivir führt, den mit 657 km fünftlängsten Fluss Spaniens.

ihren Zenit im Hohen Mittelalter erlangten und noch heute in höchsten Tönen von der Wissenschaft gepriesen werden. Und fürwahr, da ist tatsächlich etwas dran, denn Córdoba war beispielhaft. Das Emirat und spätere Kalifat wirkte äußerst vorbildhaft und zeigte der mittelalterlichen Welt, wie harmonisch doch ein Zusammenleben der Religionen möglich sein kann. Sowohl Christen, Altgermanen als auch die Muslime lebten in diesem Reich friedlich miteinander. Keine Glaubensansicht wurde zugunsten einer anderen unterdrückt. Freiheit und Freizügigkeit wurden groß geschrieben. Durch ihre gemeinsame Anstrengung schufen die Menschen in Córdoba einen der blühendsten kulturellen Orte dieser Zeit. Keine andere Gegend der Welt hatte einen vergleichbar phantastischen Vorsprung in Wissenschaft und gesellschaftlicher Entwicklung wie das arabische Reich auf der iberischen Halbinsel.

So vorteilhaft und harmonisch das Leben unter der Herrschaft der Araber auch gewesen sein mag, so unerträglich war es dennoch auch für das einzige noch vorhandene christliche Herrschaftsgebiet auf der Iberia. Das Fürstentum von Asturien hatte sich im äußersten Norden Spaniens, direkt unterhalb der Pyrenäen, allen Unterwerfungsversuchen höchst erfolgreich entgegengestellt und bereits im achten Jahrhundert den Arabern erhebliche Schwierigkeiten gemacht. Die kleinen Erfolge der christlichen Könige Austuriens, durch die sie ihr Gebiet immer wieder erweitern konnten, mündeten schließlich in dem frommen Wunsch, eines Tages wieder ganz Spanien für das Christentum vereinnahmen zu können. Verschiedene christliche Würdenträger und Institutionen vereinigten daher ihre militärischen Ressourcen und schlossen sich sie zu einer umfassenden Bewegung zusammen, die sich das heilige Ziel gesetzt hatte, die Araber von der iberischen Halbinsel endgültig zu vertreiben. Es fand also eine christlich-geprägte Rückeroberung von Spanien statt, die man in späteren Jahrhunderten die *Reconquista* nannte.

Die Reconquista ereignete sich also schon im Frühen Mittelalter, obwohl die ersten Erfolge noch spärlich gesät waren. Zu einer durchschlagenden Feldzug entwickelte sie sich somit erst mit Anbruch des Hohen Mittelalters, als mit dem Ritter eine der schlagkräftigsten Waffen vorhanden war, die man im Kampf für die Christenheit im heutigen Spanien einzusetzen vermochte. Nun mischte sich auch die Kirche ein und ernannte zu diesem Zweck Schutzheilige, die denen für die Rückeroberung aus ganz Europa angeworbenen Rittern als Vorbild dienen sollten. Einer davon war der Apostel Jakobus der Ältere. Er ist eine Figur aus dem Neuen Testament und gehört zu den erstberufenen Jüngern Jesu. Als Schutzpatron sollte er auch den frommen Rittern zur Seite stehen.

Die sogenannte „Rückeroberung" nahm zunehmend die Form eines von religiösen Motiven geprägten Feldzuges an, der dem Ansinnen der Kreuzzüge immer ähnlicher wurde. Sowohl in Spanien als auch im Heiligen Land kämpfte man um verlorengegangenen Besitz. Sowohl im Orient als auch im Okzident focht man um eine religiöse Vormachtstellung, und lud zahlreiche Ritter dazu ein, sich in geistlichen Ritterorden zusammenzuschließen. Während die Templer und Johanniter in Jerusalem verweilten, formierte sich zur Zeit der Reconquista unter anderem der Orden von Calatrava sowie der Orden von Montesa. Alle Ritter dieser frommen, aber kämpferischen Gemeinschaften standen für ein christliches Spanien ein. Der letztgenannte Orden blieb übrigens bis in die Gegenwart bedeutend und wandelte sich später in eine weltliche, hochkarätige Auszeichnung, die heute noch in Spanien verliehen wird.

Rechterhand zu sehen ist das heutige Spanien, in der klassischen Phase der Reconquista. Im Norden unterhalb der Pyrenäen gelegen, kämpfen die christlichen Königreiche ...

Der Ansturm der überwiegend spanischen Ritterschaft auf die muslimischen Verteidiger von Córdoba währte über Jahrzehnte lang. Sieg und Niederlage wechselten sich auf beiden Seiten wiederholt ab. Erst langfristig stellten sich vereinzelte Erfolge ein. Mit der Zeit drängten die Christen die Araber zurück. Das Land wurde zurückgeholt und ging wieder in die Hand des Abendlandes über. In der Folge erblühten auf diesem Gebiet weitere Königreiche; unter anderem die Reiche Aragon und Kastilien, unter deren Krone die tugendhaftesten Ritter für die Reconquista kämpften. Einer von ihnen war der Ritter Rodrigo Díaz de Vivar, genannt *El Cid.* Groß gewachsen und von stattlicher Statur, verkörperte er all jene Eigenschaften, die man von einem Ritter des Mittelalters erwarten durfte: Mut, Treue, Glanz und Freundlichkeit. Uneigennützig und voller Visionen kämpfte El Cid für ein christliches Spanien, obschon er auch zu den Mauren, einem Stamm der Araber, tiefe Verbundenheit empfand. Nicht immer war ihm dabei der Adel wohlgesonnen. Er fiel bei den Mächtigen in

... von Kastilien und Aragon mal zusammen, mal zerstritten und mal allein gegen die Araber für ein geeintes christliches Spanien. Im 15. Jahrhundert war es dann soweit, und die muslimischen Herrscher des Emirats von Córdoba wurden von Königin Isabella I. von Kastilien und König Ferdinand II. von Aragon besiegt.

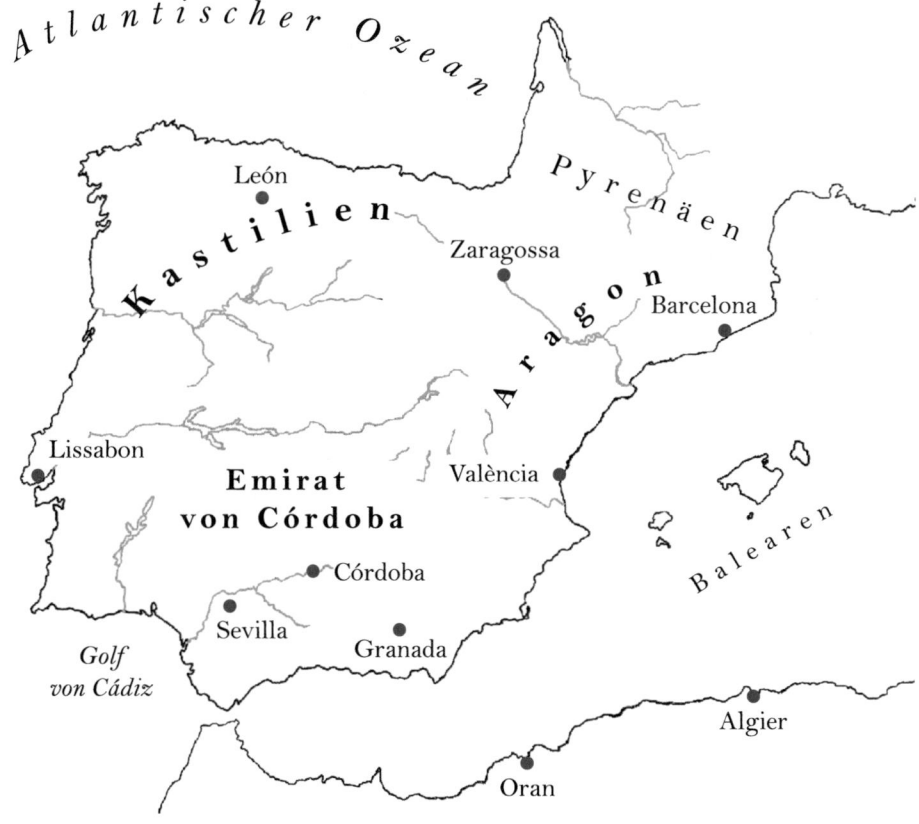

Rodrigo Díaz de Vivar war ein spanischer Recke und treuer Vasall der Krone des Königreiches Kastillien. Der Verfechter christlicher Werte fühlte sich allerdings auch den Mauren zugeneigt. So stand er in einem freundschaftlichen Verhältnis zum Emir Al-Mutamin und beeinflusste mithilfe dessen Unterstützung bei wechselseitigen politischen wie militärischen Erfolgen entscheidend den Verlauf der Reconquista. El Cid war verheiratet und hatte mehrere Töchter. Seine Herrschaft über Valencia, eine an der Westküste Spaniens befindlichen Hafenstadt, war in der Anfangszeit von starken Repressalien gegenüber den ihm nicht treu ergebenen Bürgern geprägt. Erst nach und nach sollte sich diese Haltung entspannen. Während der Belagerung von Valencia durch die Berber, wurde der Ritter durch einen Pfeil verwundet. An den Folgen dieser schweren Verletzung starb Rodrigo Díaz de Vivar schließlich am 10. Juli 1099 in den Armen seiner Gattin Jimena Díaz.

Ungnade. In die Verbannung geschickt, musste er sich zeitweise alleine durchschlagen, bis sich ihm andere Ritter anschlossen – sie hatten von seinen großen Taten gehört. Mit seinen treuesten Anhängern verließ er alsbald Kastilien. Zusammen mit den ihm brüderlich nahestehenden Arabern eroberte El Cid schließlich die Stadt Valencia. Dort harrte er aus, bis die Berber kamen, und fiel er auch, im Kampf gegen diese, am 19. Juli 1099. Rodrigo Díaz de Vivar gilt heute als einer der Nationalhelden Spaniens. Der amerikanische Schauspieler Charlton Heston machte den spanischen Edelmann zuletzt in der opulenten Historienverfilmung *„El Cid"* einem breiten Publikum bekannt.

Die Reconquista währte nach dem Tod des Cid noch lange Zeit. Die Schlagkraft der christlichen Ritterschaft brachte zwar immer wieder große Landgewinne ein, aber die Araber hielten verbissen am noch immer teils muslimisch geprägten Spanien fest. Erst 1492 sollte es damit vorüber sein. Mit dem Fall der Festung Grenada, ihrer letzten wichtigen Bastion, endete schließlich die Reconquista. Das Abendland trug den Sieg davon, nach über 500 Jahren. Von da an blieb ganz Spanien unter christlicher Herrschaft und stieg anschließend, mit Beginn der Neuzeit, zu einer See- und Weltmacht unter der spanisch-habsburgischen Dynastie auf.

Der Hundertjährige Krieg

Kein anderer Konflikt in der Geschichte der Menschheit hat derart an den Nerven der Bevölkerung gezehrt wie der hundertjährige Krieg hier in Europa. Diese Auseinandersetzung zwischen Großbritannien und Frankreich, die ganze Generationen von Söhnen und Vätern um ihr Leben brachte, ereignete sich im späten Mittelalter und bezeichnet zusammenfassend eine durch mehrere Ruhe- und Kriegsphasen geprägte wechselhafte Epoche, in deren Mittelpunkt ein hoheitlicher Streit um den Anspruch auf den Thron von Frankreich ausschlaggebend für alle kriegerischen Handlungen war.

Die Interessen mehrerer Konfliktparteien hatten dazu beigetragen, dass der Hundertjährige Krieg eine derart lange Zeit andauern sollte. Auf französischer Seite waren es vor allem verschiedene Adelsgruppen, die untereinander in Zwist gerieten, als sie darauf abzielten, den Einfluss im Staate zum Wohl der eigenen Sippe zu vergrößern. Weiterhin spielten neben dem eigentlichen Thronanspruch des fränkischen Adels auch jahrzehntealte, lehnsrechtliche Bestimmungen eine Rolle, nach denen sowohl die Könige Englands als auch die Herzöge von Aquitanien bei der Thronfolge in Frankreich ein entscheidendes Wörtchen mitzureden hätten.

Der einhundertjährige Konflikt wurde und wird von Historikern in drei unterschiedlich andauernde Phasen unterteilt, deren Rechtmäßigkeit andere Wissenschaftler wiederum heftig anzweifeln. Seinen konkreten Anbeginn jedenfalls fand der Krieg um 1328 mit dem Tode des französischen Königs Karls IV., der auch als Karl der Schöne bekannt gewesen ist. Da Karl leider keinen männlichen Erben für den Thron hinterließ und weibliche Adelige nicht erbberechtigt waren, konnte nur ein Verwandter aus einer familiären Seitenlinie den Thron Frankreichs besetzen. Mit dieser Entscheidung allerdings war wiederum Edward III., der amtierende König von England, nicht einverstanden, da auch er durch allerlei Verquickungen mit dem französischen Führungsadel verwandt war und so für die Thronfolge in Frage kam. Aufgrund dieser komplizierten Regelungen entwickelte sich jedenfalls ein handfester Streit, der ab dem Jahre 1340 in den Hundertjährigen Krieg mündete.

Besonders hervorgetan hat sich dieser Konflikt vor allem durch das lange Fehlen eines verbindlichen, staatlichen Herrschaftsmonopols. Die Krone Frankreichs war real gesehen überhaupt nicht existent, und so gab es auch keine zentrale Stelle, die anhand ihrer organisatorischen Möglichkeiten für die Sicherheit der eigenen Bevölkerung sorgen konnte. Viel zu schwach waren die französischen Herrscher, die keinerlei Verfügungsgewalt über große Teilen des eigenen Landes besaßen. Den englischen Rittern und Soldaten, die mordend und plündernd durch die Ländereien Frankreichs streiften, war somit einfach kein Einhalt zu gebieten. Dieser Gewalt waren die Menschen auf dem Lande hilflos ausgesetzt. Das französische Heer existierte faktisch kaum. Es musste immer wieder erst mühselig seine Kräfte sammeln und unterlag selbst dann noch in so mancher Schlacht den von den britischen Inseln kommenden, über Jahrzehnte lang einfallenden Invasoren.

Ein weiteres Merkmal der Kriege war die Entwicklung vergleichsweise moderner Waffensysteme. Der Einsatz von reitenden Panzerrittern erwies sich allmählich als überholt. Nun wurde der Kampf auch aus der Ferne ausgetragen. Dazu setzten vor allem die Engländer auf ihre berüchtigten Langbogenschützen. Diese Männer waren äußerst begabt darin, einen mannshohen Bogen zu spannen und seine Pfeile über eine Entfernung von bis zu 500m abzufeuern. Das war schier unglaublich! Einem einzelnen Pfeil konnte ein Recke bestimmt noch ausweichen, nicht aber jenen 30 000 Spitzen, die von den 6 000 englischen Bogenschützen in der Schlacht von Crecy auf das französische Heer abgefeuert wurden. Den Rittern Frankreichs war so nicht mehr zu helfen. Obschon die Franzosen – wie in anderen Schlachten auch – oftmals zahlenmäßig stark überlegen waren, scheiterten sie dennoch an der geschickten Kriegsführung der Engländer, den Wettereinflüssen und mitunter auch an ihrer fehlenden Moral. Diese konnte erst durch die Jungfrau von Orleans, Jeanne d'Arc, insofern wieder gestärkt werden, dass die Franzosen in der wichtigsten Phase des ewigen Kampfes noch einmal alle Kraft zusammennahmen, um den Engländern mehrere empfindliche Niederlagen und dem Krieg sein längst überfälliges Ende bescherten.

Der Hundertjährige Krieg war eine Auseinandersetzung, die sich ausschließlich zwischen den Feudalmächten von Frankreich und Großbritannien abspielte. Eine Einmischung von Seiten anderer Staaten Europas hat

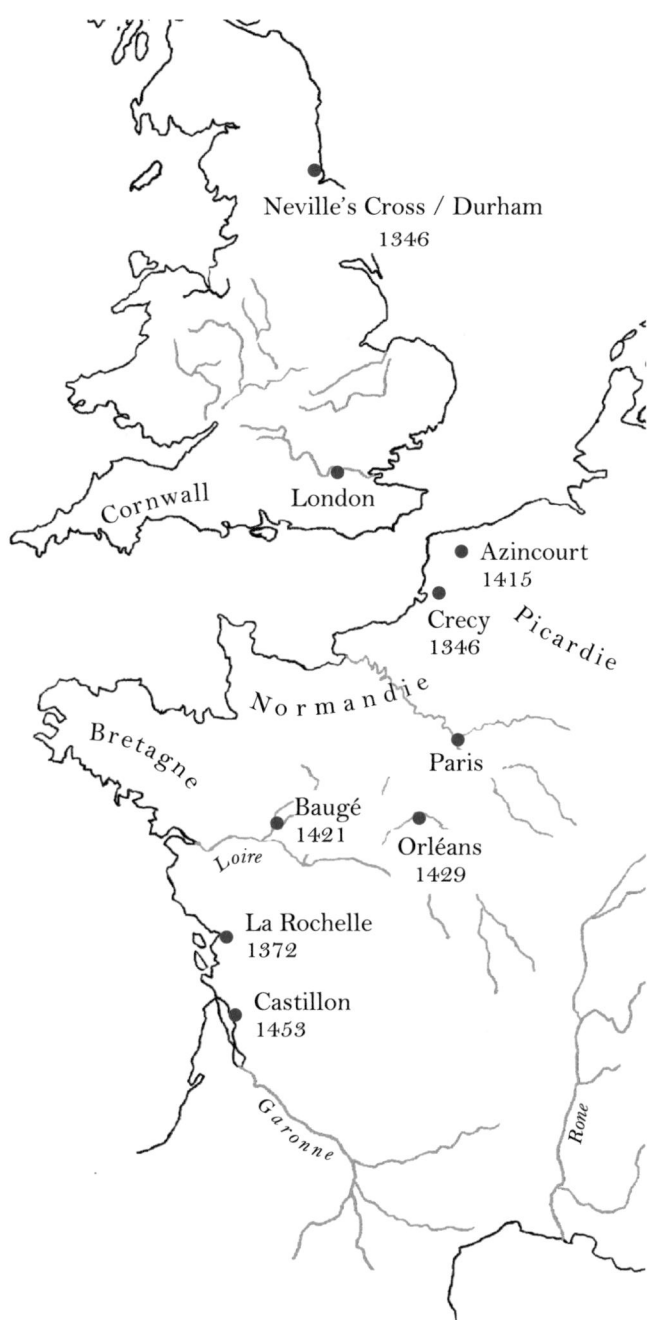

Die Karte zeigt eine Auswahl der Schauplätze im „100jährigen Krieg". Die hier genannten Zahlen und Fakten, die auszugsweise einige der Schlachtorte zeigen, verdeutlichen auch die Ausdehung jenen Territoriums, um dessen Herrschaft sich Briten und Franzosen – in Nebenkämpfen auch Spanier und Schotten – einander von 1337 bis 1453 bekämpften.

Neville's Cross / Durham
1346

Cornwall

London

Azincourt
1415

Crecy
1346

Picardie

Normandie

Bretagne

Paris

Baugé
1421

Loire

Orléans
1429

La Rochelle
1372

Castillon
1453

Garonne

Rone

*Jeanne d'Arc, ein Bau-
ernmädchen aus dem
nordfranzösischen Loth-
ringen, wurde um 1412
geboren und wuchs in be-
scheidenen Verhältnissen
zu einer jungen Frau
heran, die Zeit ihres Le-
bens von angeblich gött-
lichen Visionen begleitet
worden ist. Ihr glaubhaf-
tes Auftreten am Hofe
des amtierenden Dau-
phin, Karl VII., ermög-
lichte ihr zunächst eine
bescheidene Teilnahme
am Hundertjährigen
Krieg, den sie mit für
ihre Verhältnisse beein-
druckenden Siegen zu
bereichern wusste. Nach
und nach gewann sie die
Herzen der Soldaten
und Ritter für sich und
ihre Sache, in den Augen
des Adels allerdings er-
schien sie zunehmend
unerwünscht. Karl VII.
höchstselbst versagte ihr
schließlich die dringend
benötigte Unterstützung
im Gefecht, aufgrund
dessen die inzwischen so
genannte „Jungfrau von
Orleans" in Gefangen-
schaft geriet. Nach der
Überstellung Jeanne
d'Arcs in die Hände der
Engländer, wurde sie
von der Inquisition des
Irrglaubens und der
Verbrechen gegenüber der
englischen Krone für
schuldig befunden und
zum Tode auf dem Schei-
terhaufen verurteilt.*

es nicht oder in kaum nennenswerter Weise gegeben. Auch die römisch-lateinische Kirche maß dem mit militärischen Mitteln ausgetragenen Wettkampf um den Thron offensichtlich keine höhere Bedeutung bei. Für die europäische Geschichte also eher von unterrangiger Bedeutung hat sich jener Krieg aber für Engländer und Franzosen nachhaltig und äußerst einflussreich ausgewirkt. Das französische Nationalbewusstsein, ihr Stolz auf das eigene Land und Können fand in der Zeit der Schlachten von Crecy, Azincourt, La Rochelle oder Castillon seinen bis heute nachwirkenden Ursprung. Der letztendliche Triumph der Franzosen nach über hundert Jahren Krieg, der im Jahre 1453 beendet wurde, tat dazu sein Übriges. Ihren Gegnern hingegen stieß es bitter auf: Die Engländer hatten trotz ihrer zeitweiligen Vormachtstellung am Ende eine Niederlage einstecken müssen. Edward of Woodstock, genannt der schwarze Prinz, sowie die anderen zeitweiligen, englischen Anführer im Hundertjährigen Krieg durften ihre Träume vom Anspruch auf den französischen Thron für alle Zeit begraben.

Über die mittelalterliche Fehde

Die vorangegangenen ritterlichen Abenteuer, die hier kurz und bündig geschildert worden sind, gehören zu den historisch beispielhaftesten Ereignissen in der mittelalterlichen Epoche in Europa. Doch anstatt auf ewig durch die Geschichte der Welt zu ziehen und zusammen mit Tausenden Gleichgesinnten in fremde Kulturen einzutauchen, verbrachte der Ritter in Wirklichkeit die meiste Zeit in der Nähe seiner heimatlichen Burg. Für einige Recken blieben die Reisen in den Orient, nach Osten oder hinunter nach Spanien, Zeit ihres Lebens ein unerfüllter Traum. Nicht alle Ritter zog es freiwillig in die Ferne. Aufgabe aller Daheimgebliebenen war es in diesem Fall, vor Ort in der Heimat Wache zu halten – und die Burg, die Stadt oder das kleine Dorf vor den Kriegsvasallen der anderen Adeligen zu verteidigen, die sich das ganze Mittelalter durchweg in privaten, oft nervenaufreibenden Kleinkriegen zermürbten. Diese Auseinandersetzungen nannte man Fehde, und diese Fehden – das bezeugen uns die Überlieferungen aus jener Epoche – haben das Volk immer wieder in Angst und Schrecken versetzt und die wachhabenden Ritter in ständiger Alarmbereitschaft gehalten. Immerhin hat man nie genau wissen können, wann ein gekränkter oder von Habgier getriebener Möchtegernritter mit seinem Heer vor die eigene Burg gezogen kam – und dort nach Raub oder Vergeltung trachtete.

Eine Fehde anzustrengen war durchaus legal. Sie wurde im HRR Deutscher Nation als ein konfliktbereinigendes Instrument angewandt, das dem einzelnen Manne zu seinem Recht verhelfen sollte. Fehdeberechtigt waren im Grunde alle Ritter, die Adeligen und sowieso jeder Mann, der zu den sogenannten Freien – Angehörige eines mittelalterlichen Standes, denen politische und persönliche Grundrechte zustanden – gehörte. Ihren Ursprung hatte die Fehde schon im zehnten Jahrhundert. Es galt, mit ihr einen Streitfall zu lösen, ohne die Zuhilfenahme höherer Instanzen, wenn zuvor alle anderen schlichtenden Mittel nahezu erfolglos ausgeschöpft worden waren. Wenn also alles nichts mehr half, dann aber die Gewalt – so könnte der Leitspruch der Fehde gelautet haben. Tatsächlich musste eine Fehde im Rahmen strenger Regeln angekündigt, abgehalten und wieder beendet werden. Freilich änderten die Vorschriften nichts am rein kriegerischen Charakter dieser Auseinandersetzung, sie sollten jedoch auch als Versuch verstanden werden, in einer ohnehin schon gewalttätigen und verrohten Zeit ein Mindestmaß an Ordnung aufrechtzuerhalten. Nicht vorstellbar wären doch die Zustände im Reich gewesen, wenn jeder auch nur halbwegs in der Kriegskunst geübte Mann seinen Willen anarchistisch hätte durchsetzen wollen. Diese rechtlose Gewaltherrschaft wäre einem Sog nach unten gleich gekommen, welcher selbst der Obrigkeit hätte gefährlich werden können.

Für alle an der Fehde beteiligten Personen galten die gleichen Regeln. So war es zum einen den Kontrahenten untersagt, eine Fehde gegen jeden Mann auszutragen, der sich auf dem Weg zum König befand. Auch war es später verboten, sich von Mittwoch- bis Montagmorgen zu bekämpfen, und Schwangeren, Geistlichen und Kranken durften dem Gesetz nach sowieso keine Fehde angedroht werden. Ferner konnte sich aber niemand davor drücken, einen langlebigen Streitfall letztendlich mit Gewalt zu klären. Um das zu vermeiden, hätten sich die streitenden Parteien vorher schon auf friedlichem Wege einig werden müssen.

Ursache einer Fehde konnte wiederum vieles sein; eine Beleidigung, ein (unabsichtlicher) Zusammenprall oder das politische Missfallen. Oft reichte es schon völlig aus, dass einem die Nase des anderen einfach nicht in den Kram passen wollte – und schon stand man sich mitten auf dem Felde unter Waffen gegenüber. Je nach Art und Ausmaß der Fehde, reichte die Zahl der daran Beteiligten von zwei Rittern bis zu ganzen Heerhaufen, die dann die Städte und Burgen des jeweiligen Gegenübers in den Konflikt miteinbezogen, um ihr Recht und ihren Anspruch durchzusetzen. Auch das war gestattet. Nicht selten ist eine Fehde aber nach dem ersten, heftigen Schlagabtausch in beidseitigem Einvernehmen beendet worden. Der Preis für den Sieg erschien allen Beteiligten dann doch zu hoch. Denn ganz gleich, wer sich durch die Aufnahme der Fehde im Recht glaubte – es galt dennoch, die Spielregeln einzuhalten und das ritterliche Ansehen zu bewahren.

Für den Ritter und alle höheren Adeligen kam es nämlich immer darauf an, das Gesicht, das heißt seine Ehre und sein Ansehen in der Öffentlichkeit nicht zu verlieren. Außerdem musste verhindert werden, dass die Lage noch ins Uferlose eskalierte und sich womöglich Dritte in den Konfliktfall einmischten. So wird manch goldener Handschlag die Fehde beendet und dazu beigetragen haben, die Unruhe im HHR nicht noch mehr als ohnehin schon zu potenzieren.

Ein wahlloses Beispiel für einen typischen, mittelalterlichen Zwist ist die sogenannte „Fehde von Badenberg". Dabei gerieten sich vom neunten bis zehnten Jahrhundert die adeligen Familien der Konradiner und Badenberger, auch als Popponen bekannt, um die zukünftige Macht im Ostfrankenreich in die Haare. Austragungsort dieser Auseinandersetzung war das heutige Maingebiet in Hessen, Baden, Württemberg und Franken. Unterstützt wurden sowohl die Konradiner als auch die Badenberger von mehreren Adeligen unterschiedlicher Herkunft, die für je eine der beiden Familien Partei ergriffen hatten. Nach mehreren Jahren des Kampfes und des Ringes entschied sich die Fehde in der Schlacht bei Fritzlar um 906 zugunsten der Konradiner. Dadurch blieb ihr Name in den Annalen des Reiches bestehen. Der Triumph verhalf jener Sippe eines Tages auf den Thron – Konrad I. wurde 911 zum König der Ostfranken gekrönt –, während die Badenberger eine Niederlage erlitten und ihren Einfluss in der Reichspolitik dauerhaft verloren.

Eine weitere, auch in der Gegenwart noch sehr geläufige Fehde aus dem Mittelalter stellt der sogenannte „Prinzenraub von Altenburg" dar. Er ist als eine Auseinandersetzung zwischen der Obrigkeit, vertreten durch Kurfürst Friedrich dem Sanftmütigen, und der Ritterschaft in Person von Kunz von Kauffungen anzusehen. Als solche ist sie auch in die Geschichte von Thüringen und Sachsen eingegangen. Dreh- und Angelpunkt dieses Geschehens war die Forderung des Ritters Kunz an seinen Lehnsherrn, für seine materiellen Verluste während des Sächsischen Bruderkrieges von 1446 entschädigt zu werden. Der Kurfürst aber lehnte diese Forderungen ab. Friedrich der Sanftmütige erhob nun seinerseits Ansprüche gegenüber dem für seine Sache kämpfenden Kunz von Kauffungen. Nach einem jahrelangen, verbal ausgetragenen Streit über die Ansprüche beider Seiten überprüfte schließlich ein Schiedsgericht die Hintergründe. Zwar entschieden die Gerichte von

Die nun folgend geschilderte Fehde vom „Altenburger Prinzenraub" bleibt nicht nur als ein trockenes Erlebnis in der Geschichte der Stadt des Skatblatts erhalten. Sie wird tatsächlich auch gelebt. Unter dem sternenklaren Himmelszelt erfahren die geneigten Besucher nämlich von Kunz von Kauffungen und seinem Bestreben nach der ihm zustehenden Gerechtigkeit im Rahmen einer bühnenreifen Inszenierung, die als „Altenburger Festspiele" alljährlich Gäste aus Nah und Fern anziehen.

Das Altenburger Schloss ruht förmlich in der Nachmittagssonne. Hinter diesen trutzigen Mauern verbirgt sich die 500 Jahre alte Geschichte vom „Altenburger Prinzenraub".

Friedberg und Magdeburg im Interesse des Ritters – aber letztendlich ausschlaggebend war das Urteil der Richter aus Leipzig, die zugunsten des mächtigeren Kurfürsten entschieden. Den Forderungen Kunst von Kauffungens jedenfalls wurde eine klare Absage beschieden. Das Recht war nicht länger auf seiner Seite.

Der sächsische Ritter jedoch mochte sich damit nicht zufriedengeben. Wie ein Sturkopf beharrte der alte Haudegen darauf, unabhängig von den Urteilen der Justiz im Recht zu sein. Dieses Ansinnen gab er nicht auf und handelte wie ein zu allem entschlossener Irrer. Zur Durchsetzung seines Willens erklärte er schließlich dem Kurfürsten die Fehde – durch Zusendung eines sogenannten Fehdebriefes; einer in dieser Zeit gültigen Urkunde. Dieses Dokument hob den Landfrieden auf und erlaubte damit die Anwendung von Gewalt – was Kunz von Kauffungen natürlich sogleich ausnutzte und mit einigen Spießgesellen in der Nacht vom 8. Juli 1455 die Söhne des Kurfürsten, die Prinzen Ernst und Albrecht, aus dem Altenburger Schloss entführte.

Fehderecht hin und Fehderecht her – diese für einen Ritter(!) schäbige Tat wurde entsprechend bitter vergolten. Zwar gelang die Entführung der beiden Fürstensöhne, weit kamen Kunst von Kauffungen und seine Helfer damit aber nicht. Eine eilends aufgestellte Bürgerwehr griff die Raubritter nahe des Klosters Grünhain im Erzgebirge auf und brachte dabei einen der Prinzen, Albrecht, in Sicherheit. Ernst, der andere adelige Sohn, wurde von den Entführern nach Zwickau gebracht, wo sich jene aber bald ergaben und unter Zusicherung der Straffreiheit ins Exil auswanderten. Seine Komplizen waren noch einmal davongekommen, nicht aber Kunz von Kauffungen selbst. Der Ritter wurde überwältigt und festgenommen, und hatte sich alsbald des Landfriedensbruchs zu verantworten. In der Erzgebirgsstadt Freiberg wurde er dann vor das Tribunal gestellt, wo ein eigens dafür einberufenes Berggericht die Verhandlung führte.

Natürlich wurde der Ritter für schuldig befunden. Zur Strecke gebracht haben ihn aber nicht seine Handlungen selbst, sondern ein einfacher, verwaltungstechnischer Formfehler: Angeblich erklärte er die Fehde zu spät. Der Ritter soll die Fehdebriefe erst am Tag des Prinzenraubs und damit nicht fristgerecht – drei Tage im Voraus – verbreitet haben. Nur eine rechtmäßig erklärte Fehde hätte den Landfrieden aufheben und die Entführung der Prinzen, rein rechtlich gesehen, zu erlauben. Da die Fehde aber nicht ordnungsgemäß zustande kam, brach Kunz von Kauffungen widerrechtlich den Landfrieden im Reich und wurde dafür am 14. Juli 1455 auf dem Obermarkt in Freiberg kurzerhand geköpft. An der Stelle, wo sein Haupt auf die Erde fiel, liegt seit jenem Tag ein blauer Pflasterstein.

Noch bis ins 15. Jahrhundert klärten die Ritter und Adeligen ihre persönlichen Konflikte und Meinungsverschiedenheiten untereinander durch das Austragen von Fehden. Erst dann verlor die Fehde als Mittel und Lösungsweg im HRR Deutscher Nation allmählich ihren Reiz. Schon im Jahre 1235 gelang es Kaiser Friedrich II. mithilfe des Mainzer Landfriedens – des ersten in mittelhochdeutscher Sprache verfassten Gesetzes – das Fehderecht einschneidend einzuschränken. Erst 260 Jahre später, um 1495, wurde das Fehderecht durch Beschluss des „Ewigen Landfriedens" landesweit endgültig abgeschafft. Fortan waren sachliche Ansprüche und Forderungen nach Schadensersatz nicht mehr durch Fehdebrief und Fehdehandlung einzulösen. Jetzt hatten alle streitenden Parteien zur Klärung ihrer Differenzen den Rechtsweg aufzunehmen. Speziell dafür zuständige Reichsgerichte nahmen im 16. Jahrhundert ihre Arbeit auf. Die Anwendung von Gewalt war dem einfachen Volke fortan verboten und zur Lösung von Konflikten lediglich noch dem Staat vorbehalten. Das Prinzip der uns heute bekannten Staatsgewalt entstand.

Wer im Mittelalter zur Fehde zog, störte mutwillig den Frieden im Reich. Die mutmaßlichen Übeltäter begingen quasi Landfriedensbruch – ein Vergehen, das auch heute noch als Straftatbestand gelistet ist und von den Gerichten der Gegenwart geahndet wird.

Der Ritter war gefordert

Zeit seines Lebens hatte der Ritter in zahllosen Auseinandersetzungen das Mittelalter zum Erbeben gebracht. Dabei mussten auch sie stark Federn lassen. Nur die wenigsten Krieger erreichten ein hohes Alter. Der wahre Ritter hörte nicht einfach auf. Einen beruflichen Ruhestand gab es für sie nicht. Nur wenn die Wunden und Narben der Kriege den stärksten Willen zu brechen vermochten oder der Ritter dank großer Beute seinen Lebensabend gesichert sah, war für ihn die Zeit gekommen, das Schwert und das Schild an den Nagel zu hängen. Soweit musste es also erst kommen, bis der wahre Ritter unter den Rittern unaufgefordert von seinem hoheitlichen Auftrag Abstand nahm und aufhörte, seiner Bestimmung Folge zu leisten. Und dennoch ist das sehr schwer vorstellbar. Denn immerhin hat der Ritter einen wirklich aufregenden Dienst ausgeübt und einen heiligen Eid auf seine Ideale geleistet!

An den bis hierhin genannten historischen Exempeln ist einmal mehr die Natur des Ritters abzulesen und jener immense Graben festzustellen, der sich zwischen den Ansprüchen der Allgemeinheit, den Erwartungen der Lehnsherren und der inneren Einstellung der Ritter öffnete. Natürlich wissen wir auch von skrupellosen Mördern, Brandstiftern und Vergewaltigern, die unter dem Deckmantel der ritterlichen Ehre sprichwörtlich die Sau rausließen. Nicht alle Ritter aber können heute als ruchlose Schlagetots vorverurteilt werden. Befehle sind Befehle, und Befehle sind zu befolgen – damals wie heute, daran gibt es nichts zu rütteln.

Aber dennoch war der Ritter in jeder Auseinandersetzung, ob nun in Europa oder in anderen Teilen der hiesigen Welt, einmal mehr höchst selbst gefordert. Eine jede ihm erteilte Anweisung kritisch zu hinterfragen und diese mit seinem Tun und Handeln in Vereinbarung zu bringen, bevor es raus auf das Schlachtfeld ging – das konnte nicht zu viel verlangt sein. Denn seinen Verstand zu gebrauchen und sein Gewissen sprechen zu lassen, das forderte von ihm die ritterliche Ehre. Dafür stand er als Ritter ein. Insofern er es also nach besten Kräften vermochte, zwischen Recht und Unrecht im Einzelfall zu unterscheiden, bewahrte sich der Ritter seine Wertvorstellungen und seine für alle Außenstehenden sichtbare Ehre. Selbst im Mittelalter gab es sehr wohl einen Unterschied zwischen der notwendigen, zwanghaften Gewaltanwendung und dem blindwütigen und Drauf- und Umsichschlagen. Diesen Unterschied zu erkennen, daraus die nötigen Konsequenzen zu ziehen und entsprechend und angemessen zu handeln – das hat erst den wahren Ritter ausgemacht. Nur unter Bewahrung ihrer professionellen Objektivität war es jener Kriegerkaste möglich gewesen, sich – ohne Gewissensbisse fürchten zu müssen – in ihre Abenteuer für die rechte Sache zu stürzen. Das entsprach der Idealvorstellung aller Ritter. ❡

Zur Ergänzung unserer Schilderungen über die mittelalterliche Fehde sei gesagt, das sich manche Auseinandersetzungen unter den Rittern abgespielt haben, die wir zuweilen als „harmlose" Schlägerei einstufen würden. Vielleicht war auch dies ein Zweck der Fehde: Sich nicht alles gefallen zu lassen und einmal ordentlich Dampf abzulassen. Und nicht immer muss es dabei gleich zu kriegsähnlichen Auseinandersetzungen gekommen sein. Womöglich war die Fehde auch eine rauflustige Möglichkeit für die adeligen Ritter, einfach nur auf eine gehobene Art und Weise die gegenseitige Abneigung auszudrücken.

Im Land der aufgehenden Sonne

Das Rittertum, so deutet es uns nicht nur dieses Buch hier an, gilt als einer der ergreifendsten, von Ehre, Mut und Draufgängertum geprägten Zeitabschnitte unserer allumfassenden Geschichte. Es war und ist in seinem historischen Erscheinungsbild bis zum heutigen Tage einzigartig in der Welt, und wird dies vermutlich auch für immer bleiben. Nichts, so gut wie gar nichts gab und gibt es noch, was vergleichbar wäre mit den Idealen und der Kampfkraft der alten Ritter von dazumal – auch wenn der Volksmund es vermeintlich besser weiß. Denn immer wieder nimmt die Allgemeinheit eine unverbindliche Gegenüberstellung vor, um Stärke und Charisma der Ritter zu vergleichen. Das passiert durchaus des öfteren – und dieses Mal vielleicht zu Recht, wenn man den Rittern jene Krieger eines ostasiatischen Inselreiches gegenüberstellt, die als die „Ritter Japans" im westlichen Kulturkreis bekannt geworden sind – die Samurai.

Über das Land der aufgehenden Sonne, deren reiche Kultur und tief bewegende Vergangenheit berichten uns schon seit Jahrzehnten unzählige Veröffentlichungen. Sie helfen uns dabei, mit der fremden und doch zugleich anmutig schillernden Gesellschaft vertraut zu werden und vor allem deren lang anhaltende Geschichte kennenzulernen. Die Samurai stellen dabei ein besonders einprägsames Aushängeschild dar. Ihre langen Gewänder, ihr ausgesprochen höfliches Benehmen und nicht zuletzt ihr Kampfesmut nebst ihrer aufopferungsvollen Bereitschaft bis in den Tod füreinander da zu sein, sind Eigenschaften, die das Bild der japanischen

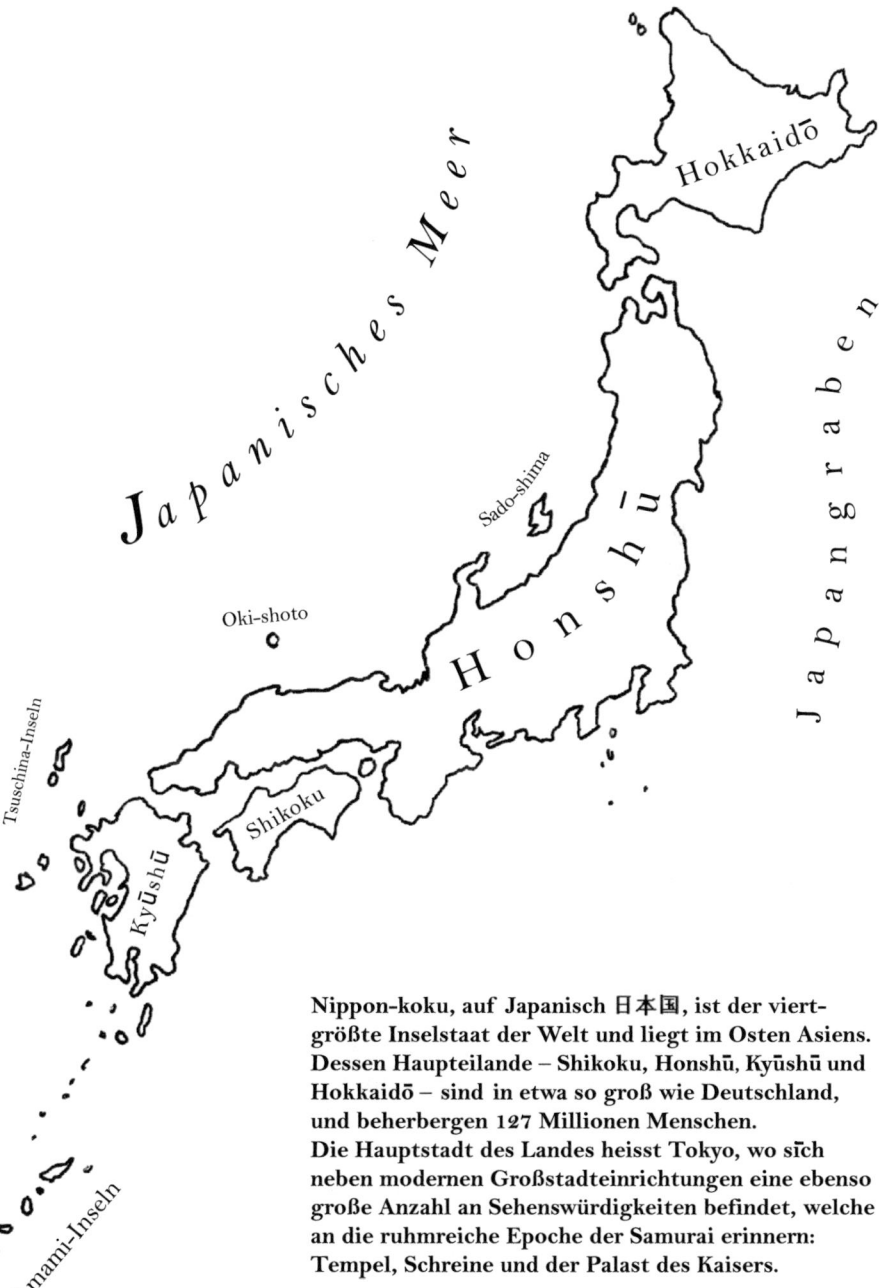

Nippon-koku, auf Japanisch 日本国, ist der viert-
größte Inselstaat der Welt und liegt im Osten Asiens.
Dessen Hauptteilande – Shikoku, Honshū, Kyūshū und
Hokkaidō – sind in etwa so groß wie Deutschland,
und beherbergen 127 Millionen Menschen.
Die Hauptstadt des Landes heisst Tokyo, wo sich
neben modernen Großstadteinrichtungen eine ebenso
große Anzahl an Sehenswürdigkeiten befindet, welche
an die ruhmreiche Epoche der Samurai erinnern:
Tempel, Schreine und der Palast des Kaisers.

Krieger nach außen hin geprägt haben. Diese und alle anderen Tugenden lassen so immer wieder Ähnlichkeiten mit unseren Rittern vermuten und führen uns des Öfteren in Versuchung, einen Vergleich der beiden Kriegerkasten anzustrengen, wohl um zu schauen, wer womöglich der bessere Edelmann gewesen sei.

Die nachfolgende Ausführung soll nun diesen Wünschen Rechnung tragen. Sie macht uns dabei mit der Mentalität und der Geschichte der Samurai vertraut und zeigt dabei etwaige Parallelen zu den Rittern des Abendlandes und ihrem Wirken auf.

Herkunft der alten Samurai

Im zwölften Jahrhundert nach unserer Zeitrechnung waren sowohl das Abendland als auch das japanische Inselreich im fernen Osten vom Mittelalter geprägt. Obwohl es feine und unzählige rechtliche sowie kulturelle Unterschiede zwischen beiden Welten gegeben hat, ähnelten sich beide Gesellschaften prinzipiell, deren Gemeinsamkeiten zum einen im Lehnswesen zu finden sind: Der Herrscher vergab das Land als Lehen und stellte Vasallen in seine Dienste ein. Hierzulande nannte man die Gebieter oft Herzöge und Könige, in Japan wiederum *Tennō* und *Seii Taishōgu* (Shōgun). Hier wie dort war vieles gleich. Die gesamte Zeit über wurden Burgen, Städte und selbst kleinste Siedlungen auf dem weiten Land gebaut. Bauern und ihre zahllosen Helfer machten den Mutterboden urbar und versorgten das Reich, welches wiederum von adeligen Kriegern verteidigt und erweitert wurde. Diese adeligen Krieger nannten sich in Japan die Samurai. Abgeleitet wurde ihr Name vom japanischen Verb *saberu*, was, ins Deutsche übersetzt, „dienen" heißt.

Der Ursprung der Samurai geht zurück bis in das achte Jahrhundert. Zu dieser Zeit war in Japan das Leben des einfachen Kriegers so gewöhnlich wie das seiner Kollegen in aller Welt auch. Die Männer versahen ihren Dienst als reguläre Fuß- und Reitsoldaten in den Reihen der damals noch üblichen japanischen Armee, die sich über Generationen hinweg aus Wehrpflichtigen zusammensetzte. Daran hielt auch der schon vor dem Mittelalter souveräne Kaiser unverändert fest. Als sich im Laufe der Jahrzehnte aber herausstellen sollte, dass die bisher eingesetzte Wehrpflichtigenarmee den Erwartungen der Kriegsherren nicht mehr gerecht wurde, musste gehandelt werden. Die Umstellung auf eine Freiwilligenarmee war die Folge. Zahlenmäßig jedoch sah sich die neu strukturierte, japanische Armee aber nicht mehr in der Lage, allerorts auf den Inseln den Schutz des Volkes zu gewährleisten. Die weitab im Hinterland liegenden Gemeinschaften aus Bauern, Handwerkern und ihren jeweiligen Familien, mussten zunehmend selbst für ihre eigene Sicherheit sorgen. Sie bildeten somit ihre eigenen Soldaten aus – und erlangten dadurch große Bekanntheit. Die militärischen Erfolge der noch lokal agierenden Krieger sprachen sich im Laufe der Zeit aber in ganz Japan herum und die Geschichten darüber gelangten so auch an den Hof des Kaisers, wo jene Mannen bald als ein neuwertiger, schwertführender Adelsstand anerkannt wurden. Diesen Adelsstand nannte man *Buke*.

Aus den Reihen dieses Schwertadels stiegen schließlich die Samurai empor. Anfangs waren diese Männer in den Diensten des Kaisers lediglich als Wachleute und Schwertträger angestellt. Dort erfüllten sie zunächst ihre militärischen Pflichten gleich den Aufgaben eines gewöhnlichen Soldaten – nicht mehr, aber auch nicht weniger. Schon bald aber sollten die gesellschaftlichen Umbrüche der Heian-Zeit von 794 – 1194 den Aufstieg der Samurai begünstigen. Die Herausbildung des Shogunats, die Erschaffung der Klasse der lokalen Lehnsherren – all diese Veränderungen im Benefizialwesen des alten Japans wirkten sich alsbald auch auf die Samurai aus. Sie prägten deren Rekrutierung und Ausbildung in solchem Maße, dass ein gewisses elitäres Denken entstand und die Samurai zu einer Einheit werden ließ. Die Kaisersoldaten kamen zu einer Gemeinschaft zusammen, die sich über ihren Militärdienst hinaus gesellschaftlich engagierte.

Deren individuelle Bestrebungen formten schließlich ein neuartiges Ansinnen für alle Samurai. Ideale und der Sinn nach Höherem wurden ihnen wichtig. Der Treueschwur, den die Samurai ihren vorgesetzten Fürsten gaben, machte sie einmal mehr einzigartig, und ihre radikale Abschottung vom regulären Kriegsvolk vollendete schließlich diese lange Entwicklung. Im zwölften Jahrhundert wurden die Samurai endgültig als eine selbstständige Kriegerkaste anerkannt. Aus dem alten Stand heraus, die Buke ablösend, etablierten sie sich als ein ansehnlicher und ehrbarer Adelsstand. Diesen in der Gesellschaft hohen Stellenwert nahmen die Samurai auch nach dem Feudalismus bis in das 19. Jahrhundert ein, als sie im Verlauf der *Satsuma-Revolution* zu einem letzten, großen Abenteuer aufbrachen und in der Zeit der gesellschaftlichen Modernisierung Japans den Geist ihrer Vorfahren zu bewahren gedachten – wie man sieht, bis heute mit langanhaltendem Erfolg.

Hält man sich den Werdegang der abendländischen Ritter vor Augen, dann mag uns vieles von dem, was das Leben eines Samurai gezeichnet hat, mitunter sehr vertraut vorkommen: Da war die kurze Kindheit, die viel zu schnell vorüberging, die harte Schulung im Umgang mit den Waffen und ein wahrer und umfangreicher Katalog an Tugenden und Regeln, die das Zusammenleben sowohl in der Gemeinschaft als auch außerhalb der Kriegerkaste unmissverständlich ordneten. Die Krieger lernten ihren Schmerz zu unterdrücken und sich ohne Waffen zu verteidigen. Lesen und Schreiben waren ebenso Bestandteil dieser Unterweisung wie die Sensibilisierung für die Religion und den Glauben an überirdische Kräfte. Der Buddhismus, neben dem Shintoismus die größte Religionsgemeinschaft im heutigen und damaligen Japan, war bei vielen Samurai verbreitet und ein fester Bestandteil ihrer Kultur.

Wie der Junge in Europa, so wurde auch der junge Japaner in Lehre außer Haus gegeben. Mit Beginn seiner Ausbildung zum Samurai war er einem eigenen Lehrmeister zugeteilt, der nicht mehr von der Seite seines Zöglings wich und ihn mit allem, was das Wesen eines Samurai bestimmte, vertraut gemacht hat. Dieser Lehrer war die einzige erwachsene Bezugsperson für ihn. Denn nachdem der junge Auserwählte das elterliche Haus verlassen hatte, zog er, wenn überhaupt, womöglich erst viele Jahre nach seiner Ausbildung zum Samurai wieder dorthin zurück. Die während der Ausbildung eingegangene Beziehung zwischen Schüler und Lehrer nannte man *Wakashudō*. Sie hatte dabei nicht nur die formgemäße und moralische Erziehung zur Absicht. Dem Wakashudō war ebenso ein sehr freundschaftliche Verbindung zwischen dem werdenden Samurai und seinem Meister zugrunde gelegt. Die daraus resultierende jahrelange Zusammenarbeit wurde auch nach dem Ende der Ausbildung zum Samurai von beiden Seiten weiterhin gepflegt, obwohl sie eher platonisch ausgerichtet war und sich nicht mehr derart einfühlsam auswirkte. Die Ausbildung des Samurai-Anwärters dauerte in etwa zwölf Jahre. Die Lehrzeit des jungen Mannes endete, indem er von seinem Lehrmeister die Waffen ausgehändigt bekam. Fortan trug er außerdem den Haarschnitt eines Kriegers und nahm mit sofortiger Wirkung einen neuen, starken Namen an. Damit stand seinem Leben als Samurai, als Ritter im Dienste seiner göttlichen Majestät, fortan nichts mehr im Wege.

Leben und Sterben der Samurai

Die persönliche Ehre galt als das höchste Gut, das ein Samurai Zeit seines Lebens zu wahren und zu verteidigen suchte. Gelegenheit dafür fand er im Dienste für den herrschenden lokalen Lehnsherrn, den *Daimyōshu*, kurz *Daimyō*, genannt. Der Samurai schwor ihm Treue bis in den Tod. Handlungen, aus denen er persönliche Vorteile hätte ziehen können, bedeuteten dem wahren

Unter der Glaubensrichtung des Shintoismus sind Zeremonien, heilige Schriften sowie Riten zu verstehen, die sich auf mehrere, speziell innerjapanische Gottheiten beziehen und deren Ansichten, Weisheiten und Gebote seit einer Zeit von mehr als 2 000 Jahren gepredigt haben. Wie auch in anderen Religionen üblich, wird der Shintoismus von einer Art „Verwaltung" am Leben gehalten und mithilfe geistlicher Würdenträger auf allen Inseln Japans kundgetan. Der oberste Priester, gewissermaßen das geistliche Oberhaupt dieser Religion, ist der jeweils amtierende Tennō. Zur Verrichtung des Gebetes, für die Versammlung ihrer Gemeinschaft und als religiöse Stätte dienen den Anhängern die sogenannten Shinto-Schreine, mehrstöckig gebaute und reichlich verzierte stille Gebäude, wie etwa der Meiji-Schrein im heutigen Tokioter Stadtbezirk Shibuja oder der Yasukuni-Schrein in Chiyoda, wo die Gefallenen der japanischen Armee verehrt werden.

Die Shiro – 城 – ist der bekannteste Burgtyp des feudalen Japans. Ursprünglich diente er der landesweiten Verteidigung. Während der Herrschaft der Samurai allerdings haben die Daimyō die Shiro vorrangig zur Verwaltung ihres Lehnsgebietes genutzt. Nur wenige Exemplare dieser beeindruckenden Paläste blieben aber bis heute unangetastet erhalten, zu denen die Himeji-jyo (im Bild) in der Präfektur Hyōgo gehört.

elitären Krieger ebenso wenig wie egoistische Bestrebungen nach Reichtum oder eigener Machtvollkommenheit. Wahrhaft edle und bewundernswerte Eigenschaften, die den Charakter des Großteils aller Samurai geprägt haben dürften.

Angestellt war der Samurai für gewöhnlich bei einem lokalen Fürsten, der die Dienste seines Vasallen durch Zahlung einer jährlich festgelegten Menge Reis, der *Koku*, vergütete. Die Koku war abhängig von den persönlichen Verdiensten und dem sozialen Status des einzelnen Kriegers. Ihm wurde durchschnittlich eine Menge von 50 Koku ausgezahlt, deren ökonomischer Wert heute nicht vollkommen ermittelt beziehungsweise umgerechnet werden kann. Dieser Reis jedenfalls diente auch als offizielles Tausch- und Zahlungsmittel in ganz Japan. Von diesem Einkommen hatte der Samurai dann nicht nur seine Kleidung und seine persönlichen Wertgegenstände zu bezahlen, sondern auch seine Familie zu ernähren. Für den Großteil der Samurai ge-

staltete sich dies jedoch äußerst schwierig. Denn viele von ihnen wurden durch die 50 Koku im Grunde nur sehr geringfügig entlohnt, obschon sie alle mit dem gleichen Eifer ihren Dienst versahen, wie ihre übrigen Gefährten, die mit bis zu 300 Koku finanziell weit besser vergütet wurden. Ob zu Recht oder zu Unrecht – das können wir heute wohl kaum noch beurteilen.

Eine der Konsequenzen dieser akuten Geldknappheit unter einigen Samurai war die rapide Verschlechterung ihres Ansehens in der Gemeinschaft. Armut und Verschuldung griffen um sich. Die Angehörigen des notleidenden Samurais waren dann gezwungen, einfache Erwerbsarbeiten anzunehmen oder aber, wenn der Edelmann bei seinem Herrn in Ungnade fiel beziehungsweise dieser starb, den Hof zu räumen und in der Fremde eine neue Bleibe zu finden. Das demütigende Schicksal, ein herrenloser Samurai – ein *Rōnin* – zu werden, drohte den Männern dieser Kriegskaste jederzeit.

Eine reelle gesellschaftliche Krise mochten die von Zeit zu Zeit immer wieder ausbrechenden Nöte im feudalen Japan jedoch nicht auszulösen. Anders hingegen erging es unseren Rittern hierzulande. Die gerieten dann ihrerseits im Spätmittelalter in zunehmende wirtschaftliche Engpässe und sahen angeblich dabei oftmals keinen anderen Ausweg, als auf einen schweren Raub- und Beutezug zu gehen und dadurch das staatstragende Gefüge dieser Zeit aus ihrem Gleichgewicht zu bringen. Derart undiszipliniert, entgegen allen Regeln sowie der baren Vernunft, haben sich die Samurai hingegen niemals aufgeführt.

In Hinblick auf Bewaffnung und die militärisch-taktischen Fähigkeiten standen sich die Ritter und die Samurai einander in nichts nach. Im Gegenteil. Die Schmiedekunst in Japan wie auch jene in Europa galten als meisterhaft für ihre Zeit, und beide waren von großer Sorgfalt geprägt. Stärke und Machtbewusstsein spielten in beiden Kulturen eine tragende Rolle. Für die Ritter und die Samurai hatte die Lehre und die Unter-

Das oben abgebildete Katana, in Japan bekannt unter dem Kanji-Begriff 刀, hat als japanisches Langschwert Einzug in die Militärgeschichte der Samurai gefunden. Das Gewicht dieser Waffe lag zwischen 700 – 1000g. Es war sehr wichtig, die Klinge stets sorgfältig zu reinigen. Die Herstellung eines Katanas dauerte für gewöhnlich mehrere Monate. Wesentlich mehr Zeit, mitunter Jahre bedurfte es hingegen, bis der Samurai den Umgang mit dieser Waffe beherrschte.

weisung in der Kunst des Krieges – trotz gelegentlicher Besinnung auf ein höfisches Leben – stets vorrangige Bedeutung in ihrem Dasein als treu ergebene Vasallen.

Die schlagkräftigsten Schwerter der Samurai nannte man *Katana* und *Shōtō*. Beide waren derart scharf, dass sie Papier und Menschenhaar problemlos zu durchschneiden vermochten. Es erforderte ein ausgeprägtes handwerkliches Geschick, diese Waffen herzustellen. Die Schwerter waren ferner prunkvoll verziert. Sie zu tragen und im Gefecht zu führen, blieb ausschließlich den Samurai vorbehalten. Das galt auch für die beiden Lanzen *Yari* und *Naginata*. Die regulären japanischen Soldaten hingegen hatten andere Waffen zu benutzen.

Zu reiten und gekonnt mit Pferden umzugehen, vermochten alle adeligen Krieger, sowohl hierzulande als auch auf den Inseln Japans. Unterschiede gab es höchstens in der taktischen Aufstellung. Die schwere Kavallerie, jenes Zusammenwirken aus schwer gepanzerten Reitern und massigen ausdauernden Pferden, war eher hierzulande am gebräuchlichsten, während die Samurai hingegen leichte Reiterei einsetzten. Im Umgang mit Pfeil und Bogen, in Japan *Yumi* genannt, waren vor allem die Krieger des fernen Ostens sehr gut geübt und stellten ihre Kampfkunst in zahlreichen Schlachten unter Beweis. Weitere Fernwaffen wie Musketen kamen erst im 16. Jahrhundert auf und verdrängten dann die herkömmlichen Nahkampfwaffen allmählich.

Besonders charakteristisch für das äußere Erscheinungsbild der Samurai zeigten sich ihre Rüstung und der schwere, mit einer Art Geweih versehene Helm. Die japanische Rüstung gab es in zwei verschiedenen Ausfertigungen. Eine bestand zum überwiegenden Teil aus Baumwolle in Kombination mit Leder und Bambusplatten, während die andere, zumeist kostspieligere Rüstung anstatt der Bambusplättchen schwere Metallelemente enthielt. Der Helm der Samurai, der *Kabuto*, war überwiegend aus Leder gefertigt und zusätzlich mit Metall beschlagen. Ebenso wie die europäischen Waffen unterlag auch die japanische Kriegsausrüstung einem

Die traditionelle Kleidung des Samurai bestand natürlich aus der Rüstung. Allerdings hatte er diese nicht die ganze Zeit getragen, und wenn, dann lediglich in Zeiten des Krieges. Zu Hause aber bei der Familie oder in einer geselligen Runde mit seinen Freunden, legte der Samurai eher lockere Gewänder an. Diese Kleidungsstücke nannte man 着物, auf Deutsch Kimono. Sie wurden einst aus China eingeführt, in der klassischen Epoche der Samurai weiter entwickelt und später ein Bestandteil des heutigen japanischen Alltags, wo ein Kimono noch immer zu besonderen Anlässen hervorgeholt wird.

steten Wandel der Zeit, der Mode und den militärischen Erfordernissen. Sie wurde darum permanent verbessert, erweitert und durch andere, wiederum wirkungsvollere Modelle ersetzt.

Ein an die ritterlichen Gebräuche angelehnter Verhaltenskodex existierte in der Zeit des Feudalismus auch im fernöstlichen Japan, der über Generationen hinweg immer wieder in losen Erzählungen zitiert, ergänzt und praktisch angewandt wurde. Dieser Kodex an Tugenden fand sich in einem gesammelten Werk im 17. Jahrhundert in der Tokugawa-Periode wieder und wurde dann unter dem Begriff *Bushidō* verbindlich eingeführt.

Für unsere Ritter waren Ideale zuweilen nur theoretisches Gut, was man ihnen zu Recht ankreiden kann. Natürlich hatten nicht wenige Edelmänner Zeit ihres Lebens an diesen Werten festgehalten. Aber die Mehrheit der adeligen Recken hatte dies mit ziemlicher Sicherheit eher locker gesehen – und im Ermessensfall auf löbliches Verhalten wie Rücksichtnahme und Fairness dann verzichtet. Bei den Samurai hingegen gab es dergleichen nicht. In ihren Reihen genoss der Kodex über Ehre und Selbstbeherrschung einen hohen, nicht verhanbdelbaren und für Außenstehende wohl niemals zu ermessenden Stellenwert. Diese Tugenden bedeuteten den adeligen Kriegern alles. Für diese lebten und starben sie. Sieben davon galten als unverbindlich, doch den fünf Hauptforderungen – den *Dōjōkun* – durfte sich ein Samurai niemals widersetzen: Der Einfachheit, Tapferkeit, Höflichkeit, Aufrichtigkeit und der Treue.

Obschon dieser Kodex mehr oder weniger ebenso nur Macht auf dem Papier besaß und es auch bei den Samurai Verrat, Intrigen und Heimtücke gab, galt für den Mustersamurai das Einhalten dieses Ehrenkodex als unerlässlich. Verstöße gegen seine Regeln betrachteten die Samurai persönlich als höchste Schande und sich selbst ihres Titels dann nicht mehr würdig. Oftmals empfanden sie dabei eine derart tiefe Scham, dass sie nur in ihrem Suizid einen Ausweg aus der vermeintlichen Schande gesehen haben. Dieser rituelle Selbstmord nannte sich *Seppuku* (nicht *Harikiri*!), und wurde auch von jenen Samurai begangen, die in einer Schlacht besiegt worden sind und ihr unveräußerliches Recht in Anspruch nahmen, trotz ihrer Niederlage einen ehrenhaften Tod zu sterben, um einer entwürdigenden Gefangennahme zu entgehen.

Mit den adeligen Kriegern Japans wird oftmals in Zusammenhang gebracht, dass sie wohl ausschließlich im Kampf um Tod und Ehre einen Sinn und ihre einzige Aufgabe gesehen hätten. Diese Behauptung stimmt jedoch nur zum Teil. Natürlich beanspruchte der Krieg zeitlich gesehen sehr wohl den Großteil ihres Lebens, was an sich nichts Ungewöhnliches war. In der Zeit der streitenden Reiche etwa, in den Monaten der mongolischen Invasion oder in den zahllosen Jahren verschiedener Herrschaftsperioden, erbebte die gesamte Insel unter dem Kriegsgeschrei der Samurai. Obschon sie nahezu isoliert und unbehelligt von äußeren, zumeist sehr kriegerischen Einflüssen lebten, sind die alten Japaner dennoch von Gewalt und Leid gebeutelt worden. Es war auf ihrer Insel leider ebenso unvermeidlich, einander um die lokale Vorherrschaft zu bekämpfen, wie in anderen Teilen der Welt zu dieser Zeit auch. Jedoch haben sich längst nicht alle Samurai ausschließlich mit den zweifelhaften Künsten des Totschlagens gerühmt.

Recht viele Angehörige dieses Adelsstandes nämlich waren in der Kultur und im kreativen Schaffen außerordentlich bewandert. Sie widmeten sich der Kalligraphie, fertigten Abschriften bestehender Werke an und taten sich als begnadete Handwerker hervor. Ebenso beliebt war es, zu musizieren. Zahlreiche Samurai folgten ihrer inneren Einstellung und öffneten ihren Geist und ihre Seele dem Gesang – indem sie altbekannte Volksweisen spielten oder selbst ein Musikstück komponierten. Das erforderte Begabung, selbstverständlich. Wem dieses Talent angeboren war und wer dieses unter Leitung eines wahren Meisters bis zur Perfektion vollenden konnte, dem eröffnete sich dadurch auch ein Einstand in die höhere Gesellschaft, in einflussreiche und wohlhabende Adelsschichten. Diese Aufstiegsmöglichkeit hatte es während des Feudalismus weltweit gegeben.

Die wohl klassischste Dichtkunst im alten Japan war die *Waka*. Sie wurde als eine von drei Poesieformen in der Heian-Periode begründet und ist, wie so manch anderes kulturelles Gut im alten Japan, einstmals chinesischen Ursprungs gewesen – bis die Japaner ihre eigene Interpretation daraus erschufen. Die Waka jedenfalls erfreute sich vor allem unter den Samurai großer Beliebtheit. Die „kriegerischen Dichter" eiferten dabei den größten japanischen Poeten recht erfolgreich nach und machten sich bei Hofe durch ihr Können einen einflussreichen und sicher auch einkommensstarken Namen. Geistig höchst anspruchsvoll ging es dann an jenen Abenden zu. Es wurden Gedichte gelesen, neue Reime verfasst sowie poetisch experimentiert.

Sich die Zeit zu nehmen für eine künstlerische Betätigung, ganz gleich in welcher Art und Weise, ist übrigens auch heute noch ein fester Bestandteil des alltäglichen Miteinanders in Japan.

Die 君が代), die Nationalhymne des heutigen Japans, hat ihre Wurzeln im zehnten Jahrhundert und geht in textlicher Hinsicht auf Ki no Tsurayuki zurück, einen höfischen Schriftsteller und leidenschaftlicher Dichter, der sich in seinem Können unter anderem mit der Waka auseinandergesetzt hat, jener eben erwähnten japanischen Dichtkunst. Im Zusammenwirken mit der Musik von Hiromori Hayashi entstand so im 19. Jahrhundert die heute bekannte Landesmelodie Japans, die anläßlich des Geburstages von Kaiser Mutsuhito am 3. November 1880 uraufgeführt wurde.

Im Geiste gleich – Die Ritter und die Samurai

Die Samurai und Ritter hatten – und das nicht nur auf den ersten Blick – tatsächlich einige Gemeinsamkeiten vorzuweisen. Die Herkunft beider Kriegerkasten aus den Reihen des gemeinen Reitervolkes wäre da zuerst zu nennen. Die regelrecht an Besessenheit und Hingabe grenzende Bereitschaft in den Kampf zu ziehen, Treue zu ihrem Herrn und Verbundenheit mit ihren Idealen sind nur einige der weiteren, beachtenswerten Tugenden, derer sich die Streiter in Ost wie West dereinst rühmten. Nicht jedem Mann war es damals vergönnt, in den Stand eines adeligen Kriegers aufzusteigen. Ritter oder Samurai zu sein, das hatte schon etwas Besonderes an sich, und sowohl hier in Europa als als auch in Japan wird man sich dieser Ehre stets bewusst gewesen sein.

Mit vollem Elan reisst ein Samurai – 侍 – sein Langschwert empor und stürzt sich in die kommende Schlacht. Er hat alles an Rüstzeug bei sich, was er für einen langen Kriegszug braucht, wie einen Yumi, den Kabuto und das Katana.

Doch kann man nun aufgrund dieser Zusammenhänge wirklich davon ausgehen, dass Samurai und Ritter tatsächlich eins gewesen sind? Dass es sowohl in Japan als auch hier in Europa ein- und dieselben ritterlichen Vorbilder gegeben hat? Dass beide gleiche Absichten verfolgten, genau dieselben Ziele und Bestrebungen hatten und danach gleichermaßen handelten?

Nein – an diesem Punkt ist nun endgültig Schluss mit den Gemeinsamkeiten. Sie hören da auf, wo der Mensch in den Vordergrund tritt, sie scheitern schlicht am Menschsein selbst. Denn das Sozialverhalten im feudalen Abendland stimmte tatsächlich kaum mit den Geboten und Gebräuchen Japans in dieser Epoche überein. Die Sprache, die Gebärden, das Wissen und die Sicht auf die Welt von damals sowie die Religion jener adeligen Krieger – dies alles hat sich in Ost und West jeweils aus verschiedenen Gegebenheiten heraus entwickelt. Die Samurai und die Ritter haben Ähnlichkeiten, aber keine gemeinsame Geschichte vorzuweisen. Dies war ganz einfach völlig unmöglich, weil es einen kulturellen Austausch zwischen ihren beiden Welten über die Meere hinweg nicht gegeben hat.

Sowohl die Ritter des Abendlandes als auch die Samurai Nippons zählen, dass ist unbestritten, zu den bemerkenswertesten zeitgenössischen Figuren der Weltgeschichte. Sie mögen zwar punktuell identisch wirken, aber dennoch bleiben beide für sich einzigartig. Denn jeder von ihnen hatte seine eigene Zeit, und sie alle für sich ihr eigenes Leben. In dem, was sie taten, wie sie die Welt gestalteten; Geschichte schrieben und ihre Ideale verbreiteten, verkörperten sie je eine Klasse für sich. Sie waren einzigartig und etwas Besonderes für ihre Zeit, und es wird sie derart – so, wie sie in der Vergangenheit gelebt haben – in Zukunft nicht noch einmal geben. ℐ

Das Ende einer großen Ära

Lange bevor die Menschen begannen, Bücher über das Rittertum zu verfassen, neigte sich diese Ära ihrem Ende entgegen. So sehr und außerordentlich die Ritter die Feudalgesellschaft auch geprägt hatten, so unvermeidlich nahmen jene Streiter dennoch Abschied von der Welt. Heute erinnern nur noch Überbleibsel an ihre Tage von einst, die niemals wieder zu erleben sind.

Der Untergang des Rittertums kam weder über Nacht, noch war er lange Zeit vorher abzusehen. Unsere Ritter verließen nicht von einem Tag auf den anderen die Bühne der Geschichte, sondern durchliefen einen längeren Prozess, wie es bei jeder gesellschaftlichen Fortbewegung und Entwicklung der Fall gewesen ist. Ihr Ableben ist das Ergebnis von langjährigen Veränderungen, die sich im Erwachen einer neuen Zeit entfalteten. Als kein Platz mehr für ihre Ideale vorhanden war; als sich zu vieles zu sehr geändert hatte, als dass es wahre Ritter noch benötigt hätte, war ihr Aussterben nur die letzte Konsequenz. Gewollt oder ungewollt, das spielte keine Rolle. Ob sie dazu womöglich sogar selbst beigetragen hatten oder schlicht vom Zeitenwandel überwältigt wurden, ist heute nur noch Ansichtssache, die auf den Verlauf der Geschichte keinen Einfluss mehr nehmen kann.

Unwiderruflich klar ist das, was geschah, und nichts und niemand wird jemals die Ereignisse umkehren können, die für immer zum Abgang der Ritter führten.

Im letzten Kapitel dieses Buches wird zum Abschluss auf jene Ereignisse eingegangen, die im deutschsprachigen Raum stattgefunden haben und vor allem hier den Rittern zum Verhängnis geworden sind. Was damals geschah, passierte auch anderenorts. In ganz Europa war der Fall der Ritterschaft ein durchaus schmerzlicher, vielleicht völlig unumgänglicher Prozess, wenn er sich auch lokal verschieden ausgewirkt und mal mehr und mal weniger erfolgreich zum Erhalt des ritterlichen Ideals beigetragen hat – bis hin zum allerletzten Augenblick.

Hier, im Heiligen Römischen Reich Deutscher Nation, begann der lange Abschied der Ritterschaft in der Mitte des turbulenten 13. Jahrhunderts. In dieser Zeit kamen mehrere gewichtige Strömungen zusammen die die bisherige Feudalgesellschaft verändern sollten. In ihrer Summe zwangen sie das ganze Reich, im Einzelnen aber vor allem den Ritter selbst, zu einem baldigen und einschneidenden Umdenken im Handeln. Diese Herausforderungen setzten die Ritter unter Druck – unter wirtschaftlichen, lehnsrechtlichen und militärischen Gesichtspunkten. Nicht alle wurden damit fertig. Vielen gelang es durchaus noch, zunächst ihr Ansehen zu bewahren, doch gewährten ihnen diese Mühen nur noch einen zeitlichen Aufschub. Bald waren die gesellschaftlichen Veränderungen für die Ritter in der Stadt wie auf dem Lande allerorten unvermeidlich geworden ... und das Ende ihrer Ära für alle Zeit gekommen.

Die kaiserlose, die schreckliche Zeit

Als „die kaiserlose, die schreckliche Zeit" bezeichnete Dichterkönig Friedrich Schiller einst einen Zeitabschnitt in der deutschen Geschichte, der von 1250 bis 1273 andauerte und sich durch eine bemerkenswerte Eigenschaft auszeichnete: In dieser Zeit gab es im damaligen Deutschland nämlich keinen König. Das HRR hatte praktisch keine Regierung. Der Thron war verwaist, die Zentralgewalt lag darnieder, und wurde lediglich von anderen, oft nachrangigen Machthabern ausgeübt. Diesen Zustand bezeichnet die Geschichtsforschung als Zwischenherrschaft, was im Lateinischen wiederum „Interregnum" heißt.

Das deutsche Interregnum währte ganze 23 Jahre. Es ließ in seiner gesellschaftlichen Auswirkung auf das Land nicht nur die Anwendung des Faustrechts mehrheitsfähig werden, sonder war sogar auf dem besten Wege, das halbe Kaiserreich in den Zustand eines frühmittelalterlichen Stammesreiches zurück zu katapultieren. Städte, Ritter, Grafen und die Kirche fielen wie Wölfe übereinander her. Man log und betrog und bereicherte sich auf Kosten Anderer. Es kam zu Selbstjustiz, zu Raub und Überfällen, und Korruption und staatlich motivierte Erpressung prägten den Alltag im HRR.

Das Interregnum war freilich hausgemacht und hätte beizeiten verhindert werden müssen. Nötig wäre nur eine unumschränkte Autorität gewesen, die hart und entschlossen gegen alle Unruhestifter durchgreift, die sich unter der aufkommenden Unruhe im Reich gegen die alte Ordnung aufzulehnen gedachte. Eine solche Autorität sollte zwar der König sein, der aber war fort und blieb dem Thron und seiner Verantwortung für viele Jahre fern.

Doch warum war das so? Wie ist das nur geschehen, und weshalb kehrte der König denn nicht zurück an seinen Hof, wenn doch das ganze Land so sehnlichst nach ihm rief?

Die Zeit der Zwischenherrschaft

Das Interregnum im HRR Deutscher Nation war im Grunde genommen eine Folge von innen- und außenpolitischen Ränkespielen, die nach dem Tod von Kaiser Friedrich II. dazu beigetragen hatten, den Thron des Deutschen Reiches für eine längere Zeit vakant zu halten. Dafür verantwortlich waren neben dem Papst als Vertreter der römischen Kirche – die von jeher ein starkes politisches Interesse an den deutschen Königen zeigte – auch jene führenden sieben Reichsfürsten, die das Land praktisch teilsouverän regierten. Vor allem deren gegensätzliche Interessen machten es für viele Jahre immer wieder nahezu unmöglich, sich einvernehmlich auf einen politisch stabilen und vor allem in jeder Hinsicht geeigneten Thronanwärter zu einigen. Vereinzelte Versuche gab es zwar, die aber allesamt kläglich scheiterten an un der Uneinigkeit der Landesfürsten scheiterten, zumal sich auch der Papst in Person von Innozenz III. immer wieder in die Gespräche um die Thronfolge einmischte.

Die Macht dieser Fürsten war allumfassend. Ihr politischer Einfluss wurde durch ihre Rangfolge untermauert, die sie der Lehnspyramide gleich an zweite Stelle setzte und nur noch von der Allmacht des Königs übertroffen wurde. Diese Hierarchie war historischen Ursprunges, denn das Königreich der Deutschen setzte sich schon in seinen Anfangsjahren aus mehreren, noch teils von Germanen geprägten Stammesreichen zusammen – unter ihnen die Sachsen, die Franken, die Bajuwaren und die Lothringer. Diese geopolitische Reichsaufteilung blieb über Jahrhunderte unangetastet. Selbst

Jene Besonderheit, für eine gewisse Zeit nicht von einem König, sondern vielmehr von dessen Vasallen regiert zu werden, war ein hoheitlicher Ausnahmezustand, der nicht nur den Deutschen in der Vergangenheit widerfuhr. Ein Interregnum geschah auch in anderen Ländern der Welt irgendwann einmal: In Japan zu Anfang des dritten Jahrhunderts, im Osmanischen Reich von 1402 bis 1437 sowie in Portugal von 1383 bis 1385 für gut zwei Jahre. Überall aber ging die Zeit der Zwischenherrschaft zu Ende, ohne dass es zu einem jähen Umsturz und zu einem Rückgang in eine frühe Form der Anarchie gekommen ist.

Die eben hier erwähnten sieben Fürsten bildeten genau genommen eine Art Kollegium, das nach damaligem Recht dazu befähigt war, den König des Heiligen Römischen Reiches Deutscher Nation zu wählen beziehungsweise ihn zu küren. Darum wurde diese hehre Versammlung auch Kurfürstenkollegium genannt. Herausgebildet hat sich dieses spätmittelalterliche Gremium erst langsam im Verlauf des 13. Jahrhunderts. Vom Willen dieser Fürsten jedenfalls war der zukünftige König, mal mehr, mal weniger, abhängig geworden, und konnte nicht einmal seinen eigenen Sohn ohne die Zustimmung jener Kurfürsten zum Thronnachfolger ernennen.*

als der sonst so mächtige Otto der Große im Jahre 936 die Herrschaft über das Ostfrankenreich antrat, war er abhängig vom Wohlwollen der amtierenden Stammesfürsten. Die Mitspracherechte dieser Reichsherzöge blieben auch für Jahrzehnte danach bestehen und sind ferner als Ursprung unseres heutigen, föderalistischen Staatswesens zu bewerten. Eine derartige politische Machtteilung hatte es in keinem anderen Feudalstaat gegeben. Die vertikale Gewaltenteilung zwischen dem König und den Landesfürsten hatte sich solange nur hier auf dem Boden der späteren Bundesrepublik Deutschland halten können. In anderen Monarchien Europas hingegen, wie in Frankreich, Polen oder England zum Beispiel, galten längst schon der Zentralstaat und der König als alleinige, entscheidende Instanz.

Zu Beginn des späten Mittelalters herrschten so im damaligen Deutschland sieben weltliche wie geistliche Fürsten – die Erzbischöfe von Köln, Mainz und Trier, der Pfalzgraf bei Rhein, der Herzog von Sachsen, der Markgraf von Brandenburg und der König von Böhmen. Sie alle hatten in der Mitte des 13. Jahrhunderts nun darüber zu entscheiden, wer nach dem Tod von Friedrich II. als zukünftiger Herrscher über das HRR Deutscher Nation regieren würde. Solange diese Entscheidung aber nicht getroffen war, gab es auch keine höchste Autorität an der Spitze des Staates, und solange würde die ausführende Gewalt ausschließlich in ihren Händen ihnen liegen, wenn auch politisch, rechtlich und territorial begrenzt.

Das aber dürfte schon genügen, wenn man sich einmal vor Augen führt, über welche Macht diese Landesfürsten denn verfügten. Sie traten dabei nicht nur als oberste Lehnsherren für die auf ihrem Herrschaftsgebiet lebende Bevölkerung auf. Sie durften auch lokale Gesetze erlassen. Diese Männer besaßen das Recht, Steuern zu erheben und Recht zu sprechen. Ferner kommandierten sie ihre eigenen Armeen; mitunter zehntausende Ritter und Soldaten. Noch mächtiger als der einzelne Fürst war schließlich nur noch der König, der aber – wen wundert es – zur Zeit des Interregnum abkömmlich schien. So gab es als oberste Institution vorerst nur den einzelnen Reichsfürsten, der sich auf einmal sehr mächtig glaubte und niemandem gegenüber Rechenschaft oder gar Gehorsam schuldete.

Von dem ersten Augenblick an, als die weltlichen und geistlichen Landesherren ihre Allmacht erkannten, fanden sie an der um 1250 vorherrschenden politischen Ausgangslage allmählich ihren Gefallen. Wenn auch die Geschichtsschreibung den Fürsten weder echten Größenwahn unterstellen kann, so gilt es dennoch als erwiesen, dass die Erzbischöfe, Markgrafen und Herzöge des Deutschen Reiches nunmehr alles daran setzten, unmittelbar nach dem Tod von Friedrich II. ihre eigene Politik in die Tat umzusetzen.

Das also war der Grund dafür, warum all jene Gesuche des Volkes – doch bitteschön einen neuen König an die Spitze des Reiches zu stellen – letzten Endes kein Gehör gefunden haben. Die neuen Machthaber über das Land ließen dies für einen gewissen Zeitraum einfach nicht zu. Es durfte keinen neuen König geben – wenigstens für eine Weile nicht. So entstand das Interregnum. Die kaiserlose, die schreckliche Zeit, wie es hieß. Dass während dieser Zeit der Zusammenhalt der Feudalgesellschaft in eine arge Schieflage geriet und es sich negativ auf das Sozialverhalten der Menschen ausgewirkt hat, sind nur einige jener Folgen, die vor allem der Ritterschaft im deutschen Reich zunehmend zum Verhängnis geworden sind.

Die Ritter während des Interregnum

In der Öffentlichkeit äußerte sich die Zeit der Zwischenherrschaft durch einen langanhaltenden Machtkampf zwischen den staatstragenden Eliten im spätmittelalterlichen Deutschland. Die adelige Oberschicht trat als Erste den Konflikt los. Dieser weitete sich von den sieben Reichsfürsten – die unter anderen territoriale Ansprüche untereinander streitig machten – über die

Reichsstädte und rangniederen Landgrafen aus und bezog bald auch die Angehörigen des nicht weniger machtbessesenen geistigen Standes mit ein. Jede Institution und jede Kaste, die sich unter der Regie der amtierenden Könige bislang widerwillig in ihre Schranken der hierarchischen Ordnung fügen mussten, waren nun auf einmal darauf bedacht, den ihr zugeschnittenen Rahmen aufzusprengen und auf Kosten des Volkes an politischem und ökonomischem Einfluss zu gewinnen.

Besonders bemerkbar machte sich das unkontrollierte Machtstreben im Reich durch die mutwillige und einseitige Erhebung von Steuern, Abgaben sowie horrenden Zöllen, die sich gegen Händler und Kaufleute richteten und dem Klerus sowie der weltlichen Macht enorme finanzielle Einnahmen bescherten. Wenn auch der innere Frieden im Lande trotz der abwesenden Autorität des Königs erst einmal weniger in Gefahr geriet, als zunächst zu befürchten gewesen wäre, so stellte die ständig offen ausgetragene Rangelei eine zunehmende Belastung für die Bevölkerung dar. Denn den immer dreisteren fiskalischen Forderungen waren die Menschen völlig wehrlos ausgesetzt. Einen juristischen Beistand etwa, der auf ihre Lage hätte verweisen können und gewillt gewesen wäre, gegen diese, sagen wir fiskalischen Anfeindungen vorzugehen, gab es nämlich nicht mehr: Der oberste Richter des Landes, der König, fehlte! Die ihm nachfolgenden sieben Reichsfürsten wiederum scherten sich um die Nöte im Reich schon lange nicht mehr, zumal sie jene ja selbst losgetreten hatten. Somit verlor auch die weltliche Gerichtsbarkeit an Einfluss im Reich, die ja überwiegend von den Lehnsherren selbst ausgeübt worden ist und bislang zumindest halbwegs für Gerechtigkeit sorgte. Dadurch, dass die Fürsten und andere Würdenträger um eigene Pfründe kämpften, blieben manch Missetaten und Verbrechen ungeschoren. Es herrschte demnach keine Ordnung in Form einer durchgreifenden Exekutive mehr, die regierte, verteilte und zur Verantwortung zog, sondern nur noch zunehmende Anarchie im HRR Deutscher Nation.

Gegen diese Anarchie hätte etwas getan werden müssen, und wer wäre dazu nicht besser geeignet, als der an seinen Tugenden und Idealen aufrichtig festhaltende, glänzende Ritter des Königreiches, der immer zur Stelle war, wenn man ihn brauchte?!

Aber ja, meinen wir, das wäre es gewesen! Bestimmt hatte der tapfere Ritter dank seiner Fertigkeiten rasch die bestehenden Konflikte lösen und die über die Stränge schlagenden Parteien wieder zur Ordnung rufen können. Schon allein seine förmliche Androhung, die Ruhe im Reich notfalls mit dem Schwert wieder herstellen zu wollen, hätte ihre Wirkung bestimmt nicht verfehlt. Viel mehr, dies wäre *das* Signal gewesen, was mit Sicherheit die Lage beruhigen und das Interregnum postwendend hätte beenden können. Jedoch – dazu sollte es nicht mehr kommen. Denn wie alle anderen Adeligen im Lande auch, war inzwischen selbst der Ritter in den Machtkampf im Reich verwickelt, unglücklich zwar, aber nicht ganz unfreiwillig.

Das Dahingleiten des Ritters in diese Phase der Unruhen hatte bestimmte, auch nachvollziehbare Ursachen gehabt. Ein Grund war unter anderem die fehlenden Einsatz- und Beschäftigungsmöglichkeiten – im HRR Deutscher Nation gab es für den Ritter schlicht und ergreifend nichts mehr zu tun. Das Interregnum hatte ihm seinen Lehnsherren genommen – die zentrale Identifikationsfigur, mit der er nicht nur freundschaftliche Bande pflegte, sondern in der er ja gemäß seiner Herkunft hauptsächlich einen Ansporn für sein Handeln sah. Seine Tugenden, zu dienen und treu ergeben zu sein, waren genau auf die Bedürfnisse des Lehnsherrn ausgelegt. Diesen Befehlen zu gehorchen, war gemeinhin des Ritters oberste Pflicht.

Doch als der größte aller Lehnsherrn, der König selbst, auf einmal nicht mehr vorhanden war, gab es im Leben des Ritters niemanden mehr, der ihn noch zum Kampf für die rechte Sache ausschickte. Das Lehnverhältnis war praktisch aufgelöst, die Anstellung des Ritters für

Im Zuge der zeitweise zerfallenden Ordnung im HRR kam es aber auch zu entschiedener Gegenwehr. Dem Allmachtsanspruch der Landesfürsten, den Intrigen, dem Betrug und der um sich greifenden Gier, stellten sich zum Beispiel die freien Reichsstädte entgegen. Sie vereinbarten Bündnisse und Partnerschaften und leisteten untereinander im Notfall sogar bewaffnete Hilfe, wenn Gefahr durch Raubritter oder die Obrigkeit drohte. In diesem Städten fand dann mitunter die ländliche Bevölkerung Schutz vor der andauernden Drangsalierung. Die zunehmende Landflucht der Menschen in die Städte liegt zum Teil auch in der persönlichen und rechtlichen Freiheit begründet, die den oft hörigen Bauern hinter den sicheren Mauern zuteil geworden ist.

Ein guter Ritter hatte die Witwen und Waisen zu beschützen, Unrecht zu bekämpfen und die Ordnung zu bewahren. Dabei handelt es sich um Aufgaben, die heute mitunter von der Polizei erfüllt werden. Und in der Tat gibt es da gewisse Ähnlichkeiten zwischen Rittern und den Polizeibeamten – mit dem Unterschied, das sich die einen ihrem Lehnsherrn verpflichtet fühlten, und die Anderen nach Vorschrift und Gesetz tätig werden. Dies ist denn auch als Ursache dafür anzusehen, warum die Ritter sich nicht flächendeckend zur Aufrechterhaltung der inneren Ordnung zusammengerauft haben: es fehlte das sie alle verpflichtende Gesetz, auf jeden Fall für das Volk tätig zu werden, ungeachtet lehnsrechtlicher Eide gegenüber der Obrigkeit. Idealistische Vorstellungen reichten dazu nicht aus und erzielten, wie wir erfahren haben, während des Interregnum wohl kaum eine Wirkung. Denn trotz des ungebührlichen Verhaltes der höheren Adelskreise hatte deren Wort noch immer bindende Wirkung für die zur amtlichen Pflichterfüllung verdonnerte Ritterschaft.

beendet erklärt. Nicht wenige Ritter sahen zwar in den amtierenden Herzögen einen Lehnsherren und schworen entsprechend, ihm treu zu dienen. Da in der Zeit ohne König und Kaiser aber vor allem die Reichsfürsten eine äußerst schlechte Figur abgegeben haben und durch ihre habgierigen, egoistischen Handlungen dem Recht und der Ordnung völlig widersprachen, fanden die Ritter nun in ihnen kein rühmliches Vorbild mehr. Sitte und Anstand verkamen nach und nach. Die hochadeligen geistlichen wie auch die weltlichen Kasten hatten augenscheinlich als Vorbild versagt. So überrascht es dann weniger, dass der Großteil der Ritter ihre Konsequenzen daraus zog und wohl schulterzuckend das tat, was schon lange alle anderen taten, nämlich zu erpressen, zu rauben und Willkür auszuüben.

In der Folge kam es dann zu zahllosen Überfällen auf die durch das Reich reisenden Händlerkarawanen. Da draußen auf den einsamen Straßen, wo so schnell niemand zu Hilfe eilen konnte, polterten jene Ritter, die die Seiten gewechselt hatten, grimmig wie aus dem Nichts herbei und umstellten unter gezogenen Waffen die verängstigten Kaufleute. Gegen Androhung nackter Gewalt erbeuteten die Ritter alles, was ihnen wertvoll erschien, vom Proviant über kostbare Stoffe bis hin zu Geld. Dann machten sie sich derart zügig wieder aus dem Staub, wie es ihnen mit den reich beladenen Rössern überhaupt noch möglich war. Der Ritter hatte also einen Raub verübt, und wer so etwas tat, der wurde postwendend zum Raubritter.

Wesentlich verachtenswerter als ein Raub war nur noch die Geiselnahme. Auch dies geschah während des Interregnum immerzu und wurde ausgerechnet von den Rittern ausgeheckt. Jene Recken, die aufgrund der nun ausbleibenden Kriegseinsätze und Lehnsdienste nichts mehr zu verdienen oder zu erbeuten hatten, saßen praktisch auf leeren Kassen. Um diese zu füllen, konnte man auf Raubzüge gehen. Wesentlich ergiebiger aber war da die Entführung eigener Landsleute, für deren Freilassung die „Ritter" Lösegelder erpressten.

Ein wohlhabender Kaufmann, ein gut genährter Frei-
bauer oder gar ein städtischer Bürger wurden entführt,
in ein wahrhaftig grottendunkles und feuchtes Verlies
eingesperrt und dort solange wie ein Tier gefangen gehalten, bis die Angehörigen des Gefangenen das Lösegeld entrichteten. Und für gewöhnlich wurde auch
rasch und sehr großzügig gezahlt. Denn eine längere,
mitunter mehrere Monate oder sogar Jahre andauernde
Gefangenschaft in so einem von Ratten wimmelnden,
nasskalten Kellerloch brachte nahezu jeden Menschen
um den Verstand. Die daraus resultierenden dauerhaften psychischen sowie auch physischen Schäden
wünschte man wirklich keinem Menschen.

In diesem Zusammenhang darf man sich nicht der
allzu verlockenden Hoffnung hingeben, dass die Raubritter zuweilen auch mal Erbarmen gezeigt hätten. Irr-
tum! Wer das Lösegeld nicht aufbringen konnte, der sah
seinen entführten Verwandten, Freund oder Familien-
angehörigen Zeit seines Lebens nicht mehr wieder. So
gefährlich, ja unsicher waren die Zeiten während des
Interregnum geworden, dass sich die Menschen im
HRR sogar auf den Anstand eines Ritters einfach nicht
mehr verlassen konnten.

Der rapide Verkümmern des ritterlichen Ansehens ist
freilich eine unwiderlegbare Fehlentwicklung während
des Interregnum. Die Bücher und Chroniken dokumen-
tieren die Entgleisungen der Ritter genau. Im Hinblick
auf den gesamthistorischen Kontext ist es aber wichtig,
auch auf die Ausnahmen hinzuweisen – und zwar auf
jene Ritter, Soldaten und Adelige, die sich dem Hauen
und Stechen im Inneren des Reiches verwehrten. Denn
das hat es damals sehr wohl gegeben: Mutige Ritter, die
gemeinsam mit anderen aufstanden, um sich mit ihrem
eigenen Leben für den Frieden einzusetzen. Entweder
gingen sie gegen die Abtrünnigen in ihren eigenen Reihen vor, vermittelten zwischen den verfeindeten Parteien oder beschützten die Menschen höchstpersönlich,
indem sie unter anderem deren Karawanen sicher durch

das Land geleiteten. Der alte Ritter war also noch immer da! Nicht alles wurde so einfach aufgegeben. Haltung, Achtung, all die Ideale von einst – sie hatten selbst in dieser kaiserlosen Zeit manchem Ritter noch immer etwas bedeutet. So aufrichtig sich einige für die Gerechtigkeit einsetzten, so würdevoll und still blieben andere zurück, allein in ihren dunklen Türmen, um wenigstens im Geiste ein moralisch anständiges Zeichen zu setzen. Soviel Haltung verdient unseren Respekt.

Zum Trotz der ernsthaften Mühen einiger Wenigen, hat sich in unserer Geschichte am Ende leider doch die Mehrheit einmal mehr durchgesetzt und der Ritterstand verkam unweigerlich. Aufgrund der zunehmenden Zahl von Verbrechen, die von abtrünnig gewordenen Rittern – aber nicht nur von denen – begangen wurden, schrieen die Untertanen des Landes alsbald nach Gerechtigkeit. Die aber blieb jedoch aus, denn keine höhere Institution wollte oder konnte dem Treiben der Raubritter dauerhaft Einhalt gebieten. So blieb den frustrierten Bürgern und Bauern nur noch der ungewollte Ausweg, mit allen Mitteln sich selbst zu helfen.

Das Volk setzte sich also auf seine eigene Weise zur Wehr. Jeden Raubritter, den sie greifen konnten, schlugen sie an Ort und Stelle maßlos zusammen und hängten ihn gleich selbst am nächstbesten Aste auf. Ein ordentliches Gerichtsverfahren wurde nicht durchgeführt. Anklage und Urteil kamen aus einem Munde, ohne Anhörung, ohne Verteidigung und ohne abzuwägen. So verrohte auch hier das Zusammenleben, weil man im Allgemeinen nun Misstrauen dem Vertrauen vorgezogen hat.

Weitaus einschneidender und verwerflicher als jene Raubritter aber agierte die Obrigkeit. Die Fürsten des Reiches und ihre wohlhabenden Kontrahenten in den Städten und Klöstern, putschten sich in ihrem internen Wettkampf um die Macht gegenseitig derart hoch, dass sie ihre gegensätzlichen Ansichten nicht selten mit offener Gewalt durchsetzen wollten, wie es beispielsweise in der Schlacht von Worringen ersichtlich wurde.

In der Schlacht von Worringen haben der Kölner Erzbischof Siegfried von Westerburg und der Herzog von Brabant, Johann I., einen Erbstreit um die Herrschaft des Herzogtums Limburgs gewaltsam ausgetragen. Diese Ritterschlacht aus dem Jahre 1288, die durchaus auch als eine Fehde aufgefasst werden könnte, brach erst nach Ablauf des Interregnums aus und machte dabei auf eine gewisse Art und Weise auch die Ohnmacht der Könige offensichtlich, denen es scheinbar nicht gelungen war, längere Zeit einen dauerhaften Frieden im Reich zu bewahren.

Das Ende der Zwischenherrschaft

Im Jahre 1273 fand das Interregnum in Deutschland schließlich sein lang ersehntes Ende. Es waren die Reichsfürsten, die schließlich eingelenkt hatten, und zwar deshalb, weil sich nun die Kirche in den Machtkampf einmischte und mit einschneidenden Konsequenzen gedroht hatte, wenn es nicht bald wieder einen König geben würde. Den einzelnen Landesfürsten war diese Drohung nicht ganz geheuer waren, weshalb sie sich nach zwei Jahrzehnten endlich auf einen Thronnachfolger für das Reich einigten.

Dieser neue König war der Habsburger Rudolf I. Der nicht mehr ganz so junge Herrscher machte sich sogleich daran, das bis zu seiner Ernennung andauernde Interregnum endgültig zu den Akten zu legen. Ohne Nachsicht rief er die adeligen Stände zur Ordnung und beendete gleichfalls ohne viel Federlesens die Gewaltherrschaft der Raubritter. Zahllose Unruhestifter ließ er verhaften und hinrichten, und zerstörte deren Burgen im ganzen Königreich. Als es damit nach einigen Jahren schließlich vorüber war, atmete die Bevölkerung erleichtert auf. Nun würde endlich wieder Ruhe einkehren und das Reich zu alter Größe finden.

Die Ritter hingegen wurden niemals wieder vollends rehabilitiert. Die Gesellschaft hatte sich längst ein Urteil über sie gebildet. Wenn sich auch nicht jeder Edelmann dem räuberischen Treiben seiner Gefährten angeschlossen hatte, sondern sie mit ziemlicher Sicherheit eher aufzuhalten gedachte, so zahlten dennoch alle Ritter für die Vergehen jedes Einzelnen. Der hohe Preis war der Verlust der Glaubwürdigkeit. Von diesem historischen und tiefgreifenden Fehlverhalten erholten sie sich nicht mehr wieder. Für sie selbst gab es keinen Ausweg, kein Zurück mehr in die heile Welt von früher. Ihre Ideale verblassten und verloren ihren Glanz für immer in der nun anstehenden Zeit des Wandels, die mit einschneidenden Veränderungen überall im Abendland den Niedergang des Rittertums besiegeln sollte. ❡

Wie sich das trostlose Leben eines Raubritters abgespielt haben wird, kann uns nachfolgend Oswald von Wolkenstein berichten:

„In Rauben, Stehlen, Töten bin ich groß, will Leben, Ehre und Besitz von anderen, beachte nie die Fast- und Feiertage, falsch Zeugnis geben fällt mir leicht. Im Spielen, Raffen bin ich unersättlich, bin untreu, falsch benutze Zauberei, Verrat begehe ich und lege Feuer. Voller Hoffart ist mein Leben. Die Habgier läßt mir selten Ruh, und Spott, Zorn Unzucht sind mir wohlbekannt, und Prassen, Saufen, früh und spät. Bin eselsträge, hundescharf. Die Nackten hab' ich ignoriert, den Armen Durst und Hunger nicht gestillt. Wer krank, gefangen, sterbend und heimatlos — ich habe ihm Erbarmen nie gezeigt! Vergossen habe ich unschuldig Blut, den Bauern bürd' ich große Lasten auf. [...]"

Zitiert nach: Dieter Kühn: Ich Wolkenstein. Eine Biographie. Frankfurt/Main 1988. Insel Taschenbuch, Nr. 497

Die Ursachen des ritterlichen Niedergangs

U m jenen Prozess nachvollziehen zu können, der für den Rückzug der Ritter aus der Weltgeschichte verantwortlich war, macht es sich für uns am Besten, wenn wir während unserer Erläuterungen deren Lebenslauf noch einmal ins Gedächtnis rufen. Darum fassen wir – durchaus ein wenig theatralisch – einmal mehr all die Daten zusammen, dies uns in den vorangegangenen Kapiteln der Geschichte der Ritter vermittelt worden ist, um nachher diese Fakten mit dem sich im Spätmittelalter abzeichnenden Niedergang jener Kriegerkaste vergleichen zu können.

Im achten Jahrhundert betrat der Vorgänger des Ritters das frühmittelalterliche Europa. Das war der fränkische Panzerreiter. Karl Martell, der Hausmeier der Franken, schuf und bewaffnete ihn nach seinen altrömischen Militärerfahrungen als eine völlig neue Truppengattung. Seine ersten Verdienste erwarb sich der auf einem Ross sitzende Krieger in der Schlacht von Tours und Portiers um 732, in der er gegen die muslimischen Araber zu Felde zog. Dann ging es mit ihm weiter hinaus. Nachdem er durch das expansive Vordringen und die Verbreitung der Kultur der Franken unter anderem auch im späteren Deutschland bekannt geworden war, fasste der vormalige fränkische Panzerreiter schließlich im Hohen Mittelalter als eine neuartige Vorbildfigur gänzlich im Abendland Fuß. Der Ritter war erschaffen.

Nicht nur durch seine ausgesprochen kriegerische Haltung machte sich der Ritter künftig einen Namen. Er war zugleich auch durch seine zuvorkommende Haltung und literarischen Künste beim einfachen Volk beliebt und bekannt. Unterwegs in das Abenteuer seines Lebens, suchte der Ritter vereinzelt den Weg bis an das Ende der damals bekannten Welt. Als treuer Vasall von Königen und Königinnen zog er nach Jerusalem oder in die Weiten Polens. Er focht für das Christentum und strebte – trotz der Neigung zur Gewaltanwendung – nach einem höheren Sinn in seinem Leben. Auch als Drachentöter, und Minnesänger wird er heute gern von uns verklärt. Dabei hatte er oft nicht mal richtig singen können, litt unter schiefen Zähnen und Einsamkeit, badete kaum und bekam bezeiten graue Haare, wie so viele seiner Mitmenschen auch.

Kaum auf dem Höhepunkt seiner Bewunderung angelangt, begann aber schon sein trauriger Abstieg. Überholt war auf einmal nicht nur sein Hang nach höfischen Benehmen und ideellen Wertevorstellungen. Vielmehr war es das gesamte Denken und Handeln des Ritters, das zu den aufkommenden gesellschaftlichen Neuerungen nicht mehr so richtig passen sollte.

Das seine Ära eines Tages zur Neige gehen würde, das hatte dem Ritter indirekt schon bewusst sein müssen. Und vielleicht war es dies auch, dem einen oder anderen. Immerhin geriet auch sein eigener Vorgänger, der Panzerreiter, im Hochmittelalter allmählich in Vergessenheit. Wie es sich angefühlt hat, nicht mehr gebraucht zu werden und seine Dienste niemandem mehr bieten zu können, kann sicher jeder von uns nachvollziehen. Denn jedes neue Zeitalter der Geschichte geht mit einschneidenden Veränderungen daher – dem Einen kommen sie zugute, und dem Anderen laufen sie ins Bein.

Die militärischen Ursachen

Bislang galten die Kavallerie und damit der Ritter als die schlagkräftigste Einheit in der Kriegsführung des Mittelalters. Die auf einem hohen Ross einreitenden Krieger, die gegenüber den herkömmlichen Fußsoldaten nicht nur eine längere Marschleistung erbringen konnten, hatten damit alle Trümpfe in der Hand. Als frühere Panzerreiter triumphierten sie über die zu Fuß kämpfenden Wikinger und Sachsen, und trotzten später als Ritter mit Panzerhemd und Lanze den Heerscharen der nur leicht bewaffneten muslimischen Heere, die einem Zusammenstoß mit den gepanzerten Linien in keiner Weise standhalten konnten. Die Ritter galten für eine ganze Zeit lang als unbesiegbar. Ihre stets frontal geführten Attacken waren bisher so gut wie gar nicht aufzuhalten, da die Kraft ihrer Rösser in Verbindung mit der Kraft ihrer Lanze einfach alles zu Boden ritt. Das änderte sich auch zu Anfang des Spätmittelalters noch nicht, bis jedoch das 14. Jahrhundert anbrach. Dann nämlich entwickelten die Menschen neue Waffen und Taktiken gegen die bislang unschlagbaren Ritter.

Entgegen der üblichen Erwartungen aber waren für die militärische Niederlage der Ritterschaft weder das Schießpulver noch die Kanone verantwortlich, sondern zunächst der sognannte englische Langbogen. Seinen Pfeilen, die selbst bei größeren Entfernungen noch gegen Schilde aus Eichenholz eine entsetzliche Durchschlagskraft entfalteten, hielten die Plattenpanzer der Ritter nicht mehr länger stand. Sie wurden durchschlagen wie jede andere Rüstung auch, selbst wenn man diese so solide wie nur möglich schmiedete. Die englischen Schützen, die damals zu den besten der Welt gezählt haben, vermochten bis zu fünf solcher Pfeile in einer Minute in die Luft zu setzen. Einem solchen Hagel war der Ritter künftig machtlos ausgesetzt – und die erste, historisch verbürgte Niederlage ließ auch gar nicht lange auf sich warten.

Im Jahre 1304 stürzten bei Crecy die Reihen der französischen Ritterschaft erstmals im Sturm zehntausender Pfeile tot zu Boden, noch bevor sie dazu in der Lage waren, ihre Rösser zum vollen Galopp anzuspornen. Der Reiterangriff der Franzosen brach jäh in sich zusammen. Tausende Ritter bezahlten teuer für diese Attacke, die so unerwartet eine schreckliche Wende nahm. Bald hatte sich die Effektivität des englischen Langbogens herumgesprochen. Die neuartige Waffe bescherte den adeligen Recken nun auf allen folgenden Schlachtfeldern dieser Zeit eine wahre Serie an Niederlagen.

Neben dieser neuen Fernwaffe aus Holz machte den Rittern noch die Infanterie die militärische Vormachtstellung streitig. Nach all den fürchterlichen Reiterattacken, die Jahrhunderte lang immer wieder gegen die zu Fuß kämpfenden Soldaten geführt worden waren, begannen Truppenführer und Adelige damit, eine Abwehr gegen die ritterliche Kavallerie ihres Gegners aufzubauen, die sich aus mehreren Stufen zusammensetzte.

Historiker sagen, das die ritterliche Rüstung am Ende ihrer Entwicklung ein solches Gewicht auf die Waage gebracht hat, das die Ritter kaum noch imstande waren, ohne größere Anstrengung zu gehen und zu kämpfen. Tatsache war, das sie sogar mit Holzkränen auf ihr Pferd gehoben werden mussten, weil ihnen der Schwung in den Sattel einfach nicht mehr gelingen wollte. Ob das unbedingt der Wahrheit entspricht? Auf jeden Fall dürfte sich das Ross selbst auch nicht immer wohlgefühlt haben, wenn es eine zentnerschwere Last womöglich über mehrere Stunden zu tragen hatte.

Zunächst war es wichtig, die geschlossen anrückenden Ritter auf Abstand zu halten. Dies geschah, indem ganz bewusst ein Schlachtfeld ausgewählt wurde, auf denen die adeligen Reiter keines ihrer gefürchteten Manöver mehr durchführen konnten, mit denen sie bislang erfolgreich in die ungeschützten Flanken der Infanterie stürzten. Lange angespitzte Holzpfähle, die man vor den Füßen der Fußsoldaten in den Boden rammte, sollten darüber hinaus die in vollem Galopp anpreschenden Pferde von einer Attacke gänzlich abhalten oder sie zumindest schlagartig abbremsen können.

Kam es aber trotzdem zu einer unmittelbaren Begegnung zwischen den Rittern und den zu Fuß kämpfenden Soldaten, hatten die Reiter noch immer jenen Trumpf inne, aus dem Sattel von oben herab kämpfen zu können. Schon seit der Antike haben sich dadurch die Reiter gegenüber den Infanteristen im Vorteil befunden. Das galt so auch noch im Späten Mittelalter, bis auch dann eine militärhistorische Wende eintrat. Die Fußsoldaten wurden nun mit langen Speeren ausgerüstet, an deren Ende man mitunter scharfe Klingen anbrachte. Mithilfe dieser vielseitig verwendbaren Stangenwaffen hielten die Soldaten jetzt nicht nur die Ritter auf Abstand, sondern stießen sie sogar vom Pferd oder brachten das Ross gleich samt Ritter zu Fall. Einmal auf dem Rücken liegend, geriet der Ritter in Gefahr. Denn durch das Gewicht der mittlerweile weit verbreiteten Plattenrüstung war es ihm nur noch sehr umständlich möglich, zu kämpfen, sich zu bewegen oder gar zu erheben! Die Infanterie hatte dadurch leichtes Spiel und streckte die sich auf den Boden schwerfällig windenden Ritter rücksichtslos mit der Klinge nieder.

Die Schlacht von Courtrai im Jahre 1302 gilt als ein in die Militärgeschichte eingegangenes Lehrstück, wonach der organisierten Infanterie ein überwältigender Sieg über ein nach Ritterart angreifendes Reiterheer gelungen war. Auch bei Sempach im Jahre 1386 erwies sich die Kombination aus einem für Reiter untauglichen

Gelände und jenen mit Langspießen und Hellebarden ausgerüsteten Infanteristen als äußerst wirkungsvoll gegen die anbrausenden Ritter. Wieder einmal wurden sie besiegt. Aus jenen bei den Kämpfen verwendeten Stangenwaffen entwickelte man bald schon die sogenannte Pike, und mit ihr die Kampfeinheit der Pikeniere, die nun siegessicher in das Schlachtgeschehen Europas eingreifen sollten. Zu Tausenden wurden wehrbereite Männer im Umgang mit der neuen Waffe und Kriegstaktik geschult, um sie unter hoher Zuversicht auf einen weiteren, glanzvollen Sieg in die Schlacht gegen die Ritter zu befehlen.

Ab diesem Zeitpunkt fühlte sich die berittene Kriegerkaste auf einmal unterlegen. Ihre zu Recht gefürchtete Attacke, frontal in die Reihen des Gegners einzureiten, versprach länger keinen Erfolg! Sie wurden ihrer Erfahrung, ihrer Lebensweise und ihrer Kampfkraft beraubt – und waren militärisch gesehen nur noch eingeschränkt einsatzfähig gegenüber den Langbögen, Piken und abgesteckten Schlachtfeldern.

Der Ritter hatte zwar sein Können nicht verlernt; er war so gut gerüstet und durch jahrhundertelange Schlachten rundum erfahren wie noch nie zuvor. Dass aber seine potentiellen Gegner dazugelernt haben; zügige Fortschritte im Militärwesen machten und sich vor den adeligen Reitern und ihren verheerenden Angriffen nicht mehr fürchteten – das war ein bedeutender Wendepunkt, der die Kriegsführung entscheidend verändert hatte und für den Sturz der Symbolfigur des Mittelalters mit verantwortlich war.

Diese waffentechnischen Erneuerungen stellten den einzelnen Ritter schließlich vor eine enorme finanzielle wie persönliche Herausforderung. Zum einen hatte er seine durch jahrzehntelange Erfolge bewährten Kriegstaktiken auf einmal grundlegend umzustellen, ohne selbst genau zu wissen, wie er den siegessicheren Fußsoldaten und Bogenschützen begegnen könnte. Zum anderen musste er seine eigene Ausrüstung dem grassierenden Fortschritt anpassen. Alles musste verstärkt, verfeinert und neu angeschafft werden, um nicht völlig auf den Schlachtfeldern zu versagen. Zu guter Letzt bedurfte auch noch das Schlachtross einen rüstungsähnlichen Körperschutzes, um vor den Waffen der Fußtruppen künftig besser geschützt zu sein.

Dies alles kostete natürlich − und das mitunter sehr viel mehr, als sich ein einfacher Ritter hätte leisten können. Sein Einkommen, das er aus seinem Lehen erzielte, deckte nämlich gerade mal noch seinen eigenen Bedarf und den seiner Familie und Untergebenen. Denn inzwischen hatte auch ein wirtschaftlicher Wandel in ganz Europa stattgefunden, der sich neben der militärischen Lageänderung nun auch noch zusätzlich nachteilig auf das Leben des Ritters auswirken sollte.

Die sozialökonomischen Ursachen

Im 13. Jahrhundert nahm auf dem Lande und in den größeren Städten Europas eine ökonomische Revolution ihren Anfang. Diese erschütterte das auf der Naturalwirtschaft basierende Feudalsystem bis in seine Grundfeste und sollte eines Tages die Menschen aus der mittelalterlichen Gesellschaft herausführen − es war das Geld, von dem hierbei die Rede ist. Harte Münzen, als Zahlungsmittel bislang weitestgehend unbekannt, kamen unter dem Volk in Umlauf und verdrängten die alten Tauschgeschäfte, bei deren Abwicklung bis zuletzt ja immer noch mit Naturalien bezahlt worden war. Diese Zeit allerdings ging nun vorbei. Der Wert der Landgüter, des Viehbestandes und der sonst gebräuchlichen Waren wurde zukünftig mehr und mehr in einer Währung festgelegt und mit einer bestimmten Menge an Münzen gehandelt. Bald tauschte niemand mehr zehn Eier gegen Gemüse, Gerste oder Fisch − jetzt wurde teuer dafür bezahlt. Auch die Löhne und Vergütungen für die Bauern, Handwerker sowie alle anderen Berufstätigen, wandelten sich nach und nach in entsprechendes Hartgeld. Die am weitesten verbreitete Währung des Mittelalters war der Taler. Ein vom Wert und

Das Schwarzpulver, das ja angeblich vordergründig der Ritterschaft den Garaus gemacht hat, ist ein Gemisch verschiedener Substanzen, die hauptsächlich mit dem Stoff Salpeter zusammengemengt wurden. Erste Verwendung fand dieses „Gebräu" schon im alten Byzanz, bevor es die Chinesen, Engländer und die Deutschen eines Tages aufgegriffen haben und in selbstständigen Versuchen verfeinerten. Im ausgehenden Spätmittelalter gehörte die erste, mit Schwarzpulver zu zündende Kanone bereits zur Ausstattung fürstlicher Heere und leistete im Rahmen des andauernden, waffentechnischen Fortschrittes in einem europaweiten Wettrüsten seinen verheerenden Beitrag.

Namen her einheitliches, landübergreifendes und akzeptiertes Zahlungsmittel hatte es jedoch aufgrund der hoheitlichen Souveränität der einzelnen Feudalstaaten in Europa nicht gegeben.

Disee Umstellung der bisher aus Naturalien bestehenden Zahlungsmittel traf den Ritter zu einem ohnehin ungünstigen Zeitpunkt. Auf einmal verlangte die Welt um ihn herum Geld, welches er selbst aber nicht besaß, denn seine Verdienste für König und Vaterland bezahlte ihm zunehmend niemand mehr. Die als Lehnsherren amtierende Obrigkeit löste zunehmend die bestehenden Lehnverhältnisse auf. Sie wollte nicht länger ihre souveräne Macht für eine unbestimmte Zeit weiter an ihre Vasallen verpfänden, sondern deren Dienste nur noch nach dem tatsächlichen Bedarf erkaufen und diese Leistungen mit dem umlaufenden Geld vergüten.

Der Ritter wiederum stand bei diesem ganzen Ablauf außen vor. Er bekam für seine Arbeit keinen Lohn ausgezahlt, denn seine Dienste als Krieger waren nicht mehr so sehr wie früher noch gefragt. Da sich der Ritter in der letzten Zeit als ein zunehmendes Risiko auf den Schlachtfeldern erwies und immer öfter besiegt worden war, steckten der König und die Herzöge das teure Geld stattdessen in den Aufbau ihrer Infanterie, die sich nunmehr als weitaus durchschlagender erwiesen hat.

Da der Ritter als berufsmäßiger Krieger nur noch seltener sein Geld verdienen würde und das Schreiben von Gedichten und Singen von Liedern keinen richtigen Gewinn abwarf, musste er sich anderweitig weiterhelfen. Seine einzige Möglichkeit, in dieser Zeit noch zu Geld zu kommen, war, sein Lehen wirtschaftlich gewinnbringend zu verwalten und die Überschüsse auf dem Markt feilzubieten. Selbst das aber war inzwischen gar nicht mehr so leicht, denn den Rittern fehlten allmählich die dafür notwendigen Arbeitskräfte. Die Bauern und Knechte waren nämlich fortgezogen und abgewandert in die aufblühenden Städte dieser Zeit, wohin sie die persönliche Freiheit lockte. Kein Grundherr würde dort mehr über sie bestimmen. Kein Ritter, Abt

Das liebe Geld macht nicht nur uns zuweilen Kummer und Sorgen. Wir stellen mit Ernüchterung fest, das selbst die nach höheren Zielen trachtenden Ritter nicht mehr umhin gekommen waren, für ihre Aufträge und Sonderwünsche in harter Währung zu bezahlen. Wohl bekomm's demjenigen Ritter, der es durch eine wohlwollende Stellung am Hofe des Königs zu einem Ansehen gebracht hat, was in der neuen Ära der Geldwirtschaft von großen Vorteil sein konnte.

oder Landgraf könnte ihnen dort vorschreiben, wen sie zu heiraten oder wann und wohin sie zu gehen hätten. Stadtluft macht frei, hieß die weit verbreitete Losung, und wer konnte, der flüchtete, ja rettete sich regelrecht in die am nächsten gelegene Stadt.

Wohlgemerkt, das Aufkommen der Geldwirtschaft erforderte von allen Schichten der Bevölkerung ein Umdenken und allmähliches Anpassen an ein neues System. Dass nicht jedem dieser Sprung geglückt ist und viele Frauen und Männer als mittellose, namenlose Untertanen zurückgelassen wurden, war traurige Realität in der Geschichte des Mittelalters.

Wir halten zum Abschluss Folgendes fest: Der Niedergang des Rittertums gleicht dem Dahingehen einer ganzen Kultur, die über so viele Jahrhunderte das Antlitz des abendländischen Europas im Inneren wie nach Außen hin prägte. Der Sturz der Ritter im Späten Mittelalter war letzten Endes die Ursache von mehreren zusammenwirkenden Umwälzungen, bei denen vor allem die militärischen und ökonomischen Fortschritte dieser Zeit für den Ritter und seinen ganze Klasse insgesamt negativ zum Tragen kamen.

Die Nachfolger des Ritters

Nach der militärischen Niederlage der feudalen Reiterheere hatte sich wenig später die Infanterie als neue, schlagkräftigere Einheit eingebürgert. In der Zeit des Rittertums oft verschmäht, nur mäßig ausgerüstet und kaum hinreichend auf den Krieg vorbereitet, gelang es nunmehr den Fußsoldaten, zu altem Glanz zurückzufinden. Es waren die Söldnerheere auf deutschem Boden, die als Vertreter dieser neuen Art der Kriegsführung zuerst ins Feld geschickt worden sind. Nun stand nicht nicht mehr die Kavallerie im Vordergrund. Jetzt schlugen wieder Fußsoldaten die Schlachten; wie es einst, vor langer Zeit, noch bei den alten Germanen üblich war. Diese Infanterie- und Söldnerheere stellten die Könige und Landesherren bis zum Ende des Spätmittelalters in nahezu allen Staaten Europas auf. Die Angehörigen dieser Truppen kämpften fortan aber nicht länger der Ideale oder des Lehneids wegen, denn darauf kam es inzwischen schon lange nicht mehr an.

Der alte Dienst- und Treueid nämlich; das Lehnsverhältnis, das einst Könige und Ritter aneinander band, hatte für die herrschenden Elite und den von ihnen angeworbenen Truppengattungen fortan keine Bedeutung mehr. Die Söldner wurden lediglich nach militärischem Bedarf angeheuert. Wertevorstellungen wie Tapferkeit, Ergebenkeit oder Ehre spielten für sie keine entscheidende Rolle. Diese Männer hatten immer nur ein Ziel vor Augen: Krieg zu führen und auf Knopfdruck Befehle auszuführen. Achtung vor dem Gegner, höfischer Anstand und gewisse Regeln selbst in Zeiten des Krieges hingegen waren diesen Söldnern überwiegend fremd. Hauptsache, am Ende stimmte der Sold. Und weil diese Männer zumeist tatsächlich nur an das Geld gedacht haben und hauptsächlich dafür auch töteten, gab man ihnen einen entsprechenden Namen – „Hunde des Krieges" nannte man sie verächtlich.

Im HRR Deutscher Nationen entstand die Truppe der Landsknechte – eine ausschließlich aus Söldnern bestehende Kampfeinheit, die mit einer langen Stoßlanze – der Pike –, einem Degen sowie einigen Handfeuerwaffen, wie Musketen und Arkebusen, bewaffnet waren. Das Erscheinungsbild der Landsknechte wurde durch die Sturmhaube, eine den Helmen der spanischen Konquistadoren ähnliche Kopfbedeckung, im Besonderen geprägt. Ihre weite Beinkleidung wie auch die aufgepumpt wirkenden Hemden, die mit Rüschenhemden gleichzusetzen wären, sorgten ebenso für ein sofortiges Erkennen in der breiten Öffentlichkeit. All diejenigen Ritter, die sich nun nach und nach in die Truppen der aufkommenden Landsknechte einreihten, wurden im Handumdrehen zu eben jenen Söldnern gemacht und legten alles ab, was sie einst als Reiter für Ehre und Gerechtigkeit ausgezeichnet hatte. Einige Ritter wiederum blieben Ross und Sattel treu und lebten als Kürassier

Zu guter Letzt, bevor es auch in diesem Buch mit den Rittern und ihren Abenteuern zu Ende geht, möchten wir bei dieser Gelegenheit noch einmal die Allgemeinheit zu Wort kommen und sie ihre Meinung über die alten Rittersleut' kundtun lassen. Es handelt sich hierbei um drei kurze Zitate, die in ihren Worten mehr zu sagen vermögen; mehr noch, als sie so an Zeilen auf der nächsten Seite füllen:

oder Lanzierer, als Angehöriger einer neuzeitliche Kavallerietruppe, zumindest einen Teil des ritterlichen Brauchtums weiter.

Eine ähnlich lang anhaltende Zeit der Blüte, wie sie ihre militärischen Vorgänger – die Ritter – einst noch leben konnten, war den Söldnern beziehungsweise den deutschen Landsknechten hingegen nicht vergönnt. Zu negativ wirkte sich die Gier der Männer auf die ihnen zugesicherte Vergütung aus. Denn ein Ausbleiben des Solds hatte äußerst schlechte Auswirkungen auf deren ohnehin schon kaum von Idealen und Leitlinien geprägten Moral. Landsknechte, die für ihre Dienste nicht bezahlt wurden, nahmen sich einfach, was sie haben wollten, ohne weiter nachzufragen. Dabei waren sie nicht unbedingt zimperlich. Sie misshandelten und plünderten die ortsansässige Bevölkerung – ein Vergehen, das vor allem durch die Skrupellosigkeit schwedischer Söldner während des Dreißigjährigen Krieges in Europa für blankes Entsetzen sorgte.

Auf Dauer waren solche Folgen natürlich nicht akzeptabel. Gewisse Regeln und ein Mindestmaß an Anstand in laufenden Gefechten sollten vor allem nach diesem verheerenden Krieg wieder in Europa Einzug finden. Die zu Beginn der Neuzeit in Deutschland aufgestellten Söldner wurden schließlich gegen Ende des 17. Jahrhunderts vom sogenannten „Stehenden Heer" abgelöst, das wiederum als gesellschaftliches Vorbild für unsere heutigen, staatlichen Armeen diente.

Selbst all die anderen Aufgaben, die ein Ritter als Mundschenk, Diplomat oder Richter in der Zeit seiner goldenen Ära erbracht hat, in der er noch als Vasall treu seinem Lehnsherrn diente, wurden nun von „Angestellten" erfüllt. Zwischen ihnen und der herrschenden Klasse gab es – ebenso wie bei den Söldnerheeren – künftig kein Dienst- und Treueverhältnis mehr. Die Schreiber und Richter, die Diener und Verwalter wurden für ihre Tätigkeit „nur noch" bezahlt. Zwischen ihnen und ihrem Auftraggeber existierte keine persön-

„Ich kann an einem Tag Tausend adeln und zu Rittern machen. Aber so mächtig bin ich nicht, daß ich in tausend Jahren einen Gelehrten machen könnte."
Kaiser Sigismund von Luxemburg
(* 1368; † 1437)

„Das Rittertum ist für die Neuern, was die Zeit der Heroen für die Alten war."
Germaine Baronin von Stael,
(* 1766; † 1817)

„Es sind nicht alles Ritter, die zu Pferde reiten."
Sprichwort aus Frankreich

Offensichtlich mühelos schultert dieser deutsche Landsknecht hier lächelnd sein Langschwert mit einer Hand. Zu sehen ist eine Zeichnung von bzw. nach D. Hopfer, abgedruckt in „Meyers Konversationslexikon, 1885 – 1890".

liche Bindung mehr, die sich auf Ideale, Freiwilligkeit und gegenseitige Hilfeleistung stützte. Das einzige, was Könige, Künstler und Krieger künftig ausschließlich zusammenschweißen sollte, war das liebe schnöde Geld.

Eine kurze Zeit der Blüte und der Anerkennung wurde den alten Rittern aber doch nochmal zuteil. Gegen Ende des 15. Jahrhunderts mochte sich die Gesellschaft nämlich an die ritterliche Zeit erinnern. Dazu hatte der Adel glanzvolle Turniere austragen lassen, diverse Orden und sonstige Männerbünde gegründet und in weiteren Veranstaltungen das höfische Benehmen sowie die Loyalität der Ritter gepriesen. Das Schauspiel an den Fürstenhöfen hierzulande ähnelte einer kollektiven Erinnerung an alle einmaligen Besonderheiten, die im Wandel der Zeit nun zurückgelassen wurden. Mitte des 16. Jahrhunderts aber hatte der Ritter dann für immer ausgedient. Alle noch lebenden Angehörigen dieser Kaste zogen sich leise und ohne Widerstand aus der Gesellschaft zurück. Nur wenige sorgten noch einmal für treffende Schlagzeilen, etwa Kunz von Kauffungen, Florian Geyer und Götz von Berlichingen. An sie erinnert, stellvertretend für alle Ritter der vergangenen Jahrhunderte, die Historie sogar noch heute. Diesen Mannen waren letzte große, aufsehenerregende Taten noch gegönnt gewesen. Für alle anderen noch lebenden Ritter hingegen war die Zeit nunmehr vorüber. Sie lebten künftig nur in den Gedanken weiter – als ewige Erinnerung im Gedächtnis unserer recht langlebigen Geschichte. Damit war es dann endgültig aus: Aus und vorbei. Mit dem Rittertum. ❡

Die Neuzeit ist die sich dem Mittelalter anschließende Epoche unserer Geschichte, die nach überwiegender Lehrmeinung mit der Wiederentdeckung Amerikas durch Christoph Kolumbus ihren Anfang nahm und – thematisch in einzelne Abschnitte gegliedert – bis in unsere Gegenwart mit Stichtag dieses Buches vom 15. Mai 2010 weiterhin anhält. Bekannte Ereignisse der Neuzeit sind unter anderem die Reformation, die Französische Revolution und anschließende Machtergreifung von Napoleon Bonaparte, die Auferstehung der Vereinigten Staaten, die Herausbildung des einstigen Osmanischen Reiches, die Geschichte Europas und der Welt im 20. Jahrhunderts sowie das Kommen und Gehen mehrerer Gesellschaftsformen innerhalb der letzten fünfhundert Jahre.

Ein Hoch
auf das Rittertum

Und nun, wie geht es weiter? Mit den Rittern samt ihren Idealen, die vor unserer Zeit vergegangen sind? Jahrhunderte haben sie überdauert, Jahrhunderte geprägt.
Und dann waren sie fort.
Einfach so.
Ist es das gewesen?
War's das also?

Im Frankenreich vor mehr als tausend Jahren hat dies alles angefangen; mit den Rittern, ihrem Leben und ihrer erlebnisreichen Geschichte. Man glaubt gar nicht, wie lange die Zeit doch her ist und wie sehr die Ritter womöglich noch am Leben sind, wenn man einmal jene Turniere sieht, die heutigen Shows, die alles rund um das Mittelalter erneut aufleben lassen. Da, so scheint es, erwachen sie wieder – noch einmal aus der Starre, so als wollten sie uns zeigen: Seht her und staunt! Nichts hält uns auf. Der Geist der Ritterschaft währt ewig fort – und hält unverändert an, für alle Zeit.

Aber der Sand, den wir uns hier selber in die Augen streuen, macht irgendwann einmal alle blind. Denn wohin wir auch sehen, wohin wir auch gehen – lebendig sind sie schon lange nicht mehr, die alten Ritter mit ihren Fahnen, Flaggen und ihren großen Idealen. Wann kommen sie wieder? Niemals, nicht wahr?! Selbst wenn wir darauf vertrauen, und uns nach ihnen sehnen, wird es auf der Welt niemals wieder sein wie einst vor über tausend Jahren.

Doch was jetzt? Vergessen wir alles, was wir gelesen haben? Weil es doch nicht mehr so wichtig ist? Weil es andere Probleme gibt, und weil die Zeit – schon längst nicht mehr – weder ein- noch dieselbe ist?

Können wir, wenn wir so wollen.
Müssen wir aber – andererseits – nicht!

Denn warum treten wir nicht auf – als die ersten Ritter des 21. Jahrhunderts? Warum erinnern wir uns nicht der alten Ideale unserer tapferen Vorfahren von einst und tragen gemeinsam dazu bei, die Gesellschaft zu neuem Glanz zu führen?

Packen wir es darum an! Zeigen wir Wahrhaftigkeit und Mäßigung im Alltag. Stehen wir unseren Mitmenschen bei, die von Not verfolgt und von schweren Zeiten auf das Bitterste heimgesucht werden. Bleiben wir bei ihnen, wenn sie uns wirklich brauchen. Hören wir zu, seien wir ein guter Freund – und beweisen wir Zivilcourage, wenn es nötig wird; und immer dann, wenn man nach uns ruft.

Das tun, was niemand Anderes schafft. Hinsehen, wenn Andere nicht hinsehen. Verändern, wenn Anderen die Möglichkeiten fehlen.

Kann das nicht ein Leitbild sein?
Kann das nicht *unser* Leitbild sein?

Ein Leitbild für uns –
die *neuen* Ritter?!

Anhang

- Ritterfilme

- Glossar

- Ritter-Rätsel

- Bildnachweis und
  Literaturverzeichnis

Populäre Verfilmungen des Rittertums

Die Abenteuer der Ritter sind unmittelbar nach Anbruch des Fernsehzeitalters von der Filmindustrie weltweit aufgegriffen worden. In zahlreichen Verfilmungen vermitteln uns die Regisseure ein nicht immer völlig ernst gemeintes Abbild, das uns den Alltag der adeligen Reiter veranschaulichen soll. Einige dieser Produktionen stellen wir im Folgenden vor.

Braveheart
(Braveheart)

Historienfilm, USA 1995
Laufzeit: 178 Minuten
mit Mel Gibson, Sophie Marceau, Brendan Gleeson, Catherine McCormack, Patrick McGoohan

Der Brief an den König
(De brief voor de koning)

Jugendfilm, Deutschland/Niederlande 2008
Laufzeit: 111 Minuten
mit Yannick van de Velde, Rüdiger Vogler, Uwe Ochsenknecht, Derek de Lint, Daan Schuurmans

Der erste Ritter
(First Knight)

Abenteuerfilm, USA 1995
Laufzeit: 129 Minuten
mit Sean Connery, Julia Ormond, Richard Gere, Ben Cross

Der schwarze Prinz
(The Dark Avenger)

Abenteuerfilm, USA 1938
Laufzeit: 85 Minuten
mit Errol Flynn, Joanne Dru, Patrick Hold, Peter Finch, Frances Rowe

Die Chroniken von Narnia – Der König von Narnia
(The Chronicles of Narnia: The Lion, the Witch and the Wardrobe)

Fantasyfilm, USA 2005
Laufzeit: 137 Minuten
mit Tilda Swinton, William Moseley, Geoergie Henley, James McAvoy, Anna Popplewell, James Cosmo, Rachel H.

Die Legende von Prinz Eisenherz
(The Legend of Prince Valiant)

Zeichentrickserie(!)
USA 1991 – 1994
Idee: David J. Corbett
Episodenanzahl: 65
Laufzeit: je 22 Minuten
Sprech.: Marek Erhardt, Sascha Draeger, Marion Elskis, Wolf Rahtjen, Gottfried Kramer

Die Nebel von Avalon
(The Mists of Avalon)

Fantasyfilm, USA/Deutschland/Tschechien 2001
Laufzeit: 183 Minuten
mit Julianna Margulies, Anjelica Huston, Michael Vartan, Michael Byrne, Samantha Mathis, Joan Allen, Caroline Goodall

Die Normannen kommen
(The War Lord)

Ritterfilm, USA 1965
Laufzeit: 123 Minuten
mit Charlton Heston, Rosemary Forsyth, Sammy Ross, Guy Stockwell, Richard Boone, Sammy Ross

Die Ritter der Kokosnuss
(Monty Python and the Holy Grail)

Satire/Komödie, Großbritannien 1974
Laufzeit: 88 Minuten
mit John Gleese, Eric Idle, Graham Chapman, Terry Gillian, Michael Palin, Terry Jones

Die Ritter der Tafelrunde
(Knights of the Round Table)

Spielfilm, USA/GB 1953
Laufzeit: 115 Minuten
mit Robert Taylor, Anna Crawford, Stanley Baker, Ava Gardner, Robert Urquart

Die sieben Samurai
(Shichinin no samurai)

Historienfilm, Japan 1954
Laufzeit: 207 Minuten
mit Takashi Shimura, Toshirō Mifune, Yoshio Inaba, Seiji Miyaguchi, Minoru Chiaki, Daisuke Katō

Dragonheart (Dragonheart)	Fantasyfilm, USA 1996 Laufzeit: 106 Minuten mit Dennis Quaid, Jason Isaacs, Dina Meyer, David Thwelis, Julie Christie, Pete Postleth- waite, Jason Isaacs
El Cid (El Cid)	Historienfilm, USA 1961 Laufzeit: 189 Minuten mit Charlton Heston, Sophia Loren, John Fraser, Herbert Lom, Geneviève Page, Douglas Wilmer, Michael Hordern
Excalibur (Excalibur)	Historiensaga, Großbritan- nien/USA 1981 Laufzeit: 135 Minuten mit Nigel Terry, Patrick Ste- wart, Liam Neeson, Helen Mir- ren, Gabriel Byrne, Cherie Lunghi
Ivanhoe – Der schwarze Ritter (Ivanhoe)	Ritterfilm, USA/Großbritan- nien 1952 Laufzeit: 106 Minuten Robert Taylor, Elizabeth Taylor, Goerge Sanders, Joan Fontaine, Guy Rolfe,
Kagemusha – Der Schatten des Kriegers (Kagemusha)	Historienfilm, Japan 1980 Laufzeit: 179 Minuten mit Nakadai Tatsuya, Yamazaki Tsutomu, Yui Masayuki, Mu- rota Hideo, Sen Yamamoto
King Arthur (King Arthur)	Spiel-/Abenteuerfilm, USA/Ir- land 2004 Laufzeit: 121 Minuten mit Clive Owen, Ray Winston, Keira Knightley, Stellan Skars- gård, Hugh Dancy
Königreich der Himmel (Kingdom of Heaven)	Historienepos, Deutschland/ USA/GB/Spanien 2005 Laufzeit: 138 Minuten mit Orlando Bloom, Jeremy Irons, Eva Green, Ghassan Massoud, Liam Neeson, Alexan- der Siddig, Brendan Gleeson

Last Samurai (The last Samurai)	Spielfilm, USA/Neuseeland/ Japan 2003 Laufzeit: 148 Minuten mit Ken Watanabe, Shin Koya- mada, Koyuki Katō, Tom Cruise, Hiroyuki Sanada, Shichinosuke Nakamura, Billy Connolly
Merlin (Merlin)	TV-Fantasy-Serie USA/ Großbritannien 1998 Laufzeit: 175 Minuten mit Sam Neill, Miranda Ri- chardson, Martin Short, Isabella Rossellini
Prinzessin Fantaghirò (Fantaghirò)	mehrteiliger TV-Märchenfilm, BRD/ Italien 1991 – 1996 Laufzeit: je 180 Minuten mit Alessandra Martines, Kim Rossi Stuart, Brigitte Nielsen, Mario Adorf, Nicolas Rogers
Ran (Ran)	Historienfilm, Japan 1985 Laufzeit: 160 Minuten mit Tatsuya Nakadai, Akira Terao, Nezu Jinpachi, Ryu Dai- suke, Mieko Harada, Yoshiko Miyazaki
Ritter aus Leidenschaft (A Knight's Tale)	Abenteuerfilm, USA 2001 Laufzeit: 132 Minuten mit Heath Ledger, Rufus Sewell, James Purefoy, Shannyn Sos- samon, Laura Fraser, Paul Bet- tany, Alan Tudyk, Mark Addy
Robin Hood – Ein Leben für Richard Löwenherz (Robin Hood)	Abenteuerfilm, BRD/Kanada/ GB/USA, 1991 Laufzeit: 133 Minuten mit Owen Teale, Edward Fox, Jeroen Krabbé, Uma Thurman, Patrick Berginn, Jürgen Proch- now
Robin Hood – König der Diebe (Robin Hood: Prince of Thieves)	Abenteuerfilm, GB 1991 Laufzeit: 137 Minuten mit Kevin Costner, Alan Rick- man, Christian Slater, Morgan Freeman, Walter Sparrow, Sean Connery

Begriffe aus der Ritterzeit

AACHEN
Königspfalz, Kaiserstadt und eine der bedeutendsten Reichsstädte des Heiligen Römischen Reiches Deutscher Nation.

ALCHIMIST
Mittelalterlicher Forscher, der bar allen Wissens gewagte chemnische Experimente anstellte. Ihm wurde nachgesagt, die Rezeptur des Goldes entdeckt zu haben bzw. daran zu forschen.

ANNO DOMINI
Lateinischer Begriff, der als „a. d." abgekürzt wird und übersetzt „nach unserer Zeitenwende" bedeutet. Er wurde in der Vergangenheit zur Datierung von Jahreszahlen nach dem Beginn der Zeitenrechnung verwendet, z. B. „1207 a. d." In der deutschen Sprache ist das Synonym „n. Chr." gebräuchlich. Für Jahresangaben vor Beginn unserer Zeitenrechnung wird der Begriff „a. c." / „ante Christum natum" beziehungsweise „v. Chr." verwendet.

BERBER
Gruppe an mehreren nomadisch geprägten Völkern, die in der Vergangenheit und noch in der Gegenwart im Norden Afrikas, vor allem in Marokko und Algerien, zu Hause sind. Zu den berühmtesten Angehörigen in der Geschichte dieser Völker gehört Tariq ibn Ziyad; ein Feldherr, der im 8. Jahrhundert das Westgotenbereich bezwang und im heutigen Spanien eine muslimische Dynastie begründete -> Emirat von Cordoba.

BUHURT
Disziplin eines Turniers und Wettkampf für mehrere Gruppen an Rittern, die mit stumpfen Waffen zu Fuß oder hoch zu Ross aufeinander losgegangen waren. Das Buhurt kommt in den heutigen Turnieren kaum noch vor.

BURGFRIEDEN
Ein Hoheitsbereich rund um eine mittelalterliche Burg, in dem keinerlei Fehden austragen werden durften. Der Burgherr bzw. derjenige Adelige, der über den Burgfrieden entschied, war zudem berechtigt, Asyl zu gewähren.

DAIMYōSHU
Eine im feudalen Japan gebräuchliche Titulierung für lokal agierende Fürsten, die allgemein als Lehnsherrenauftraten. Sie waren dem Shōgun in hoheitlichen Belangen untergeordnet und verpflichteten Vasallen für ihre Dienste. Zu diesen Vasallen gehörten unter anderen auch die Samurai.

EMIR
Arabischer Fürst.

FEHDE
Von zwei Parteien provozierte bzw. verabredete, legale Form der Auseinandersetzung im Mittelalter.

FEUDALISMUS
Bezeichnet die Gesellschaftsform des Mittelalters, wonachder überwiegende Teil der Bevölkerung aus Bauern bestand, diese für ihre Herren Arbeiten und Abgaben zu entrichten hatten und die Naturalwirtschaft die ökonomische Grundlage bildete.

GESINDE
Dienstmannen und Dienstfrauen am Hofe eines Grundherrn. Zu ihnen gehören unter anderem die Magd und der Knecht.

HEROLD
Adeliger Dienstmann, der als Wappenkundiger auf Turnieren die Herkunft der Ritter prüfte. Ferner trat der Herold als Ansager auf.

HUNDSGUGEL
Helmtypus im 14. Jahrhundert, der sich durch ein bewegliches, einer Hundeschnauze ähnlich sehendes Visier, ausgezeichnet hat.

JAHRMARKT
Ein im Mittelalter einmal im Jahr ausgetragener Markt, der eine Vielzahl von wirtschaftlichen, sozialen und politischen Aufgaben erfüllt hat. Zu seiner Durchführung war die Genehmigung eines hohen Adeligen erforderlich.

KOMMENDATION
Feierlicher Abschluss eines Lehnverhältnisses durch eine Reihe von Gesten und Treueschwüren. Bekannteste Gebärde ist das Legen der Hände des Vasallen in die geöffneten Hände des Lehnsherrn.

LATERANPALAST
Eine Ansammlung mehrer Bauten im heutigen Rom, die den Oberhäuptern der katholischen Kirche als Amtssitz dienste. Erst im 14. Jahrhundert zog der Papst in den Vatikan ein.

LEHEN
Materielle, rechtliche und persönliche Leihgabe von hohem Wert, das im Rahmen eines Lehnverhältnisses vom Lehnsherren an den Vasallen verliehen worden ist.

LEHNSHERR
Wohlhabender Angehöriger einer herrschenden Schicht, der beliebig viele Untertanen als Vasallen in seine Dienste aufnimmt.

LEHNSWESEN
System der politischen Rangfolge sowie zwischenmenschlichen Beziehungen aller Inhaber der hoheitlichen Gewalt eines mittelalterlichen Staates.

MINISTERIALER
Ein mittelalterlicher Beamter, der überwiegend mit Verwaltungsaufgaben im Fränkischen Reich betraut worden ist und als mittlerer Stand zum Adel gezählt wurde. Im Hochmittelalter galt er später als der Träger des Rittertums und stellte die zahlenmäßige Mehrheit aller abendländischen Ritter.

NACHTWÄCHTER
Person und Beruf gleichermaßen, die beide mit dem Aufblühen des Stadtwesens im Mittelalter geschaffen worden sind. Aufgabe des Nachtwächters war das Verschließen der Stadttore, das Ansagen der Stunden und die Aufrechterhaltung der innerstädtischen Nachtruhe.

NIPPON/NIHON
Allgemein verwendete Bezeichnungen für Japan in der japanischen Sprache. Eingeprägt haben sich diese Begriffe im sechsten und siebenten Jahrhundert.

OKZIDENT
Lateinische Bezeichnung für das Abendland, das sich überwiegend auf das lateinische Europa bezogen hat, wo die Sonne ihren Untergang hat.

ORIENT
Lateinische Bezeichnung für das Morgenland, das größtenteils das heutige Vorderasien umfasst hat und als Ort des Sonnenaufgangs galt.

PALADIN
Bezeichnung für einen hochrangigen Adeligen oder auch Ritter, die sich in ihren Verdiensten für die Krone besonders hervorgetan hatten.

PARZIVAL
Versartig verfasste Romanhandlung aus dem späten Mittelalter, die von Wolfram von Eschenbach erdacht und niedergeschrieben worden ist. Inhaltlich wird das Abenteuer zweier Ritter erzählt, die einige Verbindungen zur Artus-Saga aufweisen. Der Komponist Richard Wagner vertonte diese literarische Vorlage in seinem Bühnenwerk Parsifal. Dieses wurde im Jahre 1882 im Bayreuther Festspielhaus uraufgeführt.

RELIQUIE
Gebrauchsgegenstand von hohem materiellem, religiösen und ideellem Wert. Die Heilige Lanze, die angeblich Jesus Christus in die Seite gestoßen worden ist, war eine solche Reliquie für die Christenheit.

SARAZENEN
Ein Volk arabisch-orientalischer Abstammung, das einstmals der Arabischen Halbinsel entstammte und dort nach landläufiger Meinung gezeltet hätte. Im Verlauf der Kreuzzugsgeschichte wurde alle Araber, die entweder im Orient und in Teilen des Okzidents zu Hause waren, von den Christen zusammenfasesend als Sarazenen bezeichnet.

SASSANIDEN
Persisch-stämmige Volksgruppe, die vom 3. Jahrhundert nach Christus an ein Großreich im Raum des heutigen Iran und Irak begründet hat. Infolge der islamischen Expansion der Araber jedoch wurde dieses Reich aufgelöst.

SELDSCHUKEN
Türkischstämmige Volksgruppe aus dem Inneren Asiens.

SHŌGUN
Hochrangiger Angehöriger der Samurai, der wichtige hoheitliche Befugnisse ausübte. In seiner Amtfülle und Verfügungsgewalt ist dieser japanische Adelige mit dem abendländischen Landesfürsten, dem Herzog, zu vergleichen. Unterstützt wurde der Shōgun von einem straff geführten Verwaltungsapparat, dem Shōgunat. Der Begriff steht auch für die Bezeichnung einer Herrscherdynastie, wie z. B. das Kamakura-Shōgunat.

SIECHENHAUS
Mittelalterliche Einrichtung, in der ernsthafte kranke Personen verwahrt und praktisch unter Quarantäne gestellt worden sind. Oftmals wurden in solchen Häusern Leprakranke untergebracht, um ein Übergreifen der Krankheit auf die Allgemeinheit zu verhindern.

SULTAN
Muslimischer Herrschertitel und der höchste weltlich-geistliche Fürst in der mittelalterlich-asiatischen Welt.

THING
In Zeiten der Germanen abgehaltene Versammlung aller waffen- und stimmrechtsfähigen Männer eines Stammes. Es galt als das oberste Beschlussorgan, das früher die Könige wählte und als Gericht zusammentrat.

TJOST
Wettkampf mit der Lanze, bei dem höchstens zwei Ritter gegeneinander anritten, um sich gegenseitig aus dem Sattel zu stoßen.

TRIBOK
Katapultartige, turmhohe Abschussvorrichtung für schwere Geschosse.

TRUCHSESS
Bediensteter, der für die Ausgestaltung fürstliche Tafel und den reibungslosen Ablauf in den Arbeitsräumen hinter den Kulissen verantwortlich war.

UNFREIE
Personen im Mittelalter, die ihrem Grundherrn Frondienste und Abgaben schuldeten. Unfreie Bauern unterstanden zugleich der Gerichtsbarkeit ihres Dienstherrn und konnten nur auf seine Erlaubnis hin den Ort verlassen oder eine Ehe schließen. Sie besaßen keinen eigenen Grund und Boden.

ZEHNT
Bezeichnung für eine, besondere außerplanmäßige Abgabe von Nahrungsmitteln durch die Bauerschaft. Sie wurde ausschließlich von der Kirche erhoben.

ZELTER
Ein im Mittelalter verwendetes leichtes Reitpferd, das vor allem den besonders ruhigen und für den Reiter schonenden Zeltgang beherrschte. Für den Einsatz in der Schlacht war dieses Ross hingegen nicht einsatzfähig.

K	D	T	G	I	R	I	D	I	N	F	A	N	T	E	R	I	E	B
R	P	K	O	E	N	I	G	D	J	H	P	A	C	B	F	S	X	L
O	U	R	A	V	R	I	E	R	U	T	I	T	S	E	V	N	I	R
N	N	A	B	R	E	E	H	U	G	H	H	L	V	R	B	N	O	P
E	Q	M	B	S	T	M	F	T	N	P	Z	U	V	B	Y	E	H	E
O	A	R	T	U	S	G	O	F	F	E	N	S	I	V	E	L	W	R
J	J	H	J	C	N	A	Q	E	L	C	Y	M	V	Z	L	E	R	Z
O	H	A	P	K	E	T	T	E	N	H	E	M	D	L	K	I	B	B
H	D	J	L	A	G	N	V	X	K	W	S	M	G	L	Q	R	T	I
A	M	I	I	T	R	U	C	H	S	E	S	S	R	A	Y	E	T	S
N	F	T	W	X	O	P	V	P	N	Z	I	D	N	N	U	L	U	C
N	F	F	K	M	A	G	Y	A	R	E	N	D	D	O	L	C	H	
I	O	A	B	T	E	N	O	O	G	K	N	B	T	S	H	A	D	O
T	P	H	Z	Y	W	G	L	U	N	D	M	W	H	K	C	V	L	F
E	N	C	L	S	E	L	D	S	C	H	U	K	E	N	P	A	L	Z
R	O	S	S	T	I	Z	T	K	T	D	T	E	Y	E	S	K	Z	R
W	W	T	F	A	N	T	I	O	C	H	I	A	F	C	Z	J	H	K
X	I	N	B	U	J	N	F	T	S	K	G	F	V	H	D	B	K	H
X	R	E	M	M	A	H	G	A	L	H	C	S	C	T	O	R	W	A
L	Y	G	V	E	Y	E	J	G	S	O	T	J	F	F	J	E	C	R
A	F	E	E	R	G	Z	V	I	N	Q	U	I	S	I	T	I	O	N
N	E	R	U	A	M	N	U	C	S	E	M	D	O	T	P	Q	A	I
C	A	A	Z	H	S	T	M	D	N	N	E	N	E	Z	A	R	A	S
E	M	I	R	F	I	E	J	N	L	X	N	Q	P	R	L	N	V	C
L	N	K	W	K	O	M	M	E	N	D	A	T	I	O	N	W	L	H
O	X	F	E	H	P	F	W	I	F	S	T	C	W	C	R	A	D	K
T	A	L	G	E	H	U	N	D	S	G	U	G	G	E	L	J	E	Q

Lösungswort (jap. Fürst): ☐☐☐☐☐☐☐☐☐

Such und Finde – Ein Kreuzwortpuzzle rund um die Ritter

- ☐ ABT
- ☐ AD
- ☐ ANTIOCHIA
- ☐ ARTUS
- ☐ BREI
- ☐ DOLCH
- ☐ EBER
- ☐ EHE
- ☐ EI
- ☐ EMIR
- ☐ ERZ
- ☐ ERZBISCHOF
- ☐ FEE
- ☐ GANS
- ☐ GOLD
- ☐ HAREM
- ☐ HARNISCH
- ☐ HEERBANN
- ☐ HUNDSGUGGEL
- ☐ INFANTERIE
- ☐ INQUISITION
- ☐ INVESTITUR
- ☐ JAHRMARKT
- ☐ JOHANNITER
- ☐ KAVALLERIE
- ☐ KETTENHEMD
- ☐ KOENIG
- ☐ KOMMENDATION
- ☐ KRONE

- ☐ LANCELOT
- ☐ LANDSKNECHT
- ☐ MAGYAREN
- ☐ MAUREN
- ☐ MET
- ☐ MORGENSTERN
- ☐ NEID
- ☐ NEISSE
- ☐ OFFENSIVE
- ☐ PECH
- ☐ REGENTSCHAFT
- ☐ ROSS
- ☐ SARAZENEN
- ☐ SCHLAGHAMMER
- ☐ SELDSCHUKEN
- ☐ SULTAN
- ☐ TALG
- ☐ TOR
- ☐ TRUCHSESS
- ☐ WEIN
- ☐ ZEHNT

Bildnachweis und Literaturverzeichnis

Alphabetisch geordnet werden auf dieser Seite die Quellen und Urheber unseres Bildmaterials. Außerdem sind anschließend einige Buchempfehlungen genannt, die wir unseren Lesern zum weiterem Studium des Rittertums einfach mal ans Herz legen wollen.

Hitomi Takeuchi:	168, 169 und 174
Matthias Dittmann:	43, 63 und 99
Stiftsbibliothek St. Gallen:	Abbildung auf Seite 25
Thomas Bauer:	Karten auf den Seiten 15, 18, 30, 85, 116, 149, 153, 163 / Abb. auf den Seiten 46, 138 und 139
Tino Heinicke:	Fotografie auf Seite 80

Das Abbild auf Seite 130 wurde vom wikipedia-Autoren „Xvulun" angefertigt und als Datei „Crac des chevaliers syria.jpeg" zur freien Verwendung entsprechend der Creative-Commons-Linzenz bereitgestellt. Diese Lizenz ist unter *http://creativecommons.org/licenses/by-sa/2.5/deed.de* einzusehen. Unter der gleichnamigen Lizenz steht auch das Abbild auf Seite 158, das der Autor „WikiABG" unter der Dateibezeichnung „Schloss Altenburg 02.jpg" freigegeben hat.

Clive Bartlett, Christopher Gravett: „*Langbogenschützen und englische Ritter: 1330-1515.*"
Verlag Lempertz, Bonn 2008, ISBN 3-939-90874-6

Roland Habersetzer: „*Die Krieger des alten Japan – Berühmte Samurai, Ronin und Ninja.*"
Verlag Palisander, Chemnitz 2008,
ISBN 3-938-30507-X

Andreas Schlunk, Robert Giersch: „*Die Ritter. Geschichte – Kultur – Alltagsleben.*"
Verlag Theiss, Stuttgart 2003, ISBN 3-806-21791-2

Maurice Keen: „*Das Rittertum: Buch über die Ursprünge, Historie, Zeremonien und Mythologie der ritterlichen Kultur.*"
Verlag Patmos, Düsseldorf 2002, ISBN 3-491-96065-7

Alain Demurger: „*Die Ritter des Herrn: Geschichte der geistlichen Ritterorden.*"
Verlag Beck, München 2003, ISBN 3-406-50282-2
Josef Fleckenstein: „*Rittertum und ritterliche Welt.*"
Verlag Siedler, Berlin 2002, ISBN 3-886-80733-9

Horst Fuhrmann: „*Einladung ins Mittelalter.*"
Verlag C. H. Beck, München 2002;
ISBN 3-406-42157-1

Reinhard Schmöckel: „*Bevor es Deutschland gab. Expedition in unsere Frühgeschichte – von den Römern bis zu den Sachsenkaisern.*"
Verlag Bastei Lübbe, Bergisch Gladbach 2000,
ISBN 3-404-64188-4

Ferdinand Seibt: „*Glanz und Elend des Mittelalters. Eine endliche Geschichte.*"
Verlag Siedler, Berlin 1999, ISBN 3-886-80279-5

◆

Geschichte ist mehr als eine Reihe Jahreszahlen; sie ist ergiebiger und far-
benfroher als alle Fakten zusammen. Geschichte ist menschlich, Geschichte
steckt voller Gefühle, und Geschichte ist vor allem zum Anfassen da. Sie zu
beleben und anschaulich darzustellen, ist Aufgabe der Buchreihe *Mensch,
Geschichte, Abenteuer.*

Von der Steinzeit bis zur Neuzeit erstreckt sich also der Kosmos des historischen Geschehens, den wir, die Verfasser, Illustratoren und Berater auch
in Zukunft ergründen und für unsere Leser in ein zünftiges Abenteuer packen.

Der Autor

„Geschichte ist, was zählt!" – so umschreibt Thomas Bauer, geboren 1982 in Oschatz, seine heim-
liche Leidenschaft, Jung und Alt für vergangene
Zeiten zu begeistern. Als Gründer einer Auto-
rengemeinschaft steht er kreativem Handeln
offen gegenüber, und sucht während ausgedehn-
ter Bikertouren nach neuen Möglichkeiten.